Dr. Virginia M. Axline ist anerkannte Pädagogin und Kinderpsychologin und hat ihre eigene Praxis in New York. Sie schrieb aufgrund jahrelanger Forschungsarbeiten den vorliegenden Band, der als maßgebendes Werk über Spieltherapie gilt.

Vollständige Taschenbuchausgabe 1982
Droemersche Verlagsanstalt Th. Knaur Nachf., München
Lizenzausgabe mit freundlicher Genehmigung
des Scherz Verlags, Bern und München
Titel der Originalausgabe »Dibs in Search of sell«

Aus dem Amerikanischen von Rosemarie Soenderop

Umschlaggestaltung Adolf Bachmann, Reischach
Druck und Bindung Elsnerdruck, Berlin
Printed in Germany 30
ISBN 3-426-00813-0

Virginia M. Axline: Dibs

Ein autistisches Kind befreit sich aus seinem seelischen Gefängnis

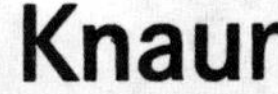

Dem Andenken meiner Mutter
Helen Grace Axline

Einleitung

Dies ist die Geschichte eines Kindes, das durch die Psychotherapie zu sich selbst fand. Sie berichtet von den tatsächlichen Erfahrungen eines kleinen Jungen namens Dibs. Dieses Kind mußte dem Leben in seiner ganzen Härte begegnen. Dabei wurde es sich allmählich seiner selbst bewußt und machte die überwältigende Entdeckung, daß es einen Schatz an innerer Kraft und Weisheit besaß, auf die es sich stützen konnte.

Dibs mußte am eigenen Leibe erfahren, wie schwierig es ist, heranzuwachsen. Er strebte nach einem inneren Halt, er gab sich seinen Hoffnungen hin und verlor sich an seinen Kummer. Langsam, sehr zaghaft entdeckte er, daß die Sicherheit seiner Welt sich nicht außerhalb seines Ichs befand, sondern daß der ruhende Pol, nach dem er so sehr suchte, tief in ihm selbst lag.

Dibs spricht eine Sprache, die uns in ihrer echten seelischen Not erschüttert. Weil er sich danach sehnt, ein Selbst zu finden, zu dem er sich bekennen kann, geht seine Geschichte uns alle an. Durch seine Erlebnisse im Spieltherapie-Zimmer, zu Hause und in der Schule entfaltet sich allmählich seine Persönlichkeit. Dadurch, daß wir an seinen Erfahrungen teilnehmen, kann seine Geschichte auch unser Leben bereichern.

Erstes Kapitel

Es war Mittag. Zeit, nach Hause zu gehen. Die Kinder lärmten auf die übliche Art herum, während sie sich anzogen. Nicht so Dibs. Er hatte sich in eine Ecke des Zimmers verkrochen, hockte dort mit gesenktem Kopf, hielt die Arme krampfhaft über der Brust verschränkt und tat, als bemerkte er nicht, daß es Zeit zum Heimgehen war. Die Lehrerinnen warteten. Er benahm sich immer so, wenn es Zeit war, nach Hause zu gehen. Miß Jane und Hedda halfen den anderen Kindern, wenn es nötig war. Sie beobachteten Dibs verstohlen.

Die anderen Kinder verließen die Schule, als ihre Mütter sie abholten. Als die Lehrerinnen mit Dibs allein waren, wechselten sie Blicke und betrachteten ihn. Er hatte sich an der Wand hingekauert. «Sie sind dran», sagte Miß Jane und ging leise aus dem Zimmer.

«Komm, Dibs. Du mußt jetzt heimgehen. Es ist Zeit zum Mittagessen.» Hedda sprach geduldig. Dibs rührte sich nicht. Sein Widerstand war starr und unnachgiebig. «Ich helfe dir mit dem Mantel», sagte Hedda und ging langsam mit dem Mantel auf ihn zu. Er sah nicht auf. Er preßte den Körper an die Wand und verbarg den Kopf in den Armen.

«Bitte, Dibs. Deine Mutter wird bald hier sein.» Sie kam immer spät; wahrscheinlich hoffte sie, daß dann der Kampf um Mantel und Mütze bereits vorüber sein und Dibs ruhig mitgehen würde.

Hedda war jetzt nahe bei Dibs. Sie beugte sich zu ihm hinunter und klopfte ihm auf die Schulter. «Komm, Dibs», sagte sie sanft. «Du weißt, daß es Zeit ist.»

Wie eine kleine Furie ging er auf sie los. Seine Fäuste schlugen auf sie ein, er kratzte, versuchte zu beißen und schrie. «Nicht heimgehen! Nicht heimgehen! Nicht heimgehen!» Es war jeden Tag derselbe Schrei.

«Ich weiß», sagte Hedda. «Aber du mußt doch zum Mittagessen heimgehen. Du willst doch groß und stark werden, nicht wahr?»

Plötzlich gab Dibs nach. Er wehrte sich nicht mehr gegen Hedda. Er ließ es zu, daß sie seine Arme in die Ärmel steckte und den Mantel zuknöpfte.

«Morgen kommst du wieder», sagte Hedda.

Als seine Mutter kam, ging Dibs mit ihr. Sein Gesicht war ausdruckslos und tränenverschmiert.

Manchmal dauerte der Kampf länger und war noch nicht vorbei, wenn seine Mutter kam. In solchen Fällen schickte sie den Chauffeur ins Klassenzimmer, um Dibs abzuholen. Der Mann war sehr groß und stark. Er pflegte hereinzukommen, Dibs auf den Arm zu nehmen und ihn wortlos zum Wagen hinauszutragen. Manchmal schrie Dibs auf dem ganzen Weg bis zum Wagen und schlug mit den Fäusten auf den Fahrer ein. Zu anderen Zeiten wurde er plötzlich still – schlaff und niedergeschlagen. Der Mann sprach nie mit Dibs. Es schien ihm gleich zu sein, ob Dibs sich wehrte und schrie oder plötzlich passiv und ruhig war.

Dibs war seit fast zwei Jahren in dieser Privatschule. Die Lehrerinnen hatten ihr Bestes versucht, um eine Beziehung zu ihm herzustellen, eine Reaktion von ihm zu erhalten. Aber es zeigte sich kein sichtbares Ergebnis. Dibs schien entschlossen zu sein, sich alle Menschen vom Leibe zu halten. Jedenfalls glaubte Hedda das. Er hatte zwar einigen Fortschritt gemacht: Als er in die Schule kam, sprach er überhaupt nicht und wagte sich niemals von seinem Stuhl fort. Er saß den ganzen Vormittag stumm und unbeweglich da. Nach vielen Wochen verließ er den Stuhl langsam und kroch im Zimmer herum; dabei schien er einige Dinge in seiner Umgebung zu beachten. Wenn sich ihm irgend jemand näherte, rollte er sich auf dem Boden zu einem Ball zusammen und bewegte sich nicht. Nie sah er jemandem direkt in die Augen. Nie antwortete er, wenn jemand mit ihm sprach.

Er fehlte nie. Jeden Tag brachte ihn seine Mutter mit dem Wagen in die Schule. Entweder führte sie ihn finster und schweigend ins Klassenzimmer, oder der Chauffeur trug ihn in das Gebäude und setzte ihn gleich hinter der Haustür ab. Beim Ankommen schrie oder weinte er niemals. Wenn er so an der Tür stand, wimmerte er vor sich hin und wartete, bis jemand kam und ihn in seine Klasse führte. Wenn er einen Mantel anhatte, machte er keine Anstalten, ihn auszuziehen. Eine der Lehrerinnen begrüßte ihn und zog ihm den Mantel aus; dann war er sich selbst überlassen. Die anderen Kinder waren bald mit irgendeinem Gemeinschaftsspiel oder einer Einzelaufgabe beschäftigt. Dibs kroch an der Wand herum, versteckte sich unter Tischen oder hinter dem Klavier und sah sich stundenlang Bücher an.

Irgend etwas an Dibs' Verhalten hielt die Lehrerinnen davon ab, ihn leichtfertig routinemäßig einzustufen und ihn aufzugeben. Sein Verhalten war unausgeglichen. Manchmal schien es so, als sei er geistig beträchtlich zurückgeblieben. Und dann wieder konnte er schnell und stillschweigend etwas tun, das vermuten ließ, er sei sogar äußerst intelligent. Wenn er glaubte, daß man ihn beobachtete, zog er sich schnell in sich selbst zurück. Meistens kroch er an der Wand herum, verbarg sich unter Tischen, schaukelte hin und her, kaute an der Hand, lutschte am Daumen und lag starr und steif bäuchlings auf dem Boden, wenn eine Lehrerin oder ein Kind ihn zur Teilnahme an einem Spiel bewegen wollten. Er war ein einsames Kind in einer, wie es ihm vorkommen mußte, kalten, unfreundlichen Welt.

Er hatte manchmal Wutanfälle, wenn er nach Hause gehen sollte oder wenn jemand versuchte, ihn zu etwas zu zwingen, was er nicht tun wollte. Die Lehrerinnen forderten ihn zwar seit langem immer wieder auf, sich der Gruppe anzuschließen, übten jedoch niemals einen Zwang aus, wenn es nicht absolut notwendig war. Sie boten ihm Bücher, Spielzeug, Puzzlespiele und alle möglichen anderen Dinge an, die ihn vielleicht interessieren könnten. Er nahm niemals etwas direkt an. Wenn man den Gegenstand in seiner Nähe auf den Boden oder einen Tisch stellte, griff er später danach und untersuchte ihn sorgfältig. Wenn es sich um ein Buch handelte, nahm er es immer. Er studierte die bedruckten Seiten, «als ob er lesen könnte», wie Hedda so oft sagte.

Manchmal setzte sich eine Lehrerin neben ihn und las ihm eine Geschichte vor oder sprach über irgend etwas, während Dibs mit dem Gesicht nach unten auf dem Boden lag; er rührte sich nicht fort – aber er sah auch nicht auf, noch zeigte er ein offenkundiges Interesse. Miß Jane beschäftigte sich oft so mit Dibs. Sie sprach über viele Dinge: einmal über Magneten und das Prinzip der magnetischen Anziehungskraft, ein andermal über einen interessanten Stein. Dabei hielt sie den betreffenden Gegenstand in der Hand und zeigte ihm, was sie erklärte. Sie sprach über alles, von dem sie hoffte, daß es einen Funken Interesse erregen könnte. Sie sagte, sie käme sich oft wie eine Närrin vor – als säße sie da und spräche mit sich selbst –, aber irgend etwas an seiner Haltung erweckte in ihr den Eindruck, als höre er zu. Außerdem, fragte sie oft, was hätte sie schon zu verlieren?

Die Lehrerinnen tappten völlig im dunkeln bei Dibs. Der Schulpsychologe hatte ihn beobachtet und verschiedentlich versucht, ihn zu testen, aber Dibs war nicht bereit, sich testen zu lassen. Der Schularzt hatte sich ihn öfter vorgenommen und später voller Verzweiflung aufgegeben. Dibs traute dem Arzt im weißen Mantel nicht und ließ ihn nicht an sich heran. Er wich an die Wand zurück und hob die Hände, jederzeit bereit zu kratzen oder sich zu wehren, wenn jemand ihm zu nahe kommen sollte.

«Er ist ein seltsames Kind», hatte der Arzt gesagt. «Wer weiß, was mit ihm los ist. Geistig zurückgeblieben? Psychotisch? Gehirnverletzung? Man kann ja nicht nahe genug an ihn heran, um etwas festzustellen.»

Es war keine Schule für geistig zurückgebliebene oder seelisch gestörte Kinder, sondern eine sehr exklusive Privatschule für drei- bis siebenjährige Kinder, die sich in einem wunderschönen alten Haus an der oberen East Side in New York befand. Ihr Ruf zog die wohlhabenden Eltern sehr intelligenter Kinder an.

Dibs' Mutter war in die Schulleiterin gedrungen, ihn aufzunehmen. Sie hatte ihren Einfluß beim Verwaltungsrat geltend gemacht: Eine Großtante von Dibs trug großzügig zum Unterhalt der Schule bei. Unter diesem zweifachen Druck war er in die Kindergarten-Abteilung der Schule aufgenommen worden.

Die Lehrerinnen hatten verschiedentlich darauf hingewiesen, daß

Dibs die Hilfe eines Psychiaters brauche. Seine Mutter gab immer wieder die gleiche Antwort: «Lassen Sie ihm mehr Zeit!»

Seitdem waren fast zwei Jahre vergangen. Zwar hatte er einigen Fortschritt gemacht, doch die Lehrerinnen hielten ihn nicht für ausreichend. Sie fanden, es wäre Dibs gegenüber unrecht, wenn man die Situation immer noch weiter verschleppte. Sie konnten nur hoffen, daß er aus sich herausgehen würde. Wenn sie über Dibs sprachen – und es verging kein Tag, an dem es nicht vorkam –, so wußten sie zum Schluß immer wieder nicht recht, was sie von dem Kind halten sollten. Schließlich war er erst fünf Jahre alt. Konnte es wirklich sein, daß er sich zwar seiner Umgebung völlig bewußt war, jedoch alles in sich verschloß? Er schien die Bücher zu lesen, mit denen er sich befaßte. Das war jedoch einfach lächerlich, sagten sie sich. Wie konnte ein Kind lesen, wenn es sich nicht in Worten ausdrücken konnte? Konnte ein so ungewöhnliches Kind geistig zurückgeblieben sein? Sein Verhalten schien nicht das eines geistig zurückgebliebenen Kindes. Lebte er in einer Welt, die er sich selbst geschaffen hatte? In einer Phantasiewelt? Hatte er keinen Kontakt mit der realen Welt? Häufiger schien es, als wäre seine Welt eine zermalmende Realität – ein quälendes Elend.

Dibs' Vater war ein bekannter Naturwissenschaftler und ein hervorragender Kopf, wie jeder sagte, aber in der Schule hatte ihn keiner je kennengelernt. Dibs hatte eine jüngere Schwester, Dorothy, von der die Mutter behauptete, sie sei «sehr intelligent» und ein «musterhaftes Kind». Dorothy besuchte nicht dieselbe Schule. Hedda hatte Dorothy und ihre Mutter einmal im Central Park getroffen und erzählte darauf den anderen, sie sei der Ansicht, daß die «musterhafte Dorothy» «ein verwöhnter Fratz» sei. Hedda hatte ein mitfühlendes Interesse an Dibs und gab zu, daß sie in ihrer Beurteilung von Dorothy voreingenommen sei. Sie glaubte an Dibs und war überzeugt davon, daß er eines Tages auf irgendeine Weise aus seinem Gefängnis, das aus Furcht und Wut bestand, herauskommen würde.

Das Lehrerkollegium hatte schließlich beschlossen, daß etwas wegen Dibs unternommen werden müsse. Andere Eltern hatten sich über seine Anwesenheit in der Schule beklagt, besonders, nachdem er Kinder gebissen oder gekratzt hatte.

Zu diesem Zeitpunkt wurde ich eingeladen, an einer Konferenz teilzunehmen, die sich mit Dibs und seinen Problemen befassen sollte. Ich bin klinische Psychologin und habe mich darauf spezialisiert, mit Kindern und Eltern zu arbeiten. Auf dieser Konferenz hörte ich zum erstenmal von Dibs, und was ich bisher geschrieben habe, wurde mir von den Lehrerinnen, dem Schulpsychologen und dem Schularzt berichtet. Sie fragten mich, ob ich mich mit Dibs und seiner Mutter unterhalten und ihnen dann meine Meinung sagen würde, bevor sie den Entschluß faßten, ihn aus der Schule auszuweisen und ihn als einen ihrer Versager abzuschreiben.

Die Konferenz fand in der Schule statt. Ich hörte allen Bemerkungen interessiert zu. Die Wirkung, die Dibs' Persönlichkeit auf diese Menschen ausgeübt hatte, beeindruckte mich tief. Sie fühlten sich enttäuscht und durch sein ungleichmäßiges Verhalten ständig herausgefordert. Er blieb sich nur in seiner feindseligen Ablehnung aller, die ihm zu nahe kamen, gleich. Sein offensichtliches Elend, dessen Trostlosigkeit sie spürten, beunruhigte diese feinfühligen Menschen.

«Ich hatte letzte Woche eine Besprechung mit seiner Mutter», erzählte mir Miß Jane. «Ich habe ihr gesagt, daß wir ihn wahrscheinlich nicht in der Schule behalten könnten. Wir hätten das Gefühl, alles, was in unseren Kräften steht, für ihn getan zu haben, und daß unser Bestes nicht genug sei. Sie hat sich sehr aufgeregt. Aber es ist so schwierig, sie zu verstehen. Sie hat ihre Zustimmung dazu gegeben, daß wir einen Berater hinzuziehen und noch einmal versuchen, ihn zu beurteilen. Ich habe ihr von Ihnen erzählt. Sie ist bereit, sich mit Ihnen über Dibs zu unterhalten, und ist damit einverstanden, daß Sie ihn hier beobachten. Und dann sagte sie, wenn wir ihn nicht hierbehalten könnten, sollten wir ihr doch die Adresse eines privaten Heimes für geistig zurückgebliebene Kinder geben. Sie meinte, sie und ihr Mann hätten sich damit abgefunden, daß er wahrscheinlich geistig zurückgeblieben oder hirngeschädigt sei.»

Auf diese Bemerkung hin ging Hedda hoch. «Sie glaubt eher, daß er geistig zurückgeblieben ist, als daß sie zugäbe, daß er vielleicht seelisch gestört und sie dafür verantwortlich sei!» rief sie aus.

«Wir scheinen es nicht fertigzubringen, ihn objektiv zu sehen», sagte Miß Jane. «Ich glaube, darum haben wir ihn so lange behalten und machen so viel her von dem bißchen Fortschritt, den er gemacht hat. Wir könnten es nicht ertragen, ihn abzuweisen und ihn nicht irgendwie zu verteidigen. Wir haben uns nie über ihn unterhalten können, ohne daß unsere eigenen Gefühle für ihn und seine Eltern mit im Spiel waren. Und wir wissen nicht einmal genau, ob unsere Einstellung seinen Eltern gegenüber berechtigt ist.»

«Ich bin überzeugt, daß er nahe daran ist, seinen Widerstand aufzugeben», sagte Hedda. «Ich glaube nicht, daß er ihn noch lange aufrechterhalten kann.»

Dieses Kind mußte etwas an sich haben, das ihr Interesse erregte und ihre Gefühle wachrief. Ich spürte ihr Mitgefühl für ihn – die Wirkung seiner Persönlichkeit. Mir wurde klar, welchen Schwierigkeiten wir gegenüberstehen, wenn wir die Kompliziertheit einer Persönlichkeit in einfachen, klaren Begriffen ausdrücken wollen. Ich mußte die Achtung vor diesem Kind anerkennen, die während der ganzen Konferenz fühlbar war.

Es wurde beschlossen, daß Dibs bei mir eine Anzahl Spieltherapie-Stunden haben sollte – wenn seine Eltern damit einverstanden waren. Wir hatten keine Ahnung, wie unser Vorhaben auf Dibs wirken würde.

Zweites Kapitel

Als ich die Konferenz verließ, fühlte auch ich Achtung vor Dibs und brannte darauf, ihn kennenzulernen. Die Abscheu vor der überheblichen Selbstgefälligkeit, die alle Hoffnung aufgibt, es nicht immer noch einmal versucht, sondern unsere heute noch unzulänglichen Antworten auf solche Probleme als gegeben hinnimmt, hatte mich gleichfalls erfaßt. Auf dem Gebiet der geistigen Gesundheit gibt es viele Fragen, auf die wir die Antwort nicht wissen. Wir wissen, daß unsere Eindrücke vielfach anfechtbar sind. Objektivität und ruhiges, systematisches Studium sind wesentlich. Forschung besteht aus einer faszinierenden Kombination von Eingebungen, Vermutungen, Subjektivität, Phantasie, Hoffnungen, Träumen und objektiv zusammengetragenen Tatsachen, die fast mathematische Genauigkeit erreichen. Eins ohne das andere ist unvollständig. Erst zusammen bringen sie uns schrittweise der Wahrheit näher.

Ich würde Dibs also bald kennenlernen. Ich würde ihn in der Schule unter den anderen Kindern beobachten und versuchen, mit ihm eine Zeitlang allein zu sein. Dann würde ich mit seiner Mutter sprechen und mit ihr die weiteren Zusammenkünfte im Spielzimmer der Heilpädagogischen Beratungsstelle für Kinder vereinbaren. Von da an mußte man weitersehen.

Wir suchten die Lösung eines Problems und wußten alle, daß diese zusätzliche Erfahrung uns nur einen flüchtigen Einblick in die Welt dieses Kindes gewähren würde. Wir wußten nicht, was es für Dibs bedeuten würde. Wir ergriffen diese weitere Chance, um etwas mehr Einsicht zu erlangen, die vielleicht zu unserem Verständnis beitragen konnte.

Als ich den East River Drive hinunterfuhr, mußte ich an viele Kinder denken, die ich kennengelernt hatte. Es waren unglückliche Kinder. Jedes war in der Bemühung, eine eigene Persönlichkeit zu erlangen, auf die es stolz sein konnte, enttäuscht worden. Sie hatten kein Verständnis gefunden und doch immer wieder versucht, um ihrer selbst willen anerkannt zu werden. Aus projizierten Gefühlen, Gedanken, Phantasien, Träumen und Hoffnungen waren in jedem Kind neue Gesichtskreise entstanden. Ich hatte Kinder gekannt, die von ihren Ängsten und Beklemmungen so überwältigt waren, daß sie sich in Selbstverteidigung gegen eine Welt wehrten, die aus vielen Gründen unerträglich für sie war. Einige hatten neue Kräfte entwickelt und konnten es mit ihrer Welt auf positivere Art aufnehmen. Einige hatten dem Druck ihres schrecklichen Schicksals nicht standhalten können. Und es gibt keine grundsätzliche Erklärung; wenn man sagt, das Kind wurde zurückgestoßen und nicht freundlich aufgenommen, so hat das nichts mit dem Verständnis seiner inneren Welt zu tun. Zu oft sind diese Begriffe nur bequeme Bezeichnungen, die wir als Alibis verwenden, um unsere Unwissenheit zu entschuldigen. Wir müssen Klischees, überstürzte, konventionelle Deutungen und Erklärungen vermeiden. Wenn wir der Wahrheit näherkommen wollen, müssen wir tiefer nach den Gründen für unser Verhalten forschen.

Ich beschloß, am nächsten Morgen in die Schule zu gehen. Ich würde Dibs' Mutter anrufen und so bald wie möglich ein Treffen mit ihr in ihrer Wohnung vereinbaren. Ich würde Dibs für nächsten Donnerstag in das Spielzimmer der Heilpädagogischen Beratungsstelle für Kinder bestellen. Und wo würde das alles enden? Wenn es ihm nicht gelänge, die Wand zu durchbrechen, die er so fest um sich herum aufgebaut hatte – und diese Möglichkeit bestand durchaus –, mußte ich mir etwas anderes ausdenken. Manchmal hilft etwas bei einem Kind wunderbar und bei einem anderen ganz und gar nicht. Wir geben nicht leicht auf. Wir schreiben einen Fall nicht als «hoffnungslos» ab, ohne es doch noch einmal versucht zu haben. Manche Leute halten es für sehr unklug, Hoffnung aufrechtzuerhalten, wenn kein Grund zur Hoffnung besteht. Aber wir warten nicht auf ein Wunder. Unser Ziel ist Verständnis, denn wir glauben, daß wir durch Verständnis neue Methoden finden, die dem Menschen wirksamer helfen, seine Persönlichkeit zu entwickeln und seine Fähigkeiten zu verwerten. Wir lassen nicht nach, dieses Ziel zu verfolgen und weiter nach einem Weg zu suchen, der uns aus unserer Unwissenheit hinausführt.

Am nächsten Morgen war ich in der Schule, bevor die Kinder kamen. Die Räume, in denen sich der Kindergarten befand, waren hell und freundlich und hatten passende, ansprechende Möbel.

«Die Kinder werden bald hier sein», sagte Miß Jane. «Ihre Meinung über Dibs interessiert mich sehr. Ich hoffe, daß man ihm helfen kann. Ich mache mir entsetzliche Sorgen um das Kind. Wissen Sie, wenn ein Kind wirklich geistig zurückgeblieben ist, so liegt seinen Handlungen und Interessen ein vollkommen einheitlicher Maßstab zugrunde. Aber Dibs? Wir wissen nie, in welcher Stimmung er sein wird, wir *wissen* nur, daß er nicht lächeln wird. Wir haben ihn noch nie lächeln sehen. Oder auch nur annähernd glücklich. Das ist auch einer der Gründe, weshalb wir glauben, daß sein Problem viel weiter geht, als daß er nur geistig zurückgeblieben ist. Er ist zu leicht erregbar. – Da kommen die ersten Kinder.»

Die Kinder erschienen allmählich. Die meisten sahen froh und erwartungsvoll aus. Offensichtlich fühlten sie sich in dieser Schule wohl. Sie riefen sich untereinander und auch den Lehrerinnen lebhafte Begrüßungen zu. Einige sprachen mit mir, fragten mich nach meinem Namen und warum ich hier sei. Sie nahmen die Mützen ab, zogen die Mäntel aus und hängten sie in ihre Schränke. Zu Beginn durften sich die Kinder nach freier Wahl beschäftigen, und sie spielten und sprachen ganz spontan miteinander.

Dann kam Dibs. Seine Mutter führte ihn herein. Ich konnte nur einen flüchtigen Blick auf sie werfen, denn sie sprach sehr kurz mit Miß Jane, sagte auf Wiedersehen und verließ Dibs. Er blieb dort, wo sie ihn stehengelassen hatte. Miß Jane sprach mit ihm und fragte ihn, ob er seinen Mantel und seine Mütze aufhängen wolle. Er antwortete nicht.

Er war groß für sein Alter. Sein Gesicht war sehr blaß. Seine Arme hingen schlaff herab. Miß Jane half ihm beim Ausziehen.

Er schien völlig unbeteiligt. Sie hängte seinen Mantel und die Mütze in seinen Schrank.

Als sie bei mir vorbeikam, sagte sie leise: «Also, das ist Dibs. Er wollte sich nie allein ausziehen, also tun wir es jetzt schon aus Gewohnheit. Manchmal versuchen wir ihn dazu zu bringen, sich an den Spielen der anderen Kinder zu beteiligen, oder wir geben ihm etwas Besonderes zu tun. Aber er lehnt alles ab. Heute vormittag werden wir ihn einfach sich selbst überlassen, und dann können Sie sehen, was er tun wird. Es kann sein, daß er sehr lange dort stehenbleibt. Vielleicht geht er auch herum, von einem Gegenstand zum anderen. Manchmal ist er dabei so hastig, als könne er sich nicht eine Minute lang konzentrieren. Und dann wieder bleibt er eine Stunde bei irgend etwas. Es hängt alles davon ab, wie er sich fühlt.»

Miß Jane ging zu einigen anderen Kindern. Ich beobachtete Dibs und versuchte, nicht den Anschein zu erwecken, als würde ich meine Aufmerksamkeit auf ihn richten.

Er stand noch am selben Fleck. Dann drehte er sich um, sehr langsam und überlegt. Er hob in einer Geste fast hoffnungsloser Verzweiflung die Hände und ließ sie wieder fallen. Dann drehte er sich wieder um. Jetzt befand ich mich in seinem Gesichtsfeld – falls er Lust hatte, mich anzusehen. Er seufzte, biß sich auf die Lippen, rührte sich nicht.

Ein kleiner Junge lief auf Dibs zu. «Hei, Dibs», rief er. «Komm spielen.»

Dibs schlug nach dem Jungen. Er hätte ihn gekratzt, aber der Junge sprang schnell zurück.

«Katze! Katze! Katze!» foppte ihn der Junge.

Miß Jane kam und schickte den Jungen zum Spielen in die andere Ecke des Zimmers.

Dibs ging zu einem kleinen Tisch an der Wand, auf dem sich Steine, Muscheln, Kohlestückchen und andere Mineralien befanden. Neben dem Tisch blieb er stehen. Langsam nahm er einen Gegenstand nach dem anderen auf. Er ließ seine Finger darüber hingleiten, berührte die Wange damit, roch und schmeckte daran. Dann legte er sie sorgfältig wieder zurück. Er blickte in meine Richtung. Es war nur ein flüchtiger Blick, dann sah er schnell wieder fort. Er kniete sich nieder, kroch unter den Tisch und blieb dort sitzen.

Dann bemerkte ich, daß die anderen Kinder ihre Stühle in einem kleinen Kreis um eine der Lehrerinnen aufstellten. Um diese Zeit zeigten die Kinder einander, was sie in die Schule mitgebracht hatten, und berichteten die Neuigkeiten, die ihnen wichtig erschienen. Dann erzählte ihnen die Lehrerin eine Geschichte. Danach sangen sie ein paar Lieder.

Dibs war unter dem Tisch, nicht zu weit von ihnen entfernt. Von seinem günstigen Standort aus konnte er hören, was sie sagten, und sehen, was sie zeigten – wenn er wollte. Hatte er vorausgesehen, daß die Gruppe sich dort versammeln würde, als er unter den Tisch kroch? Es war schwer zu sagen. Er blieb unter dem Tisch, bis der Kreis sich auflöste und die Kinder sich anderen Beschäftigungen zuwandten. Dann erst rührte er sich wieder.

Er kroch an der Wand entlang und hielt oft inne, um etwas näher zu untersuchen. Als er zu dem breiten Fensterbrett kam, auf dem sich Terrarien und Aquarien befanden, richtete er sich auf und starrte unverwandt in die großen Glasbehälter. Hin und wieder streckte er die Hand aus und berührte irgend etwas in dem Terrarium. Seine Gesten schienen dabei geschickt und leicht zu sein. Er blieb eine halbe Stunde dort, anscheinend völlig von seinen Beobachtungen beansprucht. Dann kroch er weiter und vollendete seine Runde um das Zimmer. Einige Dinge berührte er rasch und sorgsam, dann wandte er sich etwas anderem zu.

Als er zu der Bücherecke kam, fingerte er an den Büchern herum, die auf einem Tisch lagen, wählte eins aus, nahm einen Stuhl, zog ihn durchs ganze Zimmer in eine Ecke und setzte sich dann mit dem Gesicht zur Wand hin. Er öffnete das Buch vorne, betrachtete eingehend jede Seite und wendete die Blätter sorgfältig um. Las er? Sah er sich überhaupt die Bilder an? Eine Lehrerin ging zu ihm hin.

«Aha», sagte sie. «Du siehst dir das Vogelbuch an. Möchtest du mir etwas darüber erzählen, Dibs?» fragte sie mit sanfter, freundlicher Stimme.

Dibs schleuderte das Buch von sich. Er warf sich auf den Boden und blieb starr und steif mit dem Kopf nach unten liegen.

«Es tut mir leid», sagte die Lehrerin. «Ich wollte dich nicht stören, Dibs.» Sie nahm das Buch auf, legte es wieder auf den Tisch und kam zu mir. «Das war jetzt typisch», sagte sie. «Wir haben gelernt, daß es besser ist, ihn in Ruhe zu lassen. Aber ich wollte, daß Sie es einmal sehen.»

Dibs, noch immer auf dem Bauch, hatte den Kopf gedreht, so daß er die Lehrerin beobachten konnte. Wir taten so, als sähen wir nicht zu ihm hin. Schließlich stand er auf und ging langsam an der Wand entlang. Er berührte Farben, Buntstifte, Ton, Nägel, Hammer, Holz, Trommel und Zimbel. Er hob die Gegenstände auf und legte sie wieder zurück. Die anderen Kinder beschäftigten sich, ohne sich viel um Dibs zu kümmern. Er vermied jeden körperlichen Kontakt mit ihnen, und sie ließen ihn in Ruhe.

Dann war es an der Zeit, zum Spielen hinauszugehen. Eine Lehrerin sagte zu mir: «Vielleicht geht er, vielleicht auch nicht. Ich würde weder auf das eine noch auf das andere wetten.» Sie forderte die Kinder auf, in den Hof zu gehen, und fragte Dibs, ob er mitwolle.

«Nicht rausgehen», sagte er mit klangloser, mühsamer Stimme.

Ich sagte, daß ich hinausgehen würde, es wäre ein so schöner Tag, und zog den Mantel an.

Plötzlich sagte Dibs: «Dibs rausgehen!» Die Lehrerin zog ihm den Mantel an, und er ging schwerfällig hinaus in den Hof. Seine Bewegungen waren sehr schlecht koordiniert. Es war, als wäre er körperlich und seelisch gefesselt.

Die anderen Kinder spielten im Sandkasten, auf der Schaukel, auf dem Klettergerüst und mit den Fahrrädern. Sie spielten Ball, Fangen und Versteck. Sie liefen, hüpften, kletterten und sprangen. Dibs nicht. Er ging in eine entfernte Ecke, hob einen kleinen Stock auf, hockte sich hin und kratzte damit auf der Erde herum. Hin und her – immer wieder. Er zog kleine Gräben auf dem Boden und sah niemanden an. Er starrte hinunter auf den Boden, über seine einsame Beschäftigung gebeugt. In sich gekehrt. Schweigend.

Wenn die Kinder wieder hineingegangen waren und sich ausgeruht hatten, würde ich, so beschlossen wir, mit Dibs in das Spielzimmer am anderen Ende des Ganges gehen. Falls er mitging.

Als die Lehrerin die Glocke läutete, kehrten alle Kinder ins Klassenzimmer zurück, sogar Dibs. Miß Jane half ihm, den Mantel auszuziehen. Diesmal reichte er ihr die Mütze. Die Lehrerin legte eine Platte mit sanfter, beruhigender Musik auf. Jedes Kind holte sich seine Matte aus dem Regal und streckte sich während der Ruhepause auf dem Boden aus. Dibs holte seine Matte und rollte sie auseinander. Er legte sie unter den Büchertisch, ein Stück entfernt von den anderen Kindern. Er lag mit dem Gesicht nach unten auf der Matte, den Daumen im Mund. Woran dachte er in seiner einsamen kleinen Welt? Was hatte er für Gefühle? Warum verhielt er sich so? Was war dem Kind geschehen, daß es sich so von den Menschen zurückzog? Würden wir bis zu ihm durchdringen können?

Nach der Ruhepause räumten die Kinder ihre Matten weg. Dibs rollte seine Matte auf und legte sie an den richtigen Platz. Die Kinder teilten sich nun in kleine Gruppen ein. Eine Gruppe hatte eine Bastelstunde und fertigte Dinge aus Holz an. Andere Gruppen malten oder spielten mit Ton.

Dibs stand an der Tür. Ich ging zu ihm und fragte ihn, ob er mit mir in das kleine Spielzimmer hinten am Gang gehen wolle. Ich hielt ihm die Hand hin. Er zögerte einen Augenblick, dann nahm er wortlos meine Hand und ging mit. Als wir an einigen anderen Räumen vorbeikamen, murmelte er etwas, das ich nicht verstehen konnte. Ich fragte ihn nicht danach, was er gesagt hatte; ich bemerkte nur, daß das Spielzimmer am anderen Ende des Ganges sei. Diese erste Reaktion war sehr interessant. Er war mit einer Fremden aus dem Zimmer gegangen, ohne auch nur einen

Blick zurückzuwerfen. Ich stellte zwar fest, daß er meine Hand umklammert hielt. Er war verkrampft. Aber, so erstaunlich es war, er war bereitwillig mitgegangen.

Hinten am Gang, unter der Hintertreppe, befand sich ein kleines Zimmer, das als Spieltherapie-Raum bezeichnet wurde. Es war nicht sehr anheimelnd, durch seine Eintönigkeit in Farbe und Ausstattung machte es einen kühlen Eindruck. Durch ein schmales Fenster kam zwar etwas Sonnenlicht herein, aber der Raum wirkte doch düster, obwohl alle Lichter brannten. Die Wände hatten eine schmuddelige braungelbe Farbe; hie und da waren an den Stellen, wo man etwas weggewaschen hatte, unregelmäßige hellere Flecken zu sehen. Der Boden war mit stumpfem, braunem Linoleum bedeckt. Ein durchdringender Geruch von feuchtem Ton, nassem Sand und abgestandenen Wasserfarben erfüllte den Raum.

Spielzeug lag auf dem Tisch, auf dem Boden und in einigen Regalen. Ein Puppenhaus stand auf dem Boden. Jedes Zimmer im Puppenhaus war sparsam mit massiven Holzmöbeln möbliert. Eine Familie kleiner Puppen lag vor dem Puppenhaus: Vater, Mutter, Junge, Mädchen und Babypuppen. In einer offenen Schachtel, die danebenstand, lagen noch mehr kleine Puppen. Auch ein paar Gummitiere waren da – ein Pferd, ein Löwe, ein Hund, eine Katze, ein Elefant, ein Kaninchen –, außerdem einige Spielautos und Flugzeuge und eine Schachtel mit Bauklötzen. Im Sandkasten waren ein paar Eimer, Löffel, Förmchen und Schaufeln. Auf dem Tisch befand sich ein Gefäß mit Ton, auf der Staffelei gab es ein paar Farben und Zeichenpapier. Eine Säuglingsflasche, die mit Wasser gefüllt war, stand im Regal. In der Ecke stand eine große, aufgeblasene Gummifigur, die nach Art der Stehaufmännchen mit einem Gewicht versehen war, so daß sie sich wieder von selbst aufrichtete, wenn sie umgestoßen wurde. Das Spielzeug war massiv gearbeitet, aber es sah abgenutzt und schlecht behandelt aus.

Es war nichts in dem Zimmer, das ein Kind in seinen Tätigkeiten behindert hätte. Keiner der Gegenstände war zu zerbrechlich oder zu gut, als daß ein Kind gezögert hätte, ihn zu berühren oder gar zu Boden zu werfen. Es war ein Zimmer, das Kinder, die sich dort einige Zeit aufhielten, ermunterte, ihrer Persönlichkeit Ausdruck zu verleihen. Jedes Kind würde den Raum aus seinen Erfahrungen heraus ganz anders sehen. Hier könnte ein Kind sein vielleicht momentan verschüttetes Ich finden und sich so von seinen Unsicherheiten, Ängsten und Befürchtungen befreien. Alle früher gemachten Erfahrungen von Formen, Tönen, Farben und Bewegungen bringt es in diesen Raum mit und baut seine Welt in einem verkleinerten Maßstab, mit dem es fertig werden kann, neu wieder auf.

Als wir eintraten, sagte ich: «Wir bleiben eine Stunde zusammen hier in dem Spielzimmer. Du kannst dir das Spielzeug und die anderen Sachen, die wir hier haben, ansehen. Dann kannst du dir aussuchen, was du gerne tun möchtest.»

Ich setzte mich auf einen kleinen Stuhl an der Tür. Dibs stand mit dem Rücken zu mir mitten im Zimmer und verkrampfte nervös die Hände ineinander. Ich wartete. Wir konnten hier eine Stunde verbringen. Es bestand keine Eile zu irgend etwas. Er konnte spielen oder auch nicht. Reden oder schweigen. Hier drinnen machte es keinen Unterschied. Das Zimmer war sehr klein. Wo er auch hinging, er konnte nicht zu weit fortgehen. Es gab einen Tisch, unter den er kriechen konnte, falls er sich vor mir verstecken wollte. Wenn er Lust dazu hatte, konnte er mit dem Spielzeug spielen.

Aber Dibs stand nur mitten im Zimmer. Er seufzte. Dann drehte er sich langsam um und ging zögernd erst durch den Raum, dann an den Wänden entlang. Er ging von einem Spielzeug zum anderen und berührte es zaghaft. Er sah mich nicht direkt an. Gelegentlich blickte er in meine Richtung, wendete jedoch schnell die Augen ab, wenn unsere Blicke sich trafen. Es war ein umständlicher Weg rund ums Zimmer. Sein Schritt war schwerfällig. Dieses Kind schien kein Lachen und kein Glück zu kennen. Für ihn war das Leben eine grimmige Angelegenheit.

Er ging zum Puppenhaus, strich mit der Hand über das Dach, kniete sich daneben hin und spähte hinein. Langsam, Stück für Stück, nahm er die Möbel heraus. Während er das tat, murmelte er fragend und zögernd die Namen dèr Gegenstände. Seine Stimme war klanglos und leise.

«Bett? Stuhl? Tisch?» sagte er. «Gitterbett? Frisiertisch? Badewanne? Toilette?» Nachdem er so jeden Gegenstand in dem Puppenhaus bezeichnet und sorgfältig wieder zurückgestellt hatte, wandte er sich den Puppen zu und sortierte sie langsam. Er wählte einen Mann, eine Frau, einen Jungen, ein Mädchen und ein Baby aus. Es war, als würde er sie unentschlossen identifizieren: «Mama? Papa? Schwester? Baby?» Dann nahm er die kleinen Tiere vor. «Hund? Katze? Kaninchen?» Wiederholt seufzte er tief. Es schien eine schwierige und schmerzliche Aufgabe zu sein, die er sich da gesetzt hatte.

Jedesmal, wenn er einen Gegenstand bezeichnete, versuchte ich auszudrücken, daß ich sein gesprochenes Wort erkannt hatte. Ich sagte zum Beispiel: «Ja, das ist ein Bett», oder: «Ich glaube auch, daß das ein Frisiertisch ist», oder: «Es sieht aus wie ein Kaninchen.» Ich versuchte kurz zu antworten, in Übereinstimmung mit dem, was er gesagt hatte, und doch abwechslungsreich genug, um Eintönigkeit zu vermeiden. Als er die Vater-Puppe hochnahm und «Papa?» sagte, antwortete ich: «Es könnte Papa sein.» Und so verlief unsere Unterhaltung bei jedem Gegenstand, den er ergriff und nannte. Ich glaubte, daß dies der beste Weg war, mit ihm eine Verbindung herzustellen. Das Bezeichnen der Gegenstände schien ein ungefährlicher Anfang zu sein.

Dann setzte er sich vor dem Puppenhaus auf den Boden. Er starrte es lange schweigend an. Ich drängte ihn nicht zum Sprechen. Wenn er schweigend dort sitzen wollte, dann würden wir eben schweigen. Es mußte irgendein Grund vorhanden sein für das, was er tat. Ich wollte, daß die Initiative beim Aufbau unserer Beziehung von ihm ausging. Zu oft nimmt das ein eifriger Erwachsener einem Kind ab.

Er preßte die Hände an die Brust und sagte immer wieder: «Nicht Tür abschließen. Nicht Tür abschließen. Nicht Tür abschließen.» Seine Stimme nahm einen Ton verzweifelter Eindringlichkeit an. «Dibs mag nicht abgeschlossene Tür.» Er schluchzte.

Ich sagte zu ihm: «Du magst es nicht, wenn die Türen abgeschlossen sind.»

Dibs schien zusammenzuschrumpfen. Er sprach in einem heiseren Flüstern. «Dibs mag nicht geschlossene Tür. Mag nicht Tür zu und abgeschlossen. Dibs mag nicht Wände um sich herum.»

Offensichtlich hatte er unglückliche Erfahrungen mit geschlossenen und abgeschlossenen Türen gemacht. Ich nahm die Gefühle, die er ausdrückte, zur Kenntnis. Dann nahm er die Puppen, die Vater und Mutter darstellten, aus dem Haus heraus, in das er sie gesetzt hatte. «Geh Laden! Geh Laden!» sagte er. «Geh weg zum Laden. Geh weg!»

«Oh, geht Mutter fort zum Laden?» bemerkte ich. «Und Papa auch? Und die Schwester?» Er nahm sie schnell heraus und legte sie weiter fort von dem Haus.

Dann entdeckte er, daß die Zimmerwände des Puppenhauses entfernt werden konnten. Er hob jede Wand heraus und sagte dabei: «Mag keine Wände. Dibs mag keine Wände. Nimm alle Wände weg, Dibs!» Und Dibs räumte in diesem Spielzimmer einen Teil der Wände fort, die er um sich aufgebaut hatte.

Auf diese Art spielte er langsam, fast mühsam. Als die Stunde vorbei war, sagte ich ihm, daß die Spielzeit hier fast um wäre und wir in sein Klassenzimmer zurückkehren würden. «Noch fünf Minuten», sagte ich. «Dann müssen wir gehen.»

Er saß auf dem Boden vor dem Puppenhaus. Er rührte sich nicht und sprach kein Wort. Auch ich blieb still sitzen.

Ich fragte ihn nicht, ob er zurück wollte. Er hatte ja keine richtige Wahl. Ich fragte ihn auch nicht, ob er gern wiederkommen würde. Vielleicht wollte er sich nicht festlegen. Außerdem war es nicht seine Sache, diese Entscheidung zu treffen. Ich sagte nicht, daß ich ihn nächste Woche wiedersehen würde, denn ich hatte noch nicht mit seiner Mutter gesprochen. Dieses Kind war schon zu sehr verletzt worden, als daß ich ihm etwas versprechen wollte, was nachher nicht gehalten werden konnte. Ich fragte ihn auch nicht, ob es ihm hier gefallen hätte. Warum sollte er zu einer Bewertung der Erfahrung, die er gerade gemacht hatte, gezwungen werden? Wenn das Spiel für ein Kind die natürliche Ausdrucksform ist, warum sollen wir es dann in die starre Form einer schablonenhaften Antwort pressen? Ein Kind wird von Fragen nur verwirrt, die ein anderer schon beantwortet hat, bevor es gefragt wurde.

Als die fünf Minuten vorüber waren, stand ich auf und sagte: «Wir müssen jetzt gehen, Dibs.» Er stand langsam auf, nahm meine Hand, wir verließen das Zimmer und gingen den Gang entlang. Als wir ungefähr die Hälfte des Weges zurückgelegt hatten und man die Tür seines Klassenzimmers schon sehen konnte, fragte ich ihn, ob er glaube, er könne den Rest allein gehen.

«Sicher», sagte er. Er ließ meine Hand los und ging allein den Gang hinunter bis zu seinem Zimmer.

Das hatte ich getan, weil ich hoffte, daß Dibs allmählich mehr Selbstvertrauen und Verantwortungsgefühl bekommen würde. Er sollte spüren, daß ich ihm die Fähigkeit zutraute, meine Erwartungen zu erfüllen. Wenn er geschwankt oder gezeigt hätte, daß es an diesem ersten Tag noch zuviel für ihn sei, wäre ich noch ein Stückchen weiter mit ihm gegangen. Ich hätte ihn auch bis zur Tür begleitet, wenn er diese Hilfe gebraucht hätte. Aber er ging allein. Ich sagte: «Leb wohl, Dibs!»

Er sagte: «Stimmt!» Seine Stimme klang weich und sanft. Er marschierte den Gang hinunter, öffnete die Tür seines Klassenzimmers und sah sich dann um. Ich winkte. Sein Gesichtsausdruck war interessant. Er sah überrascht aus – beinahe erfreut. Er betrat das Zimmer und schloß die Tür fest hinter sich. Es war das erste Mal in seinem Leben, daß Dibs irgendwo allein hingegangen war.

Es war eins meiner Ziele, Dibs zu helfen, seelisch unabhängig zu werden. Ich wollte keine stützende Beziehung zwischen uns herstellen, in der er dann so abhängig von mir wäre, daß sich seine Entwicklung zu innerer Sicherheit hinauszögern würde. Das würde sein Problem nur komplizieren. Wenn Dibs ein Kind war, das gefühlsmäßig vernachlässigt worden war – und die Anzeichen deuteten darauf hin –, so würde der Versuch, zu diesem Zeitpunkt eine gefühlsmäßige Bindung einzugehen, wohl ein tiefes Bedürfnis des Kindes erfüllen, aber es würde dadurch ein Problem entstehen, das letzten Endes doch von ihm selbst gelöst werden müßte.

Nach dieser ersten Spielstunde mit Dibs verstand ich, warum die Lehrerinnen und die anderen Betreuerinnen ihn nicht als hoffnungslosen Versager abschreiben konnten. Ich hatte Respekt vor seiner inneren Kraft und Stärke. Das Kind hatte großen Mut.

Drittes Kapitel

Ich rief Dibs' Mutter an und bat sie um eine Unterredung, sobald es möglich sei. Sie sagte, sie hätte meinen Anruf erwartet und würde sich freuen, wenn ich zum Tee zu ihr käme, vielleicht am nächsten Tag um vier Uhr? Ich dankte ihr und nahm die Einladung an.

Die Familie wohnte in einem der braunen Sandsteinhäuser an der oberen East Side der Stadt. Das Haus sah von außen sehr gepflegt aus. Die Haustür war hochpoliert, die Messingteile blitzten. Ich öffnete das schmiedeeiserne Gartentor, ging die Stufen hinauf und läutete. Durch die geschlossene Tür konnte ich gedämpfte Schreie hören. «Nicht Tür abschließen! Nicht Tür abschließen! Nein! Nein! Nein!» Die Stimme verklang langsam. Offensichtlich würde Dibs nicht mit uns Tee trinken. Ein Mädchen mit Häubchen und Schürze öffnete die Tür. Ich nannte meinen Namen, und sie bat mich in das Wohnzimmer. Sie war unnahbar, korrekt und förmlich. Ich überlegte, ob sie wohl jemals lächelte – oder auch nur das Gefühl hatte, daß die Welt auch sorglos und amüsant sein konnte. Wenn ja, so beherrschte sie sich sehr gut und verbarg jede eigene Persönlichkeit und Ungezwungenheit.

Dibs' Mutter begrüßte mich liebenswürdig, aber ernst. Wir machten die üblichen einleitenden Bemerkungen über das Wetter und wie nett es sei, daß wir Gelegenheit hätten, uns kennenzulernen. Das Haus war sehr schön, aber steif möbliert. Das Wohnzimmer sah nicht so aus, als ob ein Kind jemals fünf Minuten darin verbracht hätte. Mehr noch – es wirkte unbewohnt.

Der Tee wurde hereingebracht. Die Bedienung war ausgezeichnet. Dibs' Mutter kam ohne große Umschweife zum Thema.

«Soviel ich weiß, sind Sie als Beraterin hinzugezogen worden, um Dibs zu beobachten», sagte sie. «Es ist sehr freundlich von Ihnen, diese Aufgabe zu übernehmen. Ich möchte Ihnen sagen, daß wir keine Wunder erwarten. Wir haben uns mit der Tragödie von Dibs abgefunden. Ich kenne Ihren fachlichen Ruf und habe große Achtung vor der Forschung auf allen Gebieten der Wissenschaft – einschließlich der Verhaltensforschung. Wir erwarten keine Änderung bei Dibs, wenn Sie aber durch die Beobachtung dieses Kindes im Verständnis des menschlichen Verhaltens auch nur ein wenig weiterkommen können, so sind wir zur Mitarbeit sehr gerne bereit.»

Es war unglaublich. Da gab sie mir, in bester wissenschaftlicher Manier, Material zur Untersuchung. Es handelte sich für sie nicht um ein Kind in Not. Nicht um ihren Sohn. Sie bot mir einfach nackte Tatsachen an. Und sie hatte sehr deutlich zu verstehen gegeben, daß sie keine Änderungen dieser Tatsachen erwartete. Jedenfalls keine Änderung zum Guten. Ich hörte zu, während sie mir ganz kurz die notwendigen Angaben über Dibs machte. Sie erwähnte sein Geburtsdatum; seine langsame Entwicklung; die Tatsache, daß er offensichtlich zurückgeblieben war; die Möglichkeit organischer Beeinträchtigung. Sie saß fast bewegungslos in ihrem Sessel. Verkrampft. Entsetzlich beherrscht. Ihr Gesicht war sehr blaß. Ihr graues Haar war in der Mitte gescheitelt, nach hinten gekämmt und im Nacken zu einem Knoten zusammengefaßt. Ihre Augen waren hellblau, ihr Mund ein dünner Strich. Gelegentlich biß sie sich nervös auf die Lippen. Ihr Kleid war stahlgrau und klassisch einfach geschnitten. Auf eine kühle Art war sie eine sehr schöne Frau. Es war schwierig, ihr Alter zu schätzen. Sie sah aus, als wäre sie gut in den Fünfzigern, aber sie konnte auch viel jünger sein. Sie drückte sich klar und intelligent aus. Sie schien sich sehr tapfer zu geben, wahrscheinlich aber war sie so tief und tragisch unglücklich wie Dibs.

Dann fragte sie mich, ob ich Dibs oben in seinem Spielzimmer beobachten wolle.

«Es liegt im ersten Stock – auf der Rückseite des Hauses», sagte sie. «Niemand würde Sie dort stören oder belästigen. Er hat viele Spielsachen. Und wir werden gerne alles andere beschaffen, was Sie vielleicht noch brauchen sollten.»

«Nein, danke», erwiderte ich. «Es ist besser, wenn er in unsere Beratungsstelle kommt. Einmal wöchentlich für eine Stunde.»

Das war anscheinend eine beunruhigende Eröffnung. Sie versuchte es noch einmal. «Er hat so viele schöne Spielsachen in seinem Zimmer. Und wir würden Ihnen gerne ein höheres Honorar zahlen, wenn Sie hierher kommen könnten.»

«Es tut mir leid, aber das kann ich nicht tun», sagte ich. «Und es kostet kein Honorar.»

«Oh, aber wir können es uns gut leisten, etwas zu bezahlen», entgegnete sie schnell. «Ich bestehe sogar darauf.»

«Das ist sehr freundlich von Ihnen», sagte ich. «Aber es kostet nichts. Ich bitte Sie nur, darauf zu achten, daß er pünktlich und regelmäßig in die Beratungsstelle kommt. Ich möchte Ihre Erlaubnis dazu haben, daß wir alle Interviews für Studienzwecke aufnehmen dürfen. Und ich werde Ihnen die Bestätigung geben, daß alle persönlichen Einzelheiten so getarnt werden, daß niemand erraten könnte, wer Dibs wirklich ist, falls das Material zum Unterricht oder zur Veröffentlichung in irgendeiner Form gebraucht werden sollte.»

Ich reichte ihr die signierte Bestätigung, die vor unserer Unterredung aufgesetzt worden war. Sie studierte sie sorgfältig.

«Gut», sagte sie schließlich. «Soll ich das aufbewahren?»

«Ja. Und würden Sie und Ihr Mann bitte diese Genehmigung unterschreiben, daß wir alle Interviews voll und ganz aufnehmen dürfen?»

Sie nahm dieses zweite Blatt und sah es genau durch. «Kann ich es behalten und mit meinem Mann darüber sprechen? Ich werde es Ihnen dann zuschicken, falls wir uns dazu entschließen können.»

«Natürlich», sagte ich. «Ich würde es nur begrüßen, wenn Sie mir Ihre Entscheidung, wie immer sie ausfällt, so bald wie möglich mitteilen könnten.»

Sie hielt das Stück Papier vorsichtig in der Hand und feuchtete sich die Lippen an. Diese Unterhaltung unterschied sich sehr von den sonst üblichen ersten Gesprächen mit Müttern. Ich fühlte mich genauso unbehaglich, wie sie sich wahrscheinlich fühlen mußte, als ich um den Besuch ihres Kindes im Spielzimmer unserer Beratungsstelle feilschte. Aber ich hatte das Gefühl, daß ich dieses Risiko eingehen mußte – oder Dibs würde nicht in die Beratungsstelle kommen.

«Ich gebe Ihnen Bescheid, sobald wir uns entschieden haben», sagte sie.

Mein Herz sank ein wenig. Es war möglich, daß sie sich hinter diesem Vorwand versteckte, um sich zurückzuziehen. Aber wenn sie zustimmte, verpflichtete sie sich dazu, die Angelegenheit bis zum Ende durchzuführen. Ich war überzeugt, daß sie, wenn sie unterschrieben, ihre Seite der Abmachung einhalten würden. Wenn sie aber diese Verantwortung nicht übernahmen, konnten wir uns nicht auf den nötigen regelmäßigen Besuch verlassen.

Nach einer langen Pause sagte sie: «Ich verstehe nicht, warum Sie ein Honorar zurückweisen, wenn eine Familie sich einen beträchtlichen Beitrag leisten kann. Sie könnten doch dafür ein anderes Kind begutachten, dessen Eltern nichts zahlen können.»

«Weil es bei meiner Forschungsarbeit hauptsächlich darum geht, unser Verständnis für Kinder zu verbessern», erklärte ich. «Ich erhalte ein Gehalt für meine Arbeit. Damit ist die Frage der Bezahlung geregelt. Außerdem wird dadurch vermieden, daß die Eltern denken, sie erhielten eine Dienstleistung, für die manche zahlen und manche nicht. Wenn Sie der Beratungsstelle einen Forschungsbeitrag ganz unabhängig von diesem bestimmten Fall geben wollen, liegt das ganz bei Ihnen. Forschung wird hauptsächlich auf diese Art finanziert.»

«Ach so», sagte sie. «Aber ich würde Sie trotzdem gerne bezahlen.»

«Das glaube ich Ihnen gerne», erklärte ich ihr. «Und ich anerkenne Ihre Haltung. Ich kann jedoch Dibs nur unter diesen Bedingungen begutachten.»

Jetzt war es geschehen. Ich befand mich im Nachteil, und sie konnte es umgehend ausnützen. Wenn wir diesen Punkt bereinigt hätten, davon war ich überzeugt, wären wir einen wichtigen Schritt weitergekommen. Wir hätten die Anfangsverantwortung für die

Mutter geschaffen. Sie hatte es wahrscheinlich oft genug verstanden, sich durch Bezahlung von der Verantwortung für Dibs zu drücken. Ich fand, daß es wichtig wäre, diese Möglichkeit diesmal – soweit es in meiner Macht stand – auszuschalten.

Ein paar Minuten lang war sie sehr ruhig. Sie hielt die Hände fest im Schoß verkrampft, der Blick war gesenkt. Plötzlich mußte ich an Dibs denken, wie er sich mit dem Gesicht nach unten auf den Boden geworfen und dort starr und steif gelegen hatte. Wieder hatte ich das Gefühl, daß sie so traurig und verlassen sei wie ihr Sohn.

Schließlich warf sie mir einen Blick zu, sah aber schnell wieder fort und wich meinen Augen aus. «Noch etwas», sagte sie. «Falls Sie weitere Einzelheiten aus Dibs' Krankengeschichte wünschen, kann ich Sie nur an die Schule verweisen. Ich kann dem, was ich gesagt habe, nichts mehr hinzufügen. Und ich selbst werde auch nicht zu Interviews kommen können. Wenn das eine Ihrer Bedingungen ist, können wir die ganze Angelegenheit gleich fallenlassen. Es gibt nichts, was ich noch hinzufügen könnte. Es ist eine Tragödie – eine große Tragödie. Aber Dibs? Nun, er ist einfach geistig zurückgeblieben. Er ist so geboren. Aber ich kann nicht zu Interviews oder Befragungen kommen.» Sie warf mir wieder einen Blick zu. Der Gedanke, daß sie selbst befragt werden sollte, versetzte sie in Panik.

«Ich verstehe», sagte ich. «Ich respektiere Ihre Wünsche in dieser Angelegenheit. Aber ich möchte Ihnen doch sagen, daß Sie mich jederzeit anrufen können, wenn Sie irgendwann einmal mit mir über Dibs sprechen wollen. Aber das überlasse ich ganz Ihnen.» Sie schien ein wenig erleichtert.

«Mein Mann möchte sich auch nicht befragen lassen», erklärte sie.

«Das ist in Ordnung», sagte ich. «Ganz wie Sie wollen.»

«Wenn ich ihn zur Beratungsstelle bringe», meinte sie, «kann ich nicht dort bleiben und auf ihn warten. Ich kann erst wiederkommen, wenn die Stunde um ist», fügte sie hinzu.

«Das macht nichts», versicherte ich ihr. «Sie können ihn bringen und dann nach einer Stunde abholen. Oder Sie können ihn mit jemand anders schicken, wenn Ihnen das lieber ist.»

«Danke», sagte sie. Und nach einer langen Pause fügte sie hinzu: «Ich danke Ihnen für Ihr Verständnis.»

Wir tranken unseren Tee aus und unterhielten uns über ein paar belanglose Dinge. Dorothy wurde nur beiläufig erwähnt und als «musterhaftes Kind» bezeichnet. Dibs' Mutter hatte bei dieser Unterredung mehr Furcht, Beunruhigung und Panik gezeigt als Dibs in seiner ersten Stunde. Der Versuch, sie selbst zu einer Beratung zu überreden, wäre sinnlos. Das sah zu sehr nach einer Drohung für sie aus und war ein Risiko, das ich nicht eingehen wollte: Wir könnten dabei Dibs verlieren. Außerdem hatte ich das starke Gefühl, daß Dibs viel ansprechbarer war, als es seine Mutter je sein würde. Dibs hatte gegen das Verschließen von Türen protestiert, aber einige sehr wichtige Türen im Leben der Mutter waren bereits fest verschlossen. Es war schon fast zu spät für sie, um noch dagegen zu protestieren. Während dieser kurzen Unterredung hatte sie sogar verzweifelt versucht, eine weitere Tür zu verschließen.

Als ich mich verabschiedete, kam sie mit zur Tür.

«Sie wollen ihn also wirklich nicht in seinem Spielzimmer begutachten?» fragte sie. «Er hat so viele schöne Spielsachen. Und wir würden alles andere kaufen, was Sie vielleicht noch brauchten. Alles.»

Sie war wirklich verzweifelt. Ich hatte Mitgefühl mit ihr. Ich dankte ihr für ihr Angebot, sagte ihr aber erneut, daß ich ihn nur im Spielzimmer der Beratungsstelle begutachten könne.

«Ich gebe Ihnen Nachricht, sobald wir uns entschieden haben», meinte sie und schwenkte leicht das Papier, das sie in der Hand hielt.

«Danke», sagte ich und verabschiedete mich. Als ich zu meinem Wagen ging, spürte ich die Bedrückung, die auf dieser gequälten Familie lastete. Ich dachte an Dibs und an sein wunderbar ausgestattetes Spielzimmer. Ich brauchte es gar nicht zu sehen, um ziemlich sicher zu sein, daß alles, was sich mit Geld kaufen ließ, vorhanden sein würde. Und ich war restlos davon überzeugt, daß es auch eine solide, hochpolierte Tür hatte. Mit einem massiven Schloß, das zu oft abgeschlossen wurde.

Ich überlegte, was sie wohl der Geschichte von Dibs noch hinzufügen konnte, falls sie sich jemals entschließen würde, sie zu erzählen. Ganz gewiß gab es hier keine leichtfertigen Erklärungen für die Beziehungen, die innerhalb dieser Familie bestanden. Was dachte und fühlte diese Frau wirklich über Dibs und die Rolle, die sie in seinem jungen Leben spielte, daß sie die Aussicht, über die Situation befragt zu werden, in solche Panik versetzte?

Hatte ich die Lage wirklich ganz ausgenutzt? Oder hatte ich nur Druck angewandt, der sie veranlassen würde, ihre Zusage zur Begutachtung dieses Kindes nicht zu erteilen? Welche Entscheidung würden sie und ihr Mann wohl treffen? Würden sie den Abmachungen, die wir besprochen hatten, zustimmen? Würde ich Dibs jemals wiedersehen? Und wenn ja, was würde sich aus dieser Erfahrung ergeben?

Viertes Kapitel

Mehrere Wochen vergingen, ohne daß ich ein Wort von Dibs' Mutter hörte. Ich rief die Schule an und fragte die Direktorin, ob sie etwas wisse. Sie verneinte. Ich fragte nach Dibs. Sie sagte, alles sei ungefähr beim alten. Dibs sei regelmäßig zur Schule gekommen. Sie warteten mehr oder weniger nur ab und hofften, daß die Spieltherapie bald beginnen würde.

Und dann erhielt ich eines Morgens die von den Eltern unterzeichnete Erlaubnis, die Spieltherapie-Stunden zu protokollieren. In einem kurzen Begleitbrief schrieben sie, daß sie bereit seien, uns bei der Begutachtung des Kindes zu unterstützen. Sie schlugen vor, ich solle sie anrufen, damit wir die wöchentlichen Termine für Dibs vereinbaren könnten.

Ich setzte die Stunde für den kommenden Donnerstag im Spieltherapie-Zimmer der Beratungsstelle fest. Ich bat meine Sekretärin, Dibs' Mutter anzurufen und zu fragen, ob ihr die Zeit recht sei. Sie sagte, die Zeit passe ihr und sie würde ihn dann zur Beratungsstelle bringen.

Wir alle atmeten erleichtert auf. Offensichtlich traf diese Familie ihre Entscheidungen nicht leichtfertig. Man konnte sich ausmalen, was die Verzögerung bedeutete, welche Zeit des Aufruhrs und der Zweifel die Eltern durchgemacht haben mochten, als sie prüften, welchen nächsten Schritt sie machen sollten. Und was war inzwischen mit Dibs geschehen? Hatten sie ihm nachdenkliche Blicke zugeworfen und die möglichen Folgen, die jedes Bemühen um Bewertung seiner Fähigkeiten in sich barg, abzuschätzen versucht? Höchstwahrscheinlich hatten sie alle Gesichtspunkte dieses Wagnisses sorgfältig in Erwägung gezogen.

Dibs erschien pünktlich mit seiner Mutter in der Beratungsstelle. Sie sagte der Empfangsdame, daß sie ihn in einer Stunde wieder abholen würde, und ließ ihn dann im Wartezimmer. Ich ging hinein, um ihn zu begrüßen. Er stand dort, wo ihn seine Mutter stehengelassen hatte. Er hatte Mantel, Mütze, Handschuhe und Überschuhe an.

Ich ging auf ihn zu. «Guten Tag, Dibs», sagte ich. «Es ist schön, dich wiederzusehen. Gehen wir ins Spielzimmer. Es ist hinten am Gang.»

Dibs griff schweigend nach meiner Hand. Wir gingen den Gang hinunter.

«Das ist auch ein Spielzimmer», sagte ich zu ihm. «Es ist so ähnlich wie das in deiner Schule, wo wir vor einigen Wochen zusammen waren.»

«Stimmt», meinte er zögernd.

Dieses Spielzimmer lag im Parterre. Der Raum war von Sonnenlicht durchflutet. Er war hübscher als der in der Schule, aber die Ausstattung war im wesentlichen die gleiche. Von den Fenstern aus sah man auf einen Parkplatz, hinter dem eine große Kirche aus grauem Stein stand.

Als wir im Zimmer waren, ging Dibs langsam herum, berührte die Dinge und bezeichnete sie in demselben fragenden Tonfall, in dem er bei seinem ersten Besuch in dem anderen Spielzimmer gesprochen hatte.

«Sandkiste? Staffelei? Stuhl? Farbe? Auto? Puppe? Puppenhaus?» Jeden Gegenstand, den er anfaßte, benannte er auf diese Weise. Dann variierte er ein wenig. «Ist das ein Auto? Das ist ein Auto. Ist das Sand? Das ist Sand. Ist das Farbe? Das ist Farbe.»

Als er seinen ersten Rundgang durch das Zimmer beendet hatte, sagte ich: «Ja. Es sind viele verschiedene Dinge hier im Zimmer, nicht wahr? Und die meisten hast du berührt und bezeichnet.»

«Stimmt», sagte er leise.

Ich wollte ihn nicht drängen. Man mußte ihm Zeit lassen, sich umzusehen und Entdeckungen zu machen. Jedes Kind braucht Zeit, um auf seine eigene Art die Welt zu entdecken, in der es lebt.

Er blieb mitten im Zimmer stehen.

«Sag mal, Dibs, möchtest du nicht den Mantel ausziehen und die Mütze abnehmen?» fragte ich ihn nach einer Weile.

«Stimmt. Du sollst deinen Mantel ausziehen und die Mütze abnehmen, Dibs. Nimm die Mütze ab. Zieh den Mantel aus, Dibs.» Er rührte jedoch keinen Finger.

«Dann würdest du gern den Mantel ausziehen und die Mütze abnehmen?» fragte ich. «Gut, Dibs, komm, zieh dich aus.»

«Handschuhe und Überschuhe auch», sagte er.

«Gut», antwortete ich. «Zieh auch Handschuhe und Überschuhe aus, wenn du willst.»

«Stimmt», sagte er fast flüsternd. Er stand mit hängendem Kopf vor mir und zupfte sinnlos und erregt an den Ärmeln des Mantels. Dann begann er zu wimmern.

«Du möchtest dich gerne ausziehen, aber ich soll dir dabei helfen, nicht wahr?» fragte ich.

«Stimmt.» In seiner Stimme war ein Schluchzen, als er antwortete.

Ich setzte mich auf einen kleinen Stuhl und sagte: «Gut, Dibs. Wenn du willst, daß ich dir beim Ausziehen helfen soll, dann komm her zu mir.» Auch damit verfolgte ich einen bestimmten Zweck. Ich bot ihm Hilfe an, aber ich setzte mich so, daß er selbst ein paar Schritte tun mußte.

Er kam zögernd auf mich zu. «Überschuhe auch», sagte er rauh.

«Schön, die Überschuhe ziehen wir auch aus.»

«Und die Handschuhe», sagte er und hielt mir die Hände hin.

«Gut, die Handschuhe auch.» Ich half ihm mit den Handschuhen, der Mütze, dem Mantel und den Überschuhen. Dann steckte ich die Handschuhe in seine Manteltasche und reichte ihm Mantel und Mütze. Er ließ sie auf den Boden fallen. Ich hob sie auf und hängte sie an die Türklinke.

«Hängen wir sie hierher, bis du wieder gehen mußt», sagte ich. «Wir können eine Stunde hierbleiben, dann ist es Zeit für dich, wieder nach Hause zu gehen.»

Er antwortete nicht. Er ging zu der Staffelei und betrachtete die Farben. Lange Zeit stand er dort. Dann bezeichnete er die Farben. Langsam ordnete er sie um. Er stellte das Rot, das Gelb und das Blau auf das Brett an der Staffelei. Sorgfältig stellte er sie auseinander und reihte an den passenden Stellen andere Farben ein, so daß er die sechs Vollfarben des Spektrums beieinander hatte. Dann setzte er die Zwischenfarben korrekt ein, fügte Schwarz und Weiß hinzu und hatte nun die Vollfarben und die Farbwertskala auf der Staffelei. Er tat dies schweigend, langsam und sorgfältig.

Als er sie alle der Reihe nach aufgestellt hatte, nahm er einen der Tiegel auf und untersuchte ihn. Er sah in das Gefäß hinein, rührte die Farbe mit dem Pinsel um, hielt das Gefäß ans Licht und strich mit dem Finger leicht über das Etikett.

«Favor-Ruhl-Farben», sagte er. «Rot. Favor-Ruhl-Farben. Gelb. Favor-Ruhl-Farben. Blau. Favor-Ruhl-Farben. Schwarz.»

Das war eine Teilantwort auf eine Frage, die wir uns gestellt hatten: Ganz offensichtlich las er die Aufschriften. Es waren tatsächlich Favor-Ruhl-Farben. Und die Farben waren richtig angeordnet und bezeichnet.

«Also», sagte ich, «du kannst die Aufschriften auf den Farbtiegeln lesen. Und du kennst alle Namen der Farben.»

«Stimmt», sagte er zögernd. Er setzte sich an den Tisch und griff nach der Schachtel mit den Buntstiften. Er las den Namen auf der Schachtel. Dann nahm er den Rotstift heraus und schrieb in ordentlichen Druckbuchstaben das Wort «ROT». Dasselbe tat er mit allen anderen Farben, und zwar wieder in der Reihenfolge der Vollfarben, indem er die Wörter in einem Kreis anordnete. Während er schrieb, buchstabierte er und bezeichnete jeden einzelnen Buchstaben beim Schreiben.

Ich beobachtete ihn. Ich versuchte, ihm mit Worten zu antworten, um ihm zu zeigen, daß ich seine Absicht, durch diese Tätigkeit Kontakt mit mir aufzunehmen, erkannt hatte. «Du buchstabierst den Namen jeder Farbe und schreibst ihn in dieser Farbe, nicht wahr? Ist das richtig? Aha. R-O-T wird rot gelesen, nicht wahr?»

«Stimmt», meinte er langsam, zaudernd.

«Und du machst einen Farbkreis, nicht wahr?»

«Stimmt», murmelte er.

Er griff nach dem Tuschkasten. Er las den Firmennamen auf dem Deckel. Dann tupfte er in derselben überlegten, starren Anordnung Farbflecken auf ein Blatt Zeichenpapier.

Ich versuchte, meine Bemerkungen seiner Tätigkeit anzupassen. Ich wollte nicht den Wunsch äußern, daß er irgend etwas Bestimmtes tun sollte, sondern ihm nur auf einfache und verständnisvolle Art zeigen, daß ich seinen Hinweisen folgte. Ich wollte, daß er den Weg wies. Ich würde folgen. Er sollte von Anfang an wissen, daß er in diesem Raum das Tempo angab und daß ich seine Bemühungen, durch gemeinsame Sach-Erlebnisse zu einer gegenseitigen Verständigung zu kommen, erkannte. Ich wollte nicht in Begeisterung ausbrechen, weil er all das tun konnte, was er eben getan hatte. Offensichtlich konnte er es. Wenn man einem Menschen die Initiative überläßt, wird er sich das Gebiet wählen, auf dem er sich am sichersten fühlt. Wenn man Überraschung oder Lob äußert, so kann er das als einen Hinweis auf die Richtung deuten, die er einschlagen soll. Dadurch können andere Entdeckungsfelder versperrt werden, die für ihn viel wichtiger sein mögen. Alle Menschen handeln mit einer Vorsicht, die die Integrität ihrer Persönlichkeit schützt. Wir wurden langsam miteinander bekannt. Diese *Dinge*, die Dibs erwähnte, Gegenstände in dem Zimmer, denen keinerlei tiefere gefühlsmäßige Bedeutung anhaftete, waren zu diesem Zeitpunkt die einzigen Objekte der gemeinsamen Verständigung zwischen uns. Für Dibs waren es ungefährliche Begriffe.

Gelegentlich schaute er zu mir hin, sobald sich aber unsere Blicke trafen, sah er sofort weg.

Ganz gewiß war seine beginnende Geschäftigkeit eine überraschende Entdeckung. Hedda hatte guten Grund für ihren Glauben an Dibs. Er war tatsächlich nicht nur nahe daran, sich aus seinen Schwierigkeiten zu befreien, er hatte sich schon durchgekämpft. Was er auch für Probleme haben mochte, geistig zurückgeblieben war er nicht.

Er kletterte in die Sandkiste und stellte die Soldaten in Zweierreihen auf. Der Sand kam ihm dabei in die Schuhe. Er blickte zu mir hin, zeigte auf seine Schuhe und wimmerte.

«Was ist?» fragte ich. «Kommt der Sand in deine Schuhe?»

Er nickte.

«Wenn du deine Schuhe ausziehen willst, dann tu es nur.»

«Stimmt», sagte er rauh. Aber er zog sie nicht aus. Statt dessen blieb er im Sand sitzen, starrte auf seine Schuhe und wimmerte. Ich wartete. Schließlich sprach er. «Du willst deine Schuhe ausziehen», sagte er sehr mühsam.

«Du möchtest sie ausziehen, aber ich soll dir dabei helfen», antwortete ich. «Nicht wahr?»

Er nickte. Ich band die Schuhbänder auf und zog ihm die Schuhe aus. Behutsam berührte er den Sand mit den Füßen und kletterte nach ein paar Minuten heraus.

Er ging zum Tisch und betrachtete die Bauklötze. Dann legte er langsam und bedächtig einen auf den anderen. Der Stapel schwankte und fiel um. Er faltete die Hände.

«Miß A!» rief er und gab mir den Namen, mit dem er mich von nun an immer ansprach. «Helfen Sie mir. Schnell.»

«Dir gefällt es, wenn ich dir helfe, nicht wahr?» bemerkte ich.

«Stimmt», sagte er. Er warf wieder einen flüchtigen Blick in meine Richtung.

«Nun, was soll ich tun?» fragte ich. «Sag es mir, Dibs.»

Er stand neben dem Tisch, sah hinunter auf die Klötze und hielt die gefalteten Hände an die Brust gepreßt.

Dibs schwieg. Ich auch.

Woran dachte er? Was suchte er? Was würde Dibs jetzt am meisten helfen? Ich wollte ihn spüren lassen, daß ich mich aufrichtig bemühte, ihn zu verstehen. Ich wußte nicht, worauf er wirklich aus war. Er zu diesem Zeitpunkt unserer sich entwickelnden Beziehung wahrscheinlich auch nicht. Ganz gewiß war es nicht richtig, forschend in seine eigene Welt einzudringen und zu versuchen, ihm Antworten zu entreißen. Wenn ich Dibs klarmachen konnte, daß ich Vertrauen in ihn als Persönlichkeit setzte und anerkannte, daß es für alles, was er tat, gute Gründe gab, daß er keine versteckten Antworten erraten mußte, daß es keinen geheimen Maßstab des Verhaltens oder Ausdrucks gab, keinen Zwang für ihn, meine Gedanken zu lesen und eine Lösung zu finden, die ich bereits festgesetzt hatte, kein Drängen, heute irgend etwas zu erledigen – dann würde er sich vielleicht allmählich sicher fühlen. Er würde erkennen, daß seine eigenen Reaktionen gerechtfertigt sind, so daß er sie klären, verstehen und akzeptieren könnte. Dazu würden wir beide Zeit, echte Bemühung und große Geduld aufwenden müssen. Und vor allem müßte unser Bemühen grundsätzlich ehrlich sein.

Plötzlich ergriff er mit jeder Hand einen kleinen Klotz und ließ beide gegeneinander krachen.

«Ein Zusammenstoß», sagte er.

«Oh, war das ein Zusammenstoß?»

«Stimmt. Ein Zusammenstoß.»

Ein Lastwagen fuhr auf den Parkplatz und hielt vor dem offenen Fenster. Dibs ging zum Fenster und kurbelte am Griff. Es war auch bei geöffnetem Fenster sehr heiß in dem Zimmer, aber er begann es zu schließen.

«Fenster schließen», sagte er.

«Du willst das Fenster schließen?» fragte ich. «Aber es ist heute sehr heiß hier drinnen, auch wenn das Fenster offen ist.»

«Stimmt», antwortete Dibs. «Du willst es schließen, Dibs.»

«Oh», sagte ich. «Du willst es auf jeden Fall schließen.»

«Stimmt. Dibs, mach es zu!» Er sprach mit Entschlossenheit.

«Du weißt wirklich, was du willst, nicht wahr?» bemerkte ich.

Dibs sah mich für einen Augenblick direkt an. «Du weißt», sagte er knapp.

Dann wanderte er wieder zur Staffelei und ließ seine Finger über den Rand der Farbtiegel gleiten. Er nahm den Pinsel aus der roten Farbe und tupfte ihn auf das Papier, das auf der Staffelei befestigt war. Er machte ein Quadrat aus roter Farbe und füllte es sorgfältig und peinlich genau mit korrekten Farbstrichen aus. Keiner von uns sprach, bis die Spielstunde fast vorbei war. Dibs schien ganz von der Farbe beansprucht zu sein.

«Für heute ist deine Zeit im Spielzimmer beinahe um», sagte ich. «Es sind nur noch fünf Minuten.»

Dibs ignorierte mich. Er malte weiter Farbquadrate in der gleichen starren Reihenfolge – rot, orange, gelb, grün, blau, schwarz, weiß, violett.

Schließlich waren die fünf Minuten vorbei. Ich stand auf. «Unsere Zeit ist um, Dibs. Es ist Zeit zu gehen.»

Aber Dibs wollte nicht gehen.

«Nein!» schrie er. «Dibs nicht gehen. Dibs bleiben!»

«Ich weiß, daß du nicht gehen willst, Dibs», sagte ich. «Aber für heute ist unsere Zeit um, und du mußt nach Hause gehen. Du darfst nächste Woche wiederkommen. Und die Woche darauf. Und auch die Woche darauf. Aber jedesmal, wenn unsere Stunde um ist, mußt du nach Hause gehen.»

Dibs begann zu weinen. «Dibs nicht nach Hause gehen», schluchzte er. «Dibs bleiben.»

«Ich weiß, daß du gerne bleiben würdest. Aber deine Zeit für heute ist um. Bitte, laß dir jetzt den Mantel anziehen.»

Dibs ließ die Staffelei los, an die er sich geklammert hatte. Seine Arme hingen schlaff herab. Er schien völlig geschlagen. Ich zog ihm den Mantel an.

«Manchmal ist es nicht leicht, die Dinge zu tun, die wir tun müssen», sagte ich. «Aber manche Dinge muß man tun. Willst du dich bitte dort hinsetzen, damit ich dir Schuhe und Überschuhe anziehen kann?»

Ich wartete, während er über meine Worte nachdachte. Er setzte sich auf den kleinen Stuhl und wimmerte. Ich zog ihm erst die Schuhe und dann die Überschuhe an – ohne viel Mithilfe von seiner Seite. Die Tränen liefen ihm über die Wangen.

«Jetzt bist du traurig», sagte ich. «Ich kann verstehen, was du fühlst. Aber es gibt manchmal Dinge, die wir tun müssen, auch wenn wir es nicht wollen.»

Ungeschickt trocknete er sein tränenverschmiertes Gesicht. Es wäre so einfach gewesen, ihn in die Arme zu nehmen und zu trösten, die Stunde zu verlängern, offen zu versuchen, ihm Liebe und Mitgefühl zu zeigen. Aber was hätte es für einen Sinn gehabt, zusätzliche gefühlsmäßige Probleme in das Leben dieses Kindes zu bringen? Er *mußte* wieder nach Hause zurück, ganz gleich, ob er wollte oder nicht. Es würde nicht viel helfen, dieser Tatsache aus dem Wege zu gehen. Er mußte Kraft entwickeln, um es mit seiner Welt aufnehmen zu können, aber diese Kraft mußte aus ihm selbst kommen, und er mußte persönlich erkennen, daß er fähig war, mit seiner Welt, wie sie war, fertig zu werden. Alle bedeutsamen Veränderungen für Dibs mußten aus ihm selbst kommen. Wir konnten nicht hoffen, daß wir seine äußere Welt ändern konnten.

Schließlich war er fertig angezogen. Er nahm meine Hand und ging mit mir den Gang hinunter bis zum Warteraum, in dem seine Mutter ihn in Empfang nehmen sollte. Sie machte einen ähnlichen Eindruck wie Dibs – verwirrt, befangen, keineswegs Herr ihrer selbst noch der Lage. Als Dibs sie sah, warf er sich mit dem Gesicht nach unten auf den Boden und protestierte, mit den Füßen stoßend und schreiend. Ich sagte auf Wiedersehen zu ihm, erklärte seiner Mutter, daß ich ihn nächste Woche wieder sehen würde, und verließ das Wartezimmer. Es gab einen Tumult in dem Raum, als sie versuchte, ihn zum Gehen zu bewegen. Sie war peinlich berührt und aufgebracht durch sein Verhalten.

Ich war nicht glücklich über diese Entwicklung der Dinge, aber ich konnte nichts anderes tun, als beide auf ihre eigene Art und Weise mit der Lage fertig werden zu lassen. Wenn ich geblieben wäre und entweder zugeschaut oder mich eingemischt hätte, so wäre die Situation meinem Gefühl nach nur verwirrt oder kompliziert worden. Ich wollte nicht den Eindruck erwecken, als würde ich Partei für oder gegen Dibs oder seine Mutter ergreifen. Ich wollte nichts tun, was als Kritik am Verhalten der Mutter oder des Kindes ausgelegt werden konnte – und ich wollte für keinen von beiden eintreten, aber auch niemanden vor den Kopf stoßen. Daher schien es besser zu sein, wenn ich die Szene verließ, ohne mich persönlich hineinziehen zu lassen.

Fünftes Kapitel

In der nächsten Woche kam Dibs wieder in die Beratungsstelle, und zwar sehr pünktlich. Als die Empfangsdame durch den Summer anzeigte, daß Dibs eingetroffen wäre, ging ich sofort ins Wartezimmer. Dibs stand gleich neben der Tür. Seine Mutter hatte ihn hergebracht, kurz mit der Empfangsdame gesprochen und war gegangen.

«Guten Tag, Dibs», sagte ich und hielt ihm meine Hand hin. Er ergriff sie, und wir gingen den Gang hinunter zum Spielzimmer. Ich ließ Dibs zuerst eintreten. Er war bereits halb im Zimmer, als er plötzlich stehenblieb und die Tür festhielt. An der Tür befand sich ein Schild. Dibs nahm die Karte aus dem Rahmen.

«Nicht stören», las er. Er drehte das Schild um und betrachtete die Wörter auf der anderen Seite. «Spiel», las er. Auf das zweite Wort tippte er ein paarmal mit dem Finger. Es war ein neues Wort für ihn. Thèrapie. Er studierte es sorgfältig. «The-rapie», sagte er, indem er die erste Silbe betonte.

«Es wird *Therapie* ausgesprochen», sagte ich mit der richtigen Betonung.

«Spiel-Therapie-Raum?»

«Ja», antwortete ich.

«Spiel-Therapie-Raum», wiederholte er. Dann betrat er das Zimmer und schloß die Tür hinter uns. «Du willst deinen Mantel ausziehen und die Mütze abnehmen», sagte er.

Ich sah ihn an. Ich wußte, daß er sich selbst meinte, aber das Fürwort der zweiten Person benutzte. Nur selten hatte man Dibs von sich selbst als «ich» sprechen hören.

«Du willst, daß *ich* meinen Mantel ausziehe und meine Mütze abnehme?» fragte ich ihn.

«Stimmt.»

«Aber *ich* habe keine Mütze auf und keinen Mantel an», erklärte ich ihm. Dibs sah mich an.

«Du willst deinen Mantel ausziehen und die Mütze abnehmen», sagte er und zog an seinem Mantel.

«Ich soll dir helfen, Mütze und Mantel auszuziehen? Meinst du das?» fragte ich ihn. Ich hatte gehofft, seine Aufmerksamkeit auf das Pronomen «ich» zu lenken, aber das war ein verwirrendes und schwieriges Problem.

«Stimmt.»

«Ich werde dir helfen», sagte ich und tat es. Diesmal half er dabei. Ich hielt ihm Mütze und Mantel hin, nachdem ich sie ihm ausgezogen hatte.

Er warf mir einen Blick zu, nahm Mantel und Mütze und ging damit zur Tür. «Du willst sie hierher hängen», sagte er und ging damit zur Türklinke.

«Letzte Woche habe *ich* sie dort hingehängt», bemerkte ich. «Heute wirst *du* sie aufhängen.»

«Stimmt», antwortete er.

Er setzte sich auf den Rand der Sandkiste und stellte wiederum die Spielsoldaten zu Paaren hintereinander auf. Dann ging er zum Puppenhaus und stellte die Möbel darin um. «Wo ist die Tür? Wo ist die Tür?» fragte er und deutete auf die offene Vorderseite des Puppenhauses.

«Ich glaube, sie ist dort drüben in dem Schrank», sagte ich.

Dibs ging zum Schrank und holte das vordere Brett des Puppenhauses heraus. Als er um das Puppenhaus herumging, stieß er mit der Vorderwand daran, und eine Querwand fiel hinunter. Er bog sie gerade und steckte sie in die passende Rille. Dann versuchte er die Vorderwand anzubringen, auf die Tür und Fenster gemalt waren. Es war schwierig. Er versuchte es verschiedene Male, aber es gelang ihm nicht, die Haken richtig einzuhängen. Er wimmerte vor sich hin.

«Schließ es ab», murmelte er. «Schließ es ab.»

«Möchtest du das Haus abschließen?» fragte ich.

«Abschließen», antwortete er. Er versuchte es noch einmal. Diesmal hatte er Erfolg. «Jetzt ist es dran», verkündete er. «Fest abgeschlossen.»

«Aha. Du hast die Wand eingehängt und das Haus abgeschlossen», sagte ich.

Dibs sah mich an. Er lächelte kurz und flüchtig. «*Ich* habe es getan», sagte er zögernd.

«Das ist wirklich wahr. Und ganz allein noch dazu», bemerkte ich. Er lachte. Er schien sehr mit sich zufrieden zu sein.

Er schloß alle Fensterläden an der Rückseite des Puppenhauses. «Alle zu», sagte er. «Alle abgeschlossen und zu. Alle zu und abgeschlossen.»

Er ließ sich auf Hände und Knie nieder und betrachtete den unteren Teil des Puppenhauses. In diesem Teil des Hauses waren zwei Türen mit Angeln eingehängt. Er öffnete die Türen. «Das ist der Keller», sagte er. «Nimm sie heraus. Wände, lauter Wände. Wände ohne Türen.» Unten im Puppenhaus hatte man tatsächlich weitere Zwischenwände und Puppenmöbel verstaut. «Mach eine Türklinke», sagte er. Er nahm einen Bleistift und zeichnete sehr sorgfältig eine Türklinke auf die Tür des Puppenhauses.

«Glaubst du, daß an der Tür eine Türklinke sein sollte?» fragte ich ihn.

«Stimmt», murmelte er. Er zeichnete ein Schloß auf die Tür. «Hat jetzt auch ein Schloß.»

«Aha, ja. Du hast der Tür eine Türklinke und ein Schloß gegeben.»

«Ein Schloß, das man fest mit einem Schlüssel abschließen kann», sagte er. «Und hohe, feste Mauern. Und eine Tür. Eine verschlossene Tür.»

«Ach so», bemerkte ich.

Das Haus wackelte ein wenig, als Dibs es berührte. Er nahm eine Zwischenwand heraus und versuchte, sie unter eine Ecke des Hauses zu legen, um ihm Halt zu geben. Nachdem er das bei zwei Ecken versucht hatte, schob er die Zwischenwand unter die dritte Ecke, und das Haus wackelte nicht mehr.

«Da», sagte er. «Wackelt nicht mehr. Kein Schaukeln und Wakkeln mehr.»

Er nahm ein Teil des eingehängten Daches ab und stellte ein paar

Möbelstücke um. Die untergeschobene Zwischenwand rutschte heraus, und das Haus begann wieder zu wackeln. Dibs trat zurück und betrachtete es. «Miß A», sagte er, «stellen Sie Räder darunter, dann schaukelt und wackelt es nicht mehr.»

«Glaubst du, daß man das Problem so lösen könnte?» fragte ich.

«Ja», antwortete er. «Bestimmt.»

Also hatte Dibs viele Wörter in seinem unbenutzten Wortschatz. Er konnte beobachten und Probleme definieren und konnte diese Probleme lösen. Warum hatte er ein Schloß auf die Tür des Puppenhauses gezeichnet? Die abgeschlossenen Türen hatten in seinem Leben zweifellos eine große Rolle gespielt.

Er ging zum Sandkasten und kletterte hinein. Er holte ein paar der Spielsoldaten heraus, die im ganzen Sand verstreut lagen, und untersuchte jeden einzelnen. «Dibs hat genau solche zu Weihnachten bekommen», sagte er und hielt mir einen Soldaten hin.

«Hast du genau solche Spielsoldaten zu Weihnachten bekommen?» wiederholte ich.

«Ja. Ganz genauso wie die», antwortete er. «Nein, nicht ganz genau. Aber die gleiche Art. Zu Weihnachten. Die hier haben Gewehre in der Hand. Hier sind die Gewehre. Sie schießen. Gewehre, richtige Gewehre, schießen. Der hier trägt sein Gewehr auf der Schulter. Und der hat es zum Schießen angelegt. Sehen Sie. Hier sind vier, die sich sehr ähnlich sind. Noch mal vier. Hier sind drei mit Gewehren, die in diese Richtung zielen. Und hier ist noch so einer. Vier und vier sind acht. Zähl drei dazu und noch einen, das sind zwölf.»

«Aha», sagte ich und sah zu, wie er die Soldaten gruppierte. «Du kannst die Soldatengruppen zusammenzählen und erhältst die richtige Antwort.»

«Stimmt», sagte Dibs. Dann fügte er zögernd hinzu: «Ich ... ich ... *ich* kann.»

«Ja, du kannst es, Dibs.»

«Die beiden Männer haben Fahnen», sagte er und zeigte auf zwei andere Figuren. Er stellte sie alle auf dem Rand der Sandkiste auf. «Und die haben alle Gewehre», sagte er. «Sie schießen aus ihren Gewehren. Aber ihren Rücken haben sie so herum», fügte er hinzu.

«Meinst du, daß sie alle in die gleiche Richtung schießen?» fragte ich und wies etwas unbestimmt auf die Soldaten.

Dibs sah mich an, dann sah er auf die Soldaten hinunter. Er ließ den Kopf hängen.

«Sie schießen nicht – auf Sie», sagte er schroff.

«Ich verstehe. Sie schießen nicht auf mich.»

«Stimmt.»

Er fuhr mit der Hand durch den Sand und fand noch ein paar Spielsoldaten. Er nahm sie heraus und stellte sie auf. Er grub die Füße mit den Schuhen in den Sand.

«Schuhe ausziehen», sagte er plötzlich. Er band die Schuhbänder auf und zog die Schuhe aus. Dann stellte er die Soldaten um.

«Sehen Sie», sagte er. «Sie stehen alle zusammen in einer Reihe. Sie sind alle zusammen.»

Er wählte drei Soldaten aus und stellte sie in einer Reihe auf. Sorgfältig und bedächtig stieß er jeden einzelnen hinunter in den Sand. Der dritte sank ihm nicht tief genug ein. Er holte ihn heraus und stieß ihn tief in den Sand, dann nahm er eine Handvoll Sand und ließ ihn auf die vergrabenen Soldaten rieseln.

«Er ist fort», verkündete Dibs.

«Du bist ihn los, nicht wahr?» bemerkte ich.

«Stimmt.» Er schaufelte den Sand in einen Eimer und kippte ihn auf die vergrabenen Soldaten.

Das Glockenspiel der Kirche hinter dem Parkplatz begann zu spielen und schlug dann die Stunde. Dibs unterbrach seine Tätigkeit.

«Hören Sie», sagte er. «Eins. Zwei. Drei. Vier. Das ist vier Uhr.»

«Ja, es ist vier Uhr. Es wird bald Zeit für dich sein, nach Hause zu gehen.»

Dibs ignorierte meine Bemerkung. Er kletterte aus der Sandkiste und lief schnell zum Tisch. Er betrachtete die Tiegel mit Fingerfarbe. «Was ist das?» fragte er.

«Das ist Fingerfarbe», erklärte ich ihm.

«Fingerfarbe? Wie?»

Ich zeigte ihm, wie die Fingerfarbe angewendet wird. «Zuerst feuchtet man das Papier an. Dann gibt man etwas Farbe auf das Papier. Dann verteilt man sie mit den Fingern oder der Hand. So. Ganz wie du willst, Dibs.»

Er hörte zu und beobachtete die sehr kurze Vorführung.

«Fingerfarbe?» fragte er.

«Ja, Fingerfarbe.»

Er tippte sehr zaghaft mit einem Finger in die rote Farbe. «Verteil sie überall», sagte er. Aber er konnte es nicht ertragen, die Farbe zu berühren. Er kreiste mit den Händen dicht über dem nassen Papier. Dann ergriff er einen hölzernen Spachtel, tauchte ihn in die Farbe und verstrich sie so auf dem Papier.

«Ich glaube, das ist Fingerfarbe», sagte er. «Ja. Sie haben gesagt, daß es Fingerfarbe ist. Verteil sie überall mit deinen Fingern.» Er berührte die Farbe wieder mit den Fingern. «Ach, wisch sie ab», sagte er.

Ich reichte ihm ein Papiertuch. Er wischte die Farbe ab.

«Hast du es nicht gerne, wenn du Farbe an den Händen hast?» fragte ich.

«Es ist schmutzige Farbe», antwortete er. «Schmutzige, schmierige Farbe.»

Er nahm den Tiegel hoch und las die Aufschrift. «Das ist die rote Fingerfarbe», verkündete er. «Rot.» Er stellte den Tiegel auf den Tisch und kreiste mit den ausgestreckten Händen sehr dicht über Farbe und Papier, aber er berührte sie nicht. Dann berührte er die Farbe schnell mit den Fingerspitzen.

«Verteil sie», sagte er. «Nimm die rote Farbe, Dibs, und verteile sie. Erst auf einen Finger, zwei Finger, drei Finger. Erst das Rot, dann das Gelb, dann das Blau. Schön der Reihe nach.»

«Du würdest es ganz gerne versuchen?» fragte ich.

«Das sind die Schilder, auf denen steht, was es ist», sagte Dibs, sah zu mir auf und zeigte auf die Etiketts auf den Tiegeln.

«Ja, das sind die Gebrauchsanweisungen», sagte ich.

Er tauchte seine Finger wieder in die Farbe. «Ach, wisch es ab.» Er nahm ein neues Papiertuch und wischte die Farbe energisch ab.

«Du würdest es einerseits ganz gerne tun, und andererseits wieder doch nicht», bemerkte ich.

«Die Buntstifte hier sind etwas anderes», sagte Dibs. «Die American Crayon Company macht sie. Und das ist Shaw-Fingerfarbe. Die Wasserfarben werden von Prang gemacht.»

«Ja», sagte ich.

«Das sind Fingerfarben.» Er tauchte die Finger in die gelbe Farbe und strich sie langsam und bedächtig auf jeden einzelnen Finger. Dann wischte er sie mit einem Papiertuch ab. Danach tauchte er die Finger in die blaue Farbe. Er legte die Hand auf das Papier und beugte sich darüber, völlig vertieft in das, was er tat. Er strich die Farbe sorgfältig über jeden Finger. «Da», sagte er triumphierend und hielt die Hände hoch. «Schauen Sie.»

«Diesmal ist es dir wirklich gelungen, nicht wahr?»

«Schauen Sie. Die Finger sind ganz voll blauer Fingerfarbe.» Er betrachtete seine Hände. «Finger ganz blau jetzt. Jetzt sind sie alle grün», sagte er und wechselte die Farbe. «Zuerst habe ich sie rot gemacht. Dann gelb. Dann blau. Dann grün, dann braun. Ich hab' sie auf jeden Finger gestrichen. Ich habe sie abgewischt. Jede Farbe abgewischt und eine neue Farbe genommen. Also das ist Fingerfarbe. Ach, laß das, Dibs. Das ist eine sehr dumme Farbe, laß das!» Er wischte die Farbe von den Fingern und warf die Papiertücher in den Papierkorb. Er schüttelte angeekelt den Kopf.

«Fingerfarben», sagte er. «Sie interessieren mich nicht. Ich will ein Bild malen.»

«Du möchtest lieber ein Bild malen?» fragte ich.

«Ja», antwortete er. «Mit Wasserfarben.»

«Es sind nur noch fünf Minuten. Glaubst du, daß du ein Bild in fünf Minuten malen kannst?»

«Dibs will malen», erklärte er. Er holte den Farbkasten. «Wo ist Wasser?» fragte er.

Ich deutete zum Ausguß. Er füllte eine Schüssel mit Wasser.

«Du hast Zeit für dieses eine Bild, Dibs. Dann mußt du gehen.»

Das war eine gewagte Erklärung. Er konnte die Zeit für dieses eine Bild so weit ausdehnen, wie er wollte, da die Zeitbegrenzung durch meine Worte dehnbar geworden war. Da ich «noch fünf Minuten» meinte, hätte ich mich an diese Begrenzung halten und die Situation nicht noch durch Einführung eines zweiten Elementes komplizieren sollen.

Dibs überhörte meine Erklärung jedoch. «Die Farbe läuft», sagte er. «Ich sauge sie mit dem Papiertuch auf. Das trocknet sie. Das wird ein Bild.» Mit schnellen, geschickten Strichen begann er mit der roten Farbe und machte, wie es zuerst schien, verschieden geformte Farbflecken, die er über das Papier verteilte. So fuhr er mit jeder Farbe in der Reihenfolge des Farbkreises fort. Als er mehr Farben verwendet hatte, kam das Bild zum Vorschein. Er hatte ein Haus, einen Baum, Himmel, Gras, Blumen und die Sonne gemalt. Alle Farben waren verwendet worden. Das fertige Bild hatte Zusammenhang, Form und Bedeutung.

«Das ist ... das ist ...» Er stammelte und fummelte mit dem Pinsel herum, ließ den Kopf hängen und schien plötzlich sehr scheu. «Das ist das Haus von Miß A», sagte er. «Miß A, ich schenke Ihnen dieses Haus.»

«Du willst es mir geben, ja?» Ich deutete auf das Bild. Er nickte.

Statt übertriebener Dankesworte und Lob gab ich ihm lieber diese Antwort, da ich unsere Beziehung offenhalten und deren Entwicklung etwas bremsen wollte. Dann konnte er, wenn er wollte, seine Gedanken und Gefühle vollständiger äußern und wurde nicht durch meine Reaktion, meine innere Beteiligung und meine Wert- oder Verhaltensmaßstäbe unterbrochen.

Dibs nahm den Bleistift und zeichnete gewissenhaft ein Schloß auf die Tür. Dann fügte er einige kleine, vergitterte Fenster unten im Haus hinzu. Es gab auch ein großes Fenster, das er leuchtend gelb gemalt und in das er einen Topf mit roten Blumen gesetzt hatte. Es war ein erstaunliches Beispiel schöpferischer Kunst und auf einzigartige Weise ausgeführt.

Er sah mich an. Seine Augen waren strahlend blau. Auf seinem Gesicht spiegelten sich Elend und Furcht. Er zeigte auf die Tür in dem Bild. «Sie hat ein Schloß», sagte er. «Man kann sie schnell mit einem Schlüssel abschließen. Es hat einen dunklen Keller.»

Er starrte das Haus an und berührte das Schloß an der Tür. Dann sah er mich an.

«Das Haus ist für Sie», sagte er. Er drehte die Finger umeinander. «Das ist jetzt Ihr Haus.» Er holte tief Atem. Dann fügte er mit großer Mühe hinzu: «Das Haus hat auch ein Spielzimmer.» Er zeigte auf das leuchtendgelbe Fenster mit den roten Blumen.

«Ach ja, wirklich. Das ist das Fenster des Spielzimmers, nicht wahr?»

Dibs nickte. «Stimmt.»

Er ging zum Ausguß und goß das Tuschwasser aus. Er drehte das Wasser voll auf. Das Glockenspiel läutete wieder.

«Horch, Dibs», sagte ich. «Es ist Zeit zu gehen. Hörst du das Glockenspiel?»

Dibs reagierte nicht. «Das Braun macht das Wasser braun, und die orange Farbe macht das Wasser orange», sagte er.

«Ja, das stimmt», sagte ich. Ich wußte, daß er meine Bemerkung vorher gehört hatte. Ich hatte nicht die Absicht, so zu tun, als glaubte ich, er hätte mich nicht gehört.

«Das ist H-E-I-S-S-E-S Wasser. Heiß», sagte er. «Und K-A-L-T-E-S Wasser. Kalt. Heiß. Kalt. Auf. Zu. Auf. Zu.»

«Findest du jetzt auch das heiße und kalte Wasser interessant?» fragte ich.

«Stimmt», antwortete er.

«Aber was habe ich dir über unsere Zeit gesagt, Dibs?»

Er verkrampfte die Hände ineinander und drehte sich zu mir um. Er sah sehr elend und unglücklich aus. «Miß A sagt es malen ein Bild von einem Haus und dann es gehen», sagte er rauh. Seine Sprache war wirr geworden. Bei Dibs handelte es sich eindeutig um ein Kind, das zu großen verstandesmäßigen Leistungen fähig war, dessen Anlagen jedoch von der seelischen Störung beeinflußt wurden, unter der es litt.

«Das habe ich gesagt, Dibs», sagte ich ruhig. «Und du bist fertig mit dem Bild, und es ist Zeit zu gehen.»

«Hier braucht es noch etwas mehr Gras und ein paar Blumen», sagte er plötzlich.

«Dazu ist keine Zeit mehr. Für heute ist unsere Zeit um.»

Dibs ging zum Puppenhaus. «Ich muß das Haus noch in Ordnung bringen. Ich muß es zumachen.»

«Dir fallen noch manche Dinge ein, die du tun kannst, damit du nicht nach Hause gehen mußt, nicht wahr? Aber deine Zeit ist jetzt um, Dibs, und du wirst nach Hause gehen müssen.»

«Nein. Warten. Warten», rief er aus.

«Ich weiß, daß du nicht gehen möchtest, Dibs. Aber für heute ist unsere Zeit um.»

«Nicht jetzt gehen», schluchzte er. «Nicht jetzt gehen. Nie gehen.»

«Es macht dich unglücklich, wenn ich sage, du mußt gehen, nicht wahr, Dibs? Aber du darfst nächste Woche wiederkommen. Nächsten Donnerstag.»

Ich nahm seinen Mantel, die Mütze und die Überschuhe. Er setzte sich auf den kleinen Stuhl neben den Tisch und sah mich durch Tränen an, als ich ihm die Mütze aufsetzte.

Plötzlich leuchtete sein Gesicht auf. «Freitag?» fragte er. «Freitag wiederkommen?»

«Du kommst nächsten Donnerstag wieder», antwortete ich. «Denn Donnerstag ist der Tag, an dem du ins Spielzimmer kommst.»

Dibs stand plötzlich auf. «Nein!» schrie er. «Dibs nicht hier rausgehen. Dibs nicht heimgehen. Nie nicht!»

«Ich weiß, daß du nicht gehen möchtest, Dibs. Aber du und ich können jede Woche nur eine Stunde zusammen hier in dem Spielzimmer sein. Wenn diese Stunde um ist, ist sie für diesen Tag vorbei, und wir beide müssen gehen. Und es ist ganz gleich, ob es dir, mir oder irgend sonst jemand gefällt oder nicht. *Jetzt* müssen wir gehen. Es ist sogar schon etwas über die Zeit.»

«Kann nicht noch ein Bild malen?» fragte Dibs, und die Tränen strömten ihm über das Gesicht.

«Nicht heute», erklärte ich ihm.

«Ein Bild für Sie?» fragte er. «Noch ein Bild, das ich nur für Sie male?»

«Nein. Unsere Zeit für heute ist um.»

Er stand vor mir, und ich hielt ihm den Mantel hin.

«Komm, Dibs, steck die Arme hinein.» Er tat es. «Nun setz dich hin, damit ich dir die Schuhe anziehen kann.»

Er setzte sich und murrte: «Nicht heimgehen. Will nicht heimgehen. Keine *Lust* haben zum Heimgehen.»

«Ich weiß, wozu du Lust hast», erklärte ich ihm.

Ein Kind erhält sein Gefühl der Sicherheit aus erwarteten, gleichbleibenden und verständlichen Beschränkungen. Ich hatte gehofft, Dibs dabei zu helfen, zwischen seinen *Gefühlen* und seinen Handlungen zu unterscheiden. Das schien ihm teilweise gelungen zu sein. Ich hoffte außerdem, ihm klarmachen zu können, daß diese eine Stunde nur einen Teil seines Lebens ausmachte, daß sie nicht Vorrang vor all seinen anderen Beziehungen und Erlebnissen einnehmen konnte und sollte, daß auch die Zeit zwischen den wöchentlichen Stunden wichtig war. Der Wert jeder erfolgreichen therapeutischen Erfahrung hängt meiner Meinung nach davon ab, daß das Gleichgewicht zwischen dem, was der einzelne zur Beratung mitbringt, und dem, was er dann daraus mitnimmt, erhalten bleibt. Wenn die Therapie zum vor- und beherrschenden Einfluß im Leben des Menschen wird, würde ich ernsthafte Zweifel an ihrer Wirksamkeit haben. Ich wollte Dibs spüren lassen, daß es seine Aufgabe war, in diesen Stunden die ständig wachsende Fähigkeit zu erlangen, Verantwortung für sich selbst zu übernehmen, und dadurch seine seelische Unabhängigkeit zu erreichen.

Während ich ihm die Schuhe anzog, hatte er über den Tisch gelangt und sich die Säuglingsflasche, in der sich Wasser befand, geholt. Er saugte daran wie ein Baby. Endlich hatte er die Überschuhe an.

«Na also», sagte ich. «Sie sind angezogen.»

«Farbtiegel zudecken?» fragte er und griff nach einem weiteren Strohhalm.

«Nicht jetzt», sagte ich.

«Sie trocknen ein?»

«Wenn man die Deckel nicht daraufschraubt, ja», antwortete ich. «Ich werde es später machen.»

«Kappen auf Fingerfarben tun?»

«Ja. Ich werde mich auch darum kümmern.»

«Pinsel saubermachen?»

«Ja.»

Dibs seufzte. Er hatte anscheinend seine Reserven erschöpft. Er stand auf und ging zur Tür hinaus. Draußen blieb er plötzlich stehen, langte hinauf und drehte das Schild «Nicht stören» auf «Spiel-Therapie-Raum» um. Er tätschelte die Tür. «Unser Spielzimmer», sagte er. Er marschierte den Gang hinunter bis zum Wartezimmer und ließ sich willig von seiner überraschten Mutter wegführen.

Sechstes Kapitel

Als Dibs am nächsten Donnerstag ins Spielzimmer kam, ging er zum Tisch und betrachtete sich die Tiegel mit der Fingerfarbe. Er nahm jeden einzelnen auf, prüfte die Verschlußkappe und stellte ihn dann wieder in die lange, schmale Schachtel. «Kappen sind drauf», bemerkte er.

«Ja. Ich habe nicht vergessen, sie zu verschließen.»

«Das sehe ich», sagte Dibs.

Er griff nach der Säuglingsflasche. «Ich will daran saugen», sagte er. Er zog an dem Sauger und sah mich an. Dann legte er die Flasche auf den Tisch.

«Zieh dich aus», sagte er. Er knöpfte den Mantel auf, zog ihn ohne Hilfe aus und hängte ihn an die Türklinke. Dann nahm er die Mütze ab und legte sie auf den Stuhl neben der Tür.

Danach ging er zum Puppenhaus und öffnete alle Fenster. «Schauen Sie», sagte er. «Alle Fenster sind offen. Jetzt mache ich sie alle zu.» Er ergriff die Vorderseite des Hauses, änderte plötzlich seinen Entschluß, ließ sie auf den Boden fallen, ging zurück zum Tisch und faßte nach der Säuglingsflasche.

«Ich sauge an der Flasche», verkündete er.

«Saugst du gern an der Flasche?» fragte ich – wieder mehr, um eine Verbindung aufrechtzuerhalten, als um Aufklärung zu erlangen.

«Stimmt», antwortete er. Er saugte lange Zeit schweigend und beobachtete mich dabei. Dann legte er die Flasche hin, ging zum Schrank, öffnete die Türen und sah hinein.

Er nahm eine leere Schachtel heraus, in der die kleinen Rechenklötze gewesen waren. «Die Cubical-Rechenklötze passen hier hinein», sagte er. Er legte ein paar Klötze in die Schachtel. «Sehen Sie? Das ist die Schachtel. Hier steht, wie sie heißen.» Er deutete auf den Namen, der auf dem Deckel stand.

«Ja, ich weiß», bemerkte ich. Es war interessant, wie Dibs zeigte, daß er lesen, rechnen und mit schwierigen Problemen fertig werden konnte. Es schien, daß er sich immer, wenn bei ihm Gefühle ins Spiel kamen, hinter seiner Fähigkeit zu lesen verschanzte. Im Umgang mit rein verstandesmäßigen Begriffen fühlte er sich vielleicht sicherer als beim Versuch, sich über Gefühle klarzuwerden, die er nur schwer akzeptieren konnte. In seinem Verhalten offenbarte sich vielleicht auch der Konflikt zwischen dem, was man von ihm erwartete, und seiner eigenen Sehnsucht, er selbst zu sein – manchmal tüchtig, manchmal noch ein Baby. Dieses Rückzugsmanöver hatte er schon mehrmals hier im Spielzimmer ausgeführt. Vielleicht hatte er das Gefühl, daß seine intellektuellen Fähigkeiten das einzige waren, das andere an ihm schätzten. Warum aber hatte er sich dann sowohl zu Hause als auch in der Schule so eifrig bemüht, diese Fähigkeiten zu verbergen? Vielleicht darum, weil er vor allem ein Mensch sein wollte, der um aller seiner Eigenschaften willen geachtet und geliebt wurde? Wie konnte ein Kind einen solchen Reichtum an geistigen Gaben, die man dicht unter der Oberfläche spürte, so gut unter einem widerspenstigen äußeren Benehmen verbergen? Wie hatte er alle diese Kenntnisse erworben? Er konnte weit über seine Jahre hinaus lesen. Wie hatte er das erreicht, ohne zuerst zu zeigen, daß er sich mündlich verständlich ausdrücken konnte? Der Scharfsinn und die innere Kraft dieses Kindes waren unglaublich. Wie konnte er diese Fähigkeiten vor seiner Familie verbergen, wenn er es überhaupt getan hatte?

Es wäre außerordentlich interessant gewesen, diese Lücken auszufüllen, aber seine Mutter und ich hatten ein Abkommen getroffen, daß keine Fragen gestellt werden würden. Ich konnte nur hoffen, daß sie eines Tages ihrer selbst sicher genug sein würde, um mir das, was sie über Dibs wußte, mitzuteilen. Außerdem genügten geistige Errungenschaften ohne gleichzeitige gefühlsmäßige und soziale Reife nicht. War das der Grund, warum seine Familie so unzufrieden mit Dibs war? Oder empfand seine Mutter ihm gegenüber Unsicherheit und Furcht, weil sie ihn nicht verstehen konnte?

Wahrscheinlich gab es viele komplizierte Gründe, weshalb die Beziehung zwischen Dibs und seiner Familie so unzureichend war. Es wäre sehr nützlich, mehr Antworten auf die Fragen zu kennen, die mir durch den Kopf schossen, während ich zusah, wie Dibs zwischen flaschensaugendem, babyhaften Verhalten und einer korrekten, fast zwanghaften intellektuellen Zurschaustellung hin und her schwankte.

Dibs saß entspannt auf dem Stuhl, saugte zufrieden an der Flasche und betrachtete mich unverwandt. Ich überlegte, welche unbeantworteten Fragen *ihm* wohl durch den Kopf gehen mochten. Plötzlich setzte er sich gerade auf, nahm den Sauger ab, trank aus der Flasche und verspritzte dabei etwas Wasser auf den Boden.

Er zeigte auf die beiden Summer an der Wand. «Türklingeln», sagte er.

«Ja, so ähnlich wie Türklingeln», antwortete ich.

Er nahm den Sauger, kaute und saugte daran und sah mich dabei ständig an. Schließlich deutete er auf meine Füße. Ich trug niedere rote Gummischuhe. Dibs hatte heute keine Überschuhe angehabt. Er drohte mir mit dem Finger.

«Zieh meine Überschuhe aus», sagte er.

«Du meinst, *ich* soll meine Überschuhe ausziehen?» fragte ich ihn.

«Ja. Immer. Drinnen», antwortete er.

Ich zog meine Gummischuhe aus und stellte sie in die Ecke. «Nun?» fragte ich.

«Besser», antwortete er.

Er versuchte vergeblich, den Sauger wieder auf die Flasche zu stecken. Er brachte sie mir. «Ich kann nicht», sagte er. «Helfen Sie mir.»

«Gut, ich werde dir helfen», sagte ich und steckte ihm den Sauger auf die Flasche. Er nahm die Flasche, entfernte den Sauger sofort wieder und goß das Wasser in den Ausguß. Er drehte sich um und hielt mir die leere Flasche hin.

«Leere Flasche.»

«Ja. Du hast sie ausgeleert.»

Dibs stand neben dem Ausguß, die leere Flasche eng an sich gepreßt, und sah mich lange Zeit unverwandt an. Ich betrachtete ihn und wartete darauf, daß er entweder in der Unterhaltung oder mit einer Tätigkeit die Führung übernahm. Oder einfach dort stand, mich anschaute und nachdachte, wenn er das wollte.

«Ich denke nach», sagte er.

«Wirklich?»

«Ja. Ich denke nach.»

Ich drängte ihn nicht, mir zu erzählen, worüber er nachdachte. Er sollte mehr kennenlernen als nur ein Frage-und-Antwort-Spiel. Ich wollte, daß er in unserer Beziehung sein ganzes Ich fühlte und erkannte und es nicht nur auf eine bestimmte Verhaltensart beschränkte. Er sollte lernen, daß er ein Mensch mit vielen Eigenschaften war, mit Höhen und Tiefen, mit Gefühlen von Liebe und Haß, Furcht und Mut, mit kindischen Wünschen und reiferen Interessen. Er sollte aus Erfahrung die Verantwortung kennenlernen, die darin besteht, von sich aus seine Fähigkeiten in seinen Beziehungen zu anderen Menschen einzusetzen. Ich wollte sie nicht durch Lob, Hinweise oder Fragen in eine bestimmte Richtung lenken. Das Wesentliche der Gesamtpersönlichkeit dieses Kindes könnte mir völlig entgehen, wenn ich voreilige Schlüsse zog. Ich wartete, während Dibs dastand und nachdachte. Ein ganz leichtes Lächeln zeigte sich auf seinen Zügen.

«Ich will mit den Fingerfarben malen, im Sand spielen und eine Tee-Party geben», sagte er.

«Du planst, was du mit dem Rest unserer Stunde anfangen willst?»

«Stimmt», antwortete er. Sein Lächeln war jetzt offener. «Ziemlich oft haben Sie recht», fügte er hinzu.

«Nun, das ist ja ermutigend», bemerkte ich.

Er lachte. Es war kurz, aber es war das erste Lachen, das ich von ihm gehört hatte. Er nahm das Teeservice vom Regal. «Ich will alles vorbereiten», erklärte er.

«Willst du zuerst die Tee-Party geben?»

«Ja, ich glaube schon.» Er füllte die Babyflasche mit Wasser, kaute an dem Sauger, den er nicht auf die Flasche setzte, drehte den Wasserhahn voll auf und schloß die Türen, die den Ausguß verdeckten. Er sah mich an und wartete offenkundig auf meine Reaktion. Ich sagte nichts. Er ging durchs Zimmer, lehnte sich mit dem Ellbogen auf das Fensterbrett, hielt die Flasche in einer Hand, kaute an dem Sauger und sah mich dabei unverwandt an. Dann lachte er, lief zurück zum Ausguß, öffnete die Türen und drehte das Wasser ab. Er leerte die Flasche und füllte sie wieder. Er kaute und saugte an dem Sauger. Dann öffnete er eine Schranktür und besah sich die Regale, auf denen die Vorräte aufbewahrt wurden. Er sah mich an.

«Ich ziehe jetzt die Gamaschen aus», verkündete er und zeigte auf die Gamaschenhosen, die er heute zum erstenmal trug und nicht ausgezogen hatte.

«Du möchtest sie gerne ausziehen, hm?» fragte ich.

«Stimmt», antwortete Dibs. Statt aber die Tat folgen zu lassen, sah er wieder in den Schrank und begann, alle Dinge auf den Regalen zu untersuchen. Er holte die Schachteln mit Ton heraus. Ich erklärte ihm, daß Ton in einer Schüssel auf dem Tisch sei und daß der Ton in der Schachtel erst benutzt werden solle, wenn der andere verbraucht sei. Die Vorräte sollten erst benutzt werden, wenn man sie benötige.

«Ah», sagte Dibs, «das ist also ein Vorratsschrank.»

«Ja», antwortete ich.

Er zerrte an seiner Gamaschenhose. «Die Gamaschen», sagte er.

«Was ist damit?»

«Es ist heute ein sehr kalter Wind draußen», sagte er.

«Ja, es ist kalt draußen», stimmte ich ihm zu.

«Es ist heute kalt im Spielzimmer.»

«Ja, das ist wahr.»

«Dann die Gamaschen ausziehen?» fragte mich Dibs.

«Das liegt ganz bei dir», antwortete ich. «Wenn du sie ausziehen willst, kannst du es tun. Wenn du es heute nicht tun willst, ist das auch in Ordnung, denn es ist kalt heute hier drinnen.»

«Das stimmt. Sehr, sehr kalt.»

Es schlug vier, aber er schien es nicht zu bemerken. Er ging zum Sand und kletterte in die Sandkiste. Er spielte mit den Flugzeugen und Soldaten. Plötzlich seufzte er.

«Zieh immer die Überschuhe aus, wenn du drinnen bist», sagte er. «Zieh so lange, bis du sie aus hast. Es ist schwer. Aber laß die Gamaschen heute an, weil es hier drinnen kalt ist.»

«Es gibt anscheinend einige Sachen, die man immer ausziehen sollte, wenn man drinnen ist, und einige, die man manchmal anlassen kann», bemerkte ich.

«Stimmt. Bringt einen ganz durcheinander.»

«Es ist etwas verwirrend», sagte ich.

«Es ist sehr verwirrend», wiederholte Dibs. Er nickte nachdrücklich.

In der Sandkiste lag ein sehr kleines einräumiges Puppenhaus. An einem der Fenster war der Fensterladen abgebrochen. Dibs reparierte es ruhig und geschickt. Dann holte er eine Schachtel mit Haustieren heraus. Sie waren aus starker Pappe und konnten auf hölzerne Ständer gesteckt werden, die gesondert beilagen. «Miß A hilft dir, sie festmachen, Dibs», sagte er. Er wandte sich zu mir und fragte: «Helfen Sie mir, Miß A?»

«Was glaubst du denn?» fragte ich.

«Sie helfen mir», antwortete er. Dann machte er sich daran, die Tiere ohne Hilfe in die Ständer zu stecken. Während er arbeitete, begann er zu singen. Er stellte das kleine Haus mitten in die Sandkiste und die Tiere rundherum. Er schien völlig in seine Tätigkeit vertieft. «In diesem Haus wohnen Katzen», sagte er. «Der Krieger hat eine Katze, eine richtige Katze. Und hier ist die Ente. Die Ente hat keinen Teich, und die Ente will einen Teich haben. Paß auf. Da sind zwei Enten. Hier ist die große Ente, die ist mutig. Hier ist die kleine Ente, die ist nicht so mutig. Die große Ente hat vielleicht einen schönen, sicheren Teich irgendwo. Aber diese kleine Ente hat keinen eigenen Teich und will gerne einen haben. Aber jetzt haben die beiden Enten sich getroffen und stehen hier zusammen, und sie sehen beide zu, wie der Lastwagen draußen vor dem Fenster anhält.»

Er sprach fließend und eindrucksvoll. Während er erzählte, war ein großer Lastwagen gekommen und hatte vor den Fenstern des Spielzimmers geparkt.

«Die kleine Ente möchte also einen sicheren Teich für sich allein haben, vielleicht so einen, wie ihn die große Ente hat?» fragte ich.

«Stimmt», antwortete Dibs. «Zusammen sehen sie, wie der Lastwagen kommt. Der Lastwagen parkt, der Mann geht ins Haus, er lädt seinen Lastwagen, und wenn er voll ist, fährt er fort.»

«Aha», sagte ich. Dibs nahm den Spielzeug-Lastwagen und spielte, was er mir soeben erzählt hatte. Lange Zeit schwieg er.

«Noch fünf Minuten, Dibs», sagte ich. Dibs nahm meine Bemerkung nicht zur Kenntnis.

«Ich habe gesagt, daß es noch fünf Minuten sind, Dibs», wiederholte ich.

«Ja», erwiderte Dibs mißmutig, «ich habe es gehört.»

«Du hast gehört, daß ich gesagt habe, es wären noch fünf Minuten, aber du hast nicht gezeigt, daß du es gehört hast?»

«Stimmt. Und dann habe ich es gezeigt.»

«Ja. Als ich es wiederholt habe, hast du es getan.» Ich versuchte, die Stunde allmählich auslaufen zu lassen, damit sie nicht abrupt aufhörte.

«Das alles passiert noch in fünf Minuten», sagte Dibs. Er zog eine Straße durch den Sand, die zu dem Haus und darum herumführte. «Es macht einen komischen Lärm, wenn es durch den Sand fährt», sagte er. Er sah mich an und lachte. «Der Lastwagen ist voll. Wenn er fährt, macht er eine Spur, eine Einbahnspur, und hier lädt er den Sand ab.» Er suchte schnell unter den Soldaten, wählte drei aus und legte sie in den Lastwagen. Er bedeckte sie mit Sand. «Das ist eine Einbahnstraße, und diese drei Leute steigen in den Lastwagen und kommen nie zurück.»

«Sie fahren fort und bleiben fort?» kommentierte ich.

«Stimmt», sagte Dibs. «Für immer.» Er schob den Lastwagen erst durch den Sand, dann unter den Sand, schaufelte Sand darauf und begrub ihn so mit den drei Figuren. Er saß und starrte auf den Sandberg, der dadurch entstanden war.

«Hör mal, Dibs, noch soviel Minuten.» Ich hielt drei Finger hoch.

Er warf mir einen Blick zu. «Noch drei Minuten», sagte er. Er schaufelte noch mehr Sand auf den Hügel, unter dem der Lastwagen und die drei nicht näher bezeichneten Figuren begraben waren.

«Also, kleine Ente», sagte er sanft, «du hast gesehen, was passiert ist. Sie sind fort.» Dann nahm er die kleine Ente und setzte sie oben auf den Sandhügel. Er rieb sich den Sand von den Händen und kletterte aus der Sandkiste.

«Heute ist Valentinstag», sagte er.

«Ja, das stimmt.»

«Sie müssen sie die ganze Nacht und den ganzen Tag hierlassen», sagte er. «Sie dürfen sie nicht herausnehmen.»

«Du willst, daß sie so bleiben, wie sie jetzt sind?» bemerkte ich.

«Stimmt», sagte Dibs. Er kam zu mir und berührte den kleinen Notizblock, der auf meinen Knien lag. «Schreiben Sie das in Ihren Notizblock», sagte er. «Dibs kam. Der Sand war heute interessant für ihn. Die letzte Zeit hat er mit dem Haus und den Soldaten gespielt. Auf Wiedersehen!»

Er nahm Mantel und Mütze, ging aus dem Spielzimmer, den Gang hinunter und in das Wartezimmer. Seine Mutter half ihm beim Anziehen. Er verließ die Beratungsstelle ohne ein weiteres Wort.

Ich ging in mein Büro und setzte mich an den Schreibtisch. Was für ein Kind! Man konnte nachsinnen, deuten und wahrscheinlich zu einem ziemlich genauen Schluß über die Bedeutung seines symbolischen Spiels kommen. Es schien mir jedoch unnötig, überflüssig und vielleicht sogar einengend, zu diesem Zeitpunkt Schlüsse zu ziehen – oder den Versuch zu machen, nach weiteren Informationen zu forschen.

Meiner Meinung nach beruht der therapeutische Wert dieser Art Psychotherapie darauf, daß das Kind sich selbst als leistungsfähige und verantwortliche Person in einer Beziehung erfährt, die ihm zwei grundlegende Wahrheiten nahezubringen versucht: daß niemand wirklich soviel über die innere Welt eines Menschen weiß wie dieser selbst, und daß sich auch das verantwortungsbewußte Freiheitsgefühl in einem selbst entwickelt. Das Kind muß sich zuerst selbst verstehen lernen und kann dann Selbstachtung erwerben und ein Gefühl für Würde erhalten. Erst dann kann es die Persönlichkeiten, Rechte und Verschiedenheiten anderer Menschen respektieren.

Siebtes Kapitel

Als Dibs am nächsten Donnerstag in unsere Beratungsstelle kam, begrüßte er mich mit einem raschen Lächeln und lief vor mir her zum Spielzimmer. Er ging hinein und zum Puppenhaus.

«Das ist ja anders», sagte er. «Das ist geändert worden.»

«Wahrscheinlich hat jemand anders damit gespielt.»

«Ja», bemerkte Dibs. Er drehte sich schnell um und inspizierte die Sandkiste. «Und die Tiere auch», sagte er. «Sie sind nicht so, wie ich sie stehengelassen habe.»

«Wahrscheinlich hat auch damit jemand gespielt.»

«Es sieht so aus», sagte Dibs. Er blieb mitten im Zimmer stehen und lauschte. «Hören Sie die Schreibmaschine?» fragte er. «Jemand schreibt auf einer Schreibmaschine.»

«Ja, ich höre es», erwiderte ich.

Dibs war sehr geschickt darin, harmlose, unbelebte Dinge als Thema in die Unterhaltung einzuführen, die er als Schutz benutzte, wenn etwas ihn beunruhigte. Er war aus dem Gleichgewicht gebracht worden, weil die Spielsachen nicht mehr so lagen, wie er sie zurückgelassen hatte. Er hatte verlangt, daß sie nicht fortgenommen werden sollten, als er beim letztenmal ging, aber er hatte keine Versprechungen oder Erklärungen erhalten. Das war absichtlich vermieden worden. Dibs mußte wie alle Kinder aus Erfahrung lernen, daß kein Teil seiner Welt statisch und kontrollierbar war. Jetzt, da er tatsächlich Beweise dafür hatte, daß seine Welt veränderlich war, wäre es wichtig, mit seinen Reaktionen auf diese Tatsache zu arbeiten – nicht mit Beteuerungen, nicht mit langen Erklärungen oder Entschuldigungen, nicht mit Worten, mit denen man ihn zum Ersatz überschüttet – sondern indem man die Erfahrung nützte, die er jetzt haben mochte und an der er seine Fähigkeit, es mit einer veränderlichen Welt aufzunehmen, erproben konnte.

Er ging zum Sandkasten und starrte auf den geglätteten Sand und die verschiedenen Figuren, die darin herumlagen. «Wo ist meine kleine Ente?» fragte er.

«Du möchtest wissen, was mit der kleinen Ente geschehen ist, die du oben auf dem Sandberg gelassen hast?» fragte ich.

Er drehte sich schnell um und sah mich direkt an. «Stimmt», sagte er ärgerlich. «Wo ist meine kleine Ente?»

«Du wolltest, daß sie dort stehenblieb, und jemand hat sie weggenommen», antwortete ich und versuchte, die Situation kurz zusammenzufassen. Gleichzeitig wollte ich seine Reaktionen durch meine Antworten verlangsamen, damit er seine Gedanken und Gefühle genauer registrieren konnte.

Er kam dicht zu mir heran und sah mir in die Augen. «Stimmt», sagte er nachdrücklich. «Warum?»

«Du möchtest wissen, warum ich nicht dafür gesorgt habe, daß sie dort blieben, wo du sie gelassen hast?» erläuterte ich.

«Ja», sagte er. *«Warum?»*

«Warum, glaubst du wohl, habe ich es zugelassen?»

«Ich weiß es nicht. Es macht mich böse. Sie hätten es nicht erlauben dürfen.»

Jetzt war es an mir, die Fragen zu stellen. «Warum hätte ich das tun sollen? Habe ich es dir versprochen?»

Er sah hinunter auf den Boden. «Nein», antwortete er, und seine Stimme wurde fast zu einem Flüstern.

«Aber du wolltest, daß ich es tun sollte?»

«Ja», flüsterte er. «Ich wollte, daß Sie es für *mich* tun.»

«Andere Kinder kommen hierher und spielen mit den Sachen», sagte ich. «Eins davon hat wahrscheinlich deine Ente weggenommen.»

«Und meinen Berg», sagte er. «Meine kleine Ente stand oben auf meinem Berg.»

«Ich weiß. Und jetzt ist dein Sandberg auch nicht mehr da, nicht wahr?»

«Er ist fort.»

«Und deshalb bist du böse und enttäuscht, nicht wahr?»

Dibs nickte zustimmend. Ich sah ihn an, und er sah mich an. Was Dibs letzten Endes am meisten helfen würde, war nicht der Sandberg oder die kleine Plastikente, sondern das Gefühl von Sicherheit und Ausgeglichenheit, das sie in der Welt, die er letzte Woche geschaffen hatte, symbolisierten. Jetzt, da er feststellen mußte, daß die konkreten Symbole verschwunden waren, hoffte ich, daß er Vertrauen und Ausgeglichenheit in sich selbst finden würde, indem er seine Enttäuschung überwand und erkannte, daß die Dinge außerhalb unseres eigenen Ichs sich ändern. Oft haben wir nur geringen Einfluß auf diese Elemente; wenn wir aber lernen, unsere inneren Quellen auszunützen, tragen wir unsere Sicherheit immer in uns.

Er saß auf dem Rand des Sandkastens und betrachtete schweigend die verstreuten Figuren. Dann hob er ein paar davon auf und sortierte sie. Er langte zu mir herauf und griff nach meinem Bleistift, den er in das Loch eines verbogenen Ständers zu stecken versuchte. Dabei brach die Spitze des Bleistifts ab.

«Ach, sehen Sie», sagte er gleichgültig, «die Spitze ist abgebrochen.» Er reichte mir den Bleistift. Warum hatte er das getan?

Ich nahm den Bleistift. «Ich werde hinausgehen und den Bleistift anspitzen, Dibs», sagte ich. «Ich bin gleich wieder zurück. Bleib nur hier.» Damit ging ich.

Der Spielraum, den wir so oft für einen Teil unserer Untersuchungen des kindlichen Verhaltens und für unser fachliches Ausbildungsprogramm benutzten, hatte auf einer Seite anscheinend einen großen Spiegel. In Wirklichkeit war es Glas, durch das man von einer Seite hindurchsehen konnte. Für alle, die sich im Spielzimmer aufhielten, war es ein Spiegel. Dahinter aber saß oder saßen in einem verdunkelten Raum ein oder mehrere sorgfältig ausgewählte und besonders geschulte Beobachter, die die Tonbänder abhörten und auch Aufzeichnungen oder zeitlich festgelegte Beschreibungen des Verhaltens machten. Später wurden die Aufzeichnungen abgeschrieben und bearbeitet, um das beobachtete Verhalten sowohl des Kindes als auch des Therapeuten zu erfassen. Die Zeit war dabei in Minutenabschnitten am Rand der Berichte vermerkt. Wir benutzten diese Berichte als Forschungsmaterial und zur Diskussion in unseren fortgeschrittenen Doktoranden-Seminaren als Teil des Ausbildungsprogrammes. Alle Namen und kennzeichnenden Einzelheiten wurden geändert, bevor das Material verwendet wurde, damit niemand in der Lage wäre, die betroffenen Personen zu erkennen. In unserer Arbeit gibt es so viele grundlegende Ähnlichkeiten in den psychologischen Problemen der einzelnen, daß das, was in den Berichten von dem Spiel des Kindes noch übrigbleibt, nichts über die betreffende Person verraten kann – so seltsam das auch scheinen mag.

Als ich das Zimmer verließ, um den Bleistift anzuspitzen, setzten die Beobachter hinter dem Spiegel ihre Aufzeichnungen fort.

Dibs hob die Schaufel auf und grub den Sand um. Dabei sprach er mit sich selbst. «Also, Sand», sagte er, «du glaubst, du kannst hier einfach so bleiben und wirst nicht gestört? Und alle ihr Tiere und Leute? Ich will es euch schon zeigen. Ich grab' euch aus. Ich find' euch. Ich werd' den Mann schon finden, den ich begraben habe. Ich grabe so lange, bis ich ihn gefunden habe.» Er stach schnell in den Sand. Schließlich zog er einen Soldaten heraus. «Also hier bist du», sagte er. «Ich werd' dich schon kriegen. Wie du steif und gerade dastehst! Wie eine alte Eisengitterstange von einem Zaun. Ich steck' dich *hierher,* mit dem Kopf nach unten. Ich grab' dich tief in den Sand ein.»

Er vergrub den Soldaten mit dem Kopf nach unten im Sand, bis er wieder nicht mehr zu sehen war. Er klopfte sich den Sand von den Händen ab. Er lächelte. Er lachte. Dann nahm seine Stimme einen lustigen, fröhlichen Klang an, und er sagte: «Zieh den Mantel aus und nimm die Mütze ab, Dibs. Es ist *kalt* hier.»

Ich kam mit dem angespitzten Bleistift zurück.

Dibs sah mich an. «Es ist kalt hier drinnen. Mantel ausziehen?»

«Ja, es ist kalt hier drinnen. Vielleicht läßt du heute lieber die Jacke an.»

«Dreh die Heizung an», sagte Dibs. Er ging zum Heizkörper und berührte ihn. «Der Heizkörper ist kalt.»

«Ja, das weiß ich.»

«Ich dreh' ihn an», erklärte Dibs. Er drehte die Heizung an.

«Glaubst du, daß es dann hier drinnen warm werden wird?»

«Ja. Wenn ein Feuer im Keller ist.»

«Ein Feuer im Keller?» fragte ich.

«Im *Heizkessel*», antwortete er. «Im Heizkessel, der im Keller ist.»

«Ach so», sagte ich. «Nun, der Heizkessel ist heute nicht in Ordnung. Die Männer sind unten und reparieren ihn.»

«Was ist damit los?»

«Ich weiß nicht.»

«Sie können es herausfinden, wissen Sie», sagte er nach einer kurzen Pause.

«So? Wie?»

«Sie können in den Keller hinuntergehen und dort herumstehen, ein Stück weit weg von den Leuten, aber nahe genug, daß Sie ihnen zusehen und hören können, was sie sagen», erklärte er mir.

«Das könnte ich wohl.»

«Warum haben Sie es dann nicht getan?»

«Um die Wahrheit zu sagen, Dibs, es ist mir nicht in den Sinn gekommen.»

«Sie können viele interessante Dinge so lernen», sagte er.

«Ich bin überzeugt, daß ich das könnte», erklärte ich ihm. Und ich war genauso überzeugt, daß Dibs viele, viele Dinge auf diese Art gelernt hatte – beim Herumlungern am Rande des Geschehens, aber nahe genug, um die Leute zu beobachten und zu hören, was sie sagten.

Er ging zu den Schränken und sah hinein. «Die hier sind alle leer.»

«Stimmt», sagte ich. Jetzt hatte er mich soweit, daß ich seine Beobachtungen bestätigte!

«Es ist heute wieder zu kalt, um die Gamaschen auszuziehen», sagte er.

«Ich glaube, ja.»

«Die Störungen im Heizkessel haben bestimmt schon letzten Donnerstag angefangen», sagte er.

«Das könnte sein», stimmte ich zu.

«Aber warum sonst, wenn es nicht darum ist?» fragte er. «Warum sonst?»

«Ich weiß nicht. Ich habe Heizkesselstörungen noch nie studiert. Ich weiß nicht viel davon.»

«Sie merken nur, wenn es kalt ist.» Dibs lachte.

«Das stimmt», sagte ich. «Ich nehme als selbstverständlich an, daß alles in Ordnung ist, solange die Heizung richtig funktioniert. Wenn sie es nicht tut, muß sie repariert werden.»

«Ja, dann merken Sie, daß sie kaputt ist.»

«Dann merke ich es», stimmte ich zu.

Er wanderte hinüber zum Tisch, griff nach der Säuglingsflasche und trank daraus. Zwischen dem Saugen sprach er mit mir. «Miß A hat heute keine Gummischuhe an», stellte er fest.

«Nein. Ich habe sie heute nicht hier drinnen an.»

«Das ist gut», sagte er. Er schleppte einen Stuhl zu dem dreieckigen Wandschrank, der sich in einer Ecke des Zimmers befand. In die Tür war ein großes Quadrat eingeschnitten, das von einem Vorhang bedeckt war. Das ergab ein Kasperletheater. Er kletterte auf den Stuhl, schob den Vorhang auseinander und spähte hinein. «Leer», sagte er.

Er zerrte den Stuhl zum Ausguß, kletterte hinauf und sah in die Schränke über dem Ausguß. «Leer», verkündete er.

«Es ist nichts in diesen oberen Schränken», sagte ich. Aber er untersuchte sie alle. Dann zog er den Stuhl fort, öffnete die Türen, die den Ausguß verkleideten, und drehte das Wasser auf. Er nahm den Sauger von der Flasche, während das Wasser mit voller Kraft lief. Er füllte die Flasche, goß das Wasser in den Ausguß und behielt den Sauger in der Hand. Dann legte er den Sauger auf den Tisch, drehte das Wasser ab, ergriff das Gewehr und füllte es mit Sand. Er zog am Abzug und versuchte, den Sand hinauszuschießen, es gelang ihm aber nicht. Der Sand rann aus dem Gewehr auf den Boden. Er setzte sich auf den Rand der Sandkiste, füllte das Gewehr erneut und zog am Abzug.

«Es geht nicht so», sagte er.

«Das sehe ich», antwortete ich.

Er putzte den Sand weg, der auf den Rand des Sandkastens gefallen war. Dann begann er, die verstreuten Tiere aufzusammeln, und sprach dabei. «Dieser Hahn kräht, kikeriki», sagte er. «Der Hahn kräht, und die Henne legt Eier. Die beiden Enten schwimmen. Schauen Sie. Sie haben ihren Teich, ihren eigenen kleinen Teich. Die kleine Ente macht ‹Quak-quak› und die große Ente macht ‹Quak-quak›. Und sie schwimmen zusammen in ihrem sicheren kleinen Teich herum. Und hier sind zwei Kaninchen. Zwei Hunde. Zwei Kühe. Zwei Pferde. Zwei Katzen. Von jedem zwei. Es ist *nichts allein hier*!»

Er holte die leere Schachtel, in der die Soldaten sonst aufbewahrt wurden. «Das ist die Schachtel für die Krieger. Sie hat einen Deckel, mit dem man sie ganz, ganz fest zumachen kann.»

Er kniete sich auf den Rand der Sandkiste, um das kleine Haus zu untersuchen. Er drehte es um. «In diesem Haus wohnen *keine* Leute», sagte er. «Nur die Katze und das Kaninchen. Nur eine Katze und ein Kaninchen. Marshmallow heißt unser Kaninchen in der Schule», fügte er hinzu und warf mir einen Blick zu. «Es ist in einem großen Käfig in einem Zimmer in der Ecke, und manchmal lassen wir es heraus, damit es herumhopsen und herumspringen und sitzen und denken kann.»

«Die Katze und das Kaninchen wohnen zusammen in dem Haus?» sagte ich. «Und das Kaninchen heißt Marshmallow.»

«Das Kaninchen in der *Schule*», unterbrach mich Dibs. «Nicht das Kaninchen hier, das mit der Katze in dem Haus wohnt. Aber wir haben ein Kaninchen in der Schule, und das Kaninchen heißt Marshmallow. Es ist ein großes, weißes Kaninchen – es gleicht dem hier – dem Spielkaninchen. Darum hat es mich an unser Schulkaninchen erinnert.»

«Aha, ich verstehe. Das zahme Kaninchen ist in der Schule.»

«Das *eingesperrte* Kaninchen», verbesserte er. «Aber manchmal lassen wir es heraus. Und manchmal, wenn keiner hinschaut, lasse *ich* es heraus.»

Das war das erste Mal, daß Dibs einen Hinweis auf die Schule gemacht hatte. Ich hätte gerne gewußt, wie es ihm jetzt dort ging. War sein Verhalten noch dasselbe wie an dem Tag, an dem ich dort gewesen war? Als Dibs' Mutter ihre Zustimmung zu den Spieltherapie-Stunden gab, hatte ich die Schule benachrichtigt. Ich hatte ganz ehrlich gesagt, daß ich nicht wüßte, ob die Therapie helfen würde oder nicht. Wir vereinbarten, daß die Schule mich anrufen würde, wenn die Lehrerinnen über bestimmte Beobachtungen zu berichten oder wenn sie Probleme hätten, über die wir uns unterhalten könnten. Ich glaubte, daß es objektiver wäre, wenn ich unaufgefordert Berichte über sein Verhalten erhielte, als wenn ich ihre Antworten auf meine Nachfragen bekäme, denn ich würde ja persönlich in die Therapie verwickelt sein.

Die Bemerkung, die Dibs über das Kaninchen in der Schule gemacht hatte, war interessant. Sie zeigte, daß Dibs, obwohl er sich nicht aktiv an den Beschäftigungen der Gruppe beteiligte, doch beobachtete, lernte, dachte und Schlüsse zog, während er am Rande des Geschehens verharrte. Es wäre interessant zu erfahren, was er in der Schule und zu Hause machte. Dies veranlaßte mich jedoch nicht, die Verfahren, die ich anwandte, zu ändern, denn ich war mehr an Dibs' gegenwärtigen Wahrnehmungen in seiner Welt, an seinen Beziehungen, Gefühlen, seinen sich entfaltenden Gedanken, seinen Folgerungen und Annahmen interessiert. Ich konnte mir vorstellen, wie Dibs das eingesperrte Kaninchen in die Freiheit hinausließ. Ich konnte die Gemütsbewegung spüren, die diese Handlung verursachte.

Er stellte den Pappzaun um die Tiere herum auf. «Ich mache eine Tür in den Zaun», verkündete er, zerschnitt den Zaun und bog einen Teil zurück, so daß ein offenes Tor entstand. «So können die Tiere immer hinaus, wenn sie wollen.»

«Aha», bemerkte ich.

Er nahm die verschiedenen, sonderbar geformten Pappstücke auf, die von dem in die Pappe gestanzten Zaun übriggeblieben waren. Er prüfte sie sorgfältig, kritisch. «Das ist ... das ist ...», er versuchte, den Gegenstand zu bestimmen. «Das ist ein Stück Nichts. So sieht Nichts aus.» Er hielt es hoch, damit ich es sehen konnte.

Das war eine interessante Folgerung – und bis zu einem gewissen Grade korrekt.

Er sammelte ein paar Soldaten auf. «Der Mann hier hat ein Gewehr», sagte er. «Und der reitet auf einem Pferd. Hier sind noch mehr Krieger.» Er stellte sie auf dem Rand der Sandkiste auf. «Die hier lege ich in die Schachtel.» Er tat es. «Und der Lastwagen macht wieder eine Spur um das Haus. Das Kaninchen und die Katze sehen aus dem Fenster – sie sehen nur hinaus und schauen zu.»

Er hatte die Hände im Schoß gefaltet und sah mich mehrere Minuten schweigend an. Sein Gesichtsausdruck war ernst, aber die Augen funkelten bei seinen Gedanken. Er lehnte sich vor und sprach. «Heute ist nicht Unabhängigkeitstag», sagte er. «Und er kommt auch nicht vor dem vierten Juli. Aber er ist an einem Donnerstag. Es sind noch vier Monate und zwei Wochen bis dann, und es ist ein Donnerstag, und ich werde zu Miß A kommen. Ich habe auf dem Kalender nachgeschaut. Montag ist der erste Juli. Dienstag ist der zweite Juli. Mittwoch ist der dritte Juli. Mittwoch ist schon fast Unabhängigkeitstag, aber noch nicht ganz. Dann kommt der vierte Juli, und das ist der Unabhängigkeitstag, und am Donnerstag komme ich hierher!» Er griff nach dem Spielkaninchen. «Mittwoch, der dritte Juli, wird ein langer Tag sein – Vormittag, Nachmittag, Abend. Und dann wird es hell am nächsten Morgen. Unabhängigkeitstag, vierter Juli, Donnerstag – und *ich komme hierher*!»

«Du mußt wirklich gerne herkommen», sagte ich.

«Ja», erwiderte Dibs, «das tue ich.» Er lächelte. Dann wurde er schnell wieder ernst und sprach weiter. «Der Unabhängigkeitstag ist der Tag der Soldaten und Matrosen. Die Trommeln machen bumm, bumm, bumm. Und die Fahnen werden hinausgehängt.» Er sang ein Marschlied. Dazu grub er im Sand, füllte den Lastwagen damit und fuhr ihn herum. «Es ist ein lustiger Tag», sagte er. «Unabhängigkeitstag! Sie taumeln alle vor Freude. Diese Soldaten laden Freiheit aus und schließen alle Türen auf.»

Die Sprache dieses Kindes hatte eine Schönheit und Kraft, die sehr eindrucksvoll war. Und man mußte bedenken, sie blühte und gedieh trotz seiner Einsamkeit, seiner Furcht, seiner Ängste, im geheimen. Jetzt aber hatte er seine Furcht bei den Hörnern gepackt und wurde mit den Gewißheiten, die er entdeckte, stärker. Anstelle von Ärger, Furcht und Ängsten begann er Hoffnung, Vertrauen und Freude zu setzen. Seine Traurigkeit und seine Niedergeschlagenheit begannen nachzulassen.

«Du fühlst diese Freude auch, nicht wahr, Dibs?» fragte ich.

«Es ist eine Freude, die ich nicht verlieren will», antwortete er. «Ich komme mit Freude in dieses Zimmer.»

Ich betrachtete ihn, wie er da auf dem Rand der Sandkiste saß und den Frieden ausstrahlte, den er jetzt empfand. Er sah so klein aus und schien doch so erfüllt von Hoffnung, Mut und Vertrauen, daß ich die Kraft seiner inneren Würde und Zuversicht fühlen konnte.

«Ich komme mit Freude in dieses Zimmer», wiederholte er. «Ich gehe traurig fort.»

«Wirklich? Und geht nicht etwas von der Freude mit dir, wenn du hinausgehst?»

Dibs vergrub drei Spielsoldaten im Sand. «Das macht *sie* unglücklich», sagte er. «Sie können nicht sehen, nicht hören und nicht atmen», erklärte er. «Dibs, grab sie dort aus», befahl er sich selbst. «Die Zeit ist schnell um. Willst du sie dort begraben liegen lassen?» fragte er sich selbst.

«In fünf Minuten ist es Zeit zu gehen», sagte ich. «Willst du sie nun begraben liegen lassen?»

Er sprang schnell aus dem Sandkasten. «Ich spiel' mit den Kriegern hier auf dem Boden. Ich stell' sie der Reihe nach auf.» Er ließ sich auf den Boden fallen und baute die Soldaten auf. Dann griff er in den Sandkasten und grub die Soldaten aus, die er vergraben hatte. Er betrachtete sie sorgfältig. Dann hielt er mir einen hin. «Das ist Papa», sagte er.

«Ach? Dieser da ist also Papa?» bemerkte ich beiläufig.

«Ja.» Er stellte ihn vor sich auf den Boden, machte eine Faust, schlug ihn um, stellte ihn auf und schlug ihn wieder mit der Faust um. Das wiederholte er verschiedene Male. Dann sah er mich an. «Noch vier Minuten?» fragte er.

«Ja, das stimmt.» Ich warf einen Blick auf meine Uhr. «Noch vier Minuten.»

«Dann ist es Zeit, nach Hause zu gehen», sagte Dibs.

«Mhmmm», sagte ich.

Er spielte wieder mit dem «Papa»-Soldaten, stellte ihn auf und schlug ihn um. Dann sah er erneut zu mir hin. «Noch drei Minuten?»

«Das stimmt», antwortete ich und fügte hinzu: «Dann ist es Zeit, nach Hause zu gehen.» Ich sagte das mehr, um festzustellen, was er erwidern würde, als um seine Aufmerksamkeit auf eine Tatsache zu lenken, die er kannte.

«Stimmt. Auch wenn ich nicht nach Hause gehen will, ist es Zeit, nach Hause zu gehen.»

«Ja, Dibs. Auch wenn du es nicht willst.»

«Stimmt», sagte Dibs seufzend. Er blieb schweigend eine weitere Minute lang sitzen. Er schien einen unheimlichen Zeitsinn zu haben. «Noch zwei Minuten?» fragte er.

«Ja.»

«Ich komme nächsten Donnerstag wieder.»

«Ja», stimmte ich zu.

«Morgen ist Washingtons Geburtstag», sagte er. «Das ist Freitag. Samstag ist gar nichts. Sonntag ist der Vierundzwanzigste. Dann kommt Montag, und ich gehe wieder in die Schule!» verkündete er. In seinen Augen war ein strahlendes, glückliches Leuchten.

Wenn auch Dibs' äußerliches Benehmen es nicht anzeigte, so bedeutete die Schule doch viel für ihn. Seine Lehrerinnen mochten verwirrt und enttäuscht sein und das Gefühl haben, daß sie eine Niederlage erlitten hätten – sie waren doch bis zu Dibs durchgedrungen. Er wußte, was dort vor sich ging. Das Marschlied, das er gesungen hatte, hatten die Kinder wahrscheinlich in der Schule gelernt. Marshmallow war ihr zahmes – nein, ihr eingesperrtes Kaninchen, aber es gehörte trotzdem zu den Erfahrungen, die er in der Schule machte. Ich mußte an die Schulkonferenz denken.

Mir fiel ein, wie Miß Jane von ihrem Monolog über die Prinzipien der magnetischen Anziehungskraft erzählt hatte. Die Lehrerinnen sollten Mut fassen. Wir wissen niemals, wieviel von dem, was wir Kindern geben, von ihnen – von jedem auf seine Art – angenommen und Teil der Erfahrungen wird, aus denen sie lernen, mit ihrer Welt fertigzuwerden.

«Am Montag bekommen wir die Schulzeitung für die Vorschule», sagte Dibs. «Das vorderste Blatt der Nummer wird hellgelb, blau und weiß sein. Und sie hat dreizehn Seiten. Es steht auf einem Zettel an der Anschlagtafel im Gang. Und dann kommt Dienstag und Mittwoch und Donnerstag. Und am Donnerstag bin ich wieder hier.»

«Du weißt ja recht gut, was in der nächsten Woche los ist, nicht wahr?»

«Ja», sagte Dibs.

Und im Lesen bist du wahrscheinlich den Kindern deines Alters weit voraus, dachte ich. Und du verstehst, was du liest. Aber ich machte keine Bemerkung darüber, daß er lesen konnte. Er nahm es für selbstverständlich, also würde ich es auch tun. Wenn er auch offensichtlich ein ausgezeichneter Leser war, so genügte das allein nicht, um seine Gesamtentwicklung sicherzustellen.

«Noch eine Minute?» fragte er.

«Ja, noch eine Minute», antwortete ich.

Er ergriff die Figur, die er als «Papa» bezeichnet hatte, und warf sie in den Sandkasten. «Papa holt mich heute hier ab», erzahlte mir Dibs.

«Ach?» rief ich und spitzte die Ohren. Also tauchte «Papa» in Dibs' Welt auf.

«Ja», sagte Dibs. Wir sahen uns beide an. Die Zeit war um, und wir wußten es, aber keiner von uns sagte ein Wort. Schließlich stand Dibs auf. «Die Zeit ist um», sagte er mit einem tiefen Seufzer.

«Ja», sagte ich.

«Ich möchte malen», erklärte Dibs.

«Du meinst, du möchtest nicht gehen, obwohl du weißt, daß die Zeit um ist.»

Dibs warf mir einen Blick zu. Ein flackerndes Lächeln zeigte sich auf seinen Zügen. Er bückte sich und gruppierte schnell die Spielsoldaten um, die er auf den Boden gestellt hatte. Er stellte sie so auf, daß sie auf mich zielten, und ging zur Tür. «Gewehre sind nützlich, wenn man schießen muß», sagte er.

«Das sehe ich.»

Er nahm seine Mütze und ging den Gang hinunter. Ich folgte ihm. Ich wollte «Papa» sehen.

«Auf Wiedersehen», sagte Dibs und entließ mich.

«Auf Wiedersehen, Dibs. Bis nächsten Donnerstag.»

«Papa» warf mir einen Blick zu. «Guten Tag», sagte er steif. Er schien sich sehr unbehaglich zu fühlen.

Ich erwiderte seinen Gruß.

«Hör mal, Papa», sagte Dibs, «weißt du, daß heute nicht der Unabhängigkeitstag ist?»

«Komm, Dibs. Ich habe es eilig», entgegnete «Papa».

«Er ist erst im Juli», fuhr Dibs unbeirrt fort. «Aber er ist an einem Donnerstag, in vier Monaten und zwei Wochen.»

«Komm, Dibs», wiederholte «Papa», außerordentlich peinlich berührt von Dibs' Unterhaltung, die ihm wahrscheinlich höchst wunderlich vorkam – wenn er überhaupt zuhörte.

«Der Unabhängigkeitstag ist an einem Donnerstag», beharrte Dibs. «Am vierten Juli ist der Tag.»

«Papa» schob Dibs zur Tür hinaus. «Kannst du nicht mit diesem sinnlosen Geplapper aufhören?» sagte er zähneknirschend.

Dibs seufzte. Er ließ den Kopf hängen. Dann folgte er schweigend seinem Vater.

«Gräßlicher alter Kerl!» meinte die Empfangsdame. «Warum springt er nicht in den East River?»

«Ja», pflichtete ich ihr bei. «Warum nicht?»

Ich ging zurück ins Spielzimmer, um es für den nächsten jungen Besucher aufzuräumen. Eine der Beobachterinnen kam und erzählte mir, was Dibs gesagt hatte, als ich draußen war, um meinen Bleistift anzuspitzen. Wir ließen das Tonband zurücklaufen und hörten uns dann diesen Teil an. «Was für ein Kind!» sagte die Beobachterin.

Und wie scharfsichtig, dachte ich. «Wie du steif und gerade dastehst! Wie eine alte Eisengitterstange von einem Zaun.» Ich hätte «Papa» gerne selbst eine Woche dort im Sand begraben liegen lassen. Dibs hatte versucht, sich mit ihm zu unterhalten, und er hatte die Worte des Kindes als sinnloses Geplapper abgetan. Dibs mußte enorme innere Kräfte besitzen, um sich angesichts solcher Angriffe auf ihn eine so eindrucksvolle Persönlichkeit bewahrt zu haben.

Manchmal ist es sehr schwierig, sich vor Augen zu halten, daß auch die Eltern Gründe für das haben, was sie tun – tiefere Beweggründe für ihre Unfähigkeit zu lieben, zu verstehen, ihrem Kind etwas von sich selbst zu geben.

Achtes Kapitel

Am nächsten Morgen rief mich Dibs' Mutter an. Sie fragte, ob es mir passen würde, wenn sie selbst zu einer Unterredung zu mir käme. Sie schien sich wegen dieses Ansuchens beinahe zu entschuldigen und fügte schnell hinzu, daß sie Verständnis dafür habe, wenn ich zuviel zu tun hätte. Ich sah auf meinen Kalender und gab verschiedene Termine an, aus denen sie wählen konnte. Sie zögerte und schlug vor, daß ich den Termin festsetze. Ich erklärte ihr, daß ich zu allen angegebenen Terminen in der Beratungsstelle sei, so daß sie völlige Freiheit hätte, die Zeit zu wählen, die ihr am besten passe. Sie zögerte wieder. Nach längerer Überlegung sagte sie: «Ich werde heute vormittag um zehn dort sein. Vielen Dank für Ihr Entgegenkommen.»

Ich überlegte, was sie zu dem Entschluß veranlaßt haben könnte, um eine Unterredung zu bitten. War sie erfreut über Dibs oder unzufrieden mit ihm? Hatte ihr Mann ungünstig auf seinen kurzen Besuch gestern in der Beratungsstelle reagiert? Vielleicht würde ich mehr über die Situation erfahren, wenn sie hier war. Es war schwierig vorauszusagen, wie eine solche Unterredung verlaufen würde. Es war möglich, daß die Mutter sich verschloß und genausowenig fähig war, das Problem zu erörtern, wie vorher. Es konnte aber auch sein, daß sie so unglücklich und enttäuscht war und so sehr das Gefühl hatte, versagt zu haben, daß sie die Gelegenheit begrüßen würde, wenigstens einen Teil der Last mit jemand anders zu teilen. Man sollte versuchen, jegliche Anschuldigungen ihr gegenüber zu vermeiden und ihr ein Gefühl von Vertrauen und Sicherheit zu geben. Von einem konnte ich überzeugt sein: Es würde eine außerordentlich schwierige und seelisch aufreibende Unterredung für diese Mutter werden, ganz gleich, wie sie reagierte – ob sie schwieg, über ungefährliche, nicht zur Sache gehörende Dinge sprach, Fragen stellte oder einen Teil ihres streng gehüteten Geheimnisses enthüllte. Es würde meine Aufgabe sein, ihr so eindrucksvoll wie möglich, vor allem durch meine innere Haltung, klarzumachen, daß ihre private Sphäre ihr gehöre und sie selbst sich entscheiden müsse, ob sie die Tür aufschließen wolle. Wenn sie dazu bereit wäre, würde ich nicht versuchen, etwas aus ihr herauszupressen, was sie nicht freiwillig sagen wollte. Und wenn sie die Tür nicht öffnen wollte, hatte ich bestimmt nicht die Absicht, sie dazu zu drängen. Es wäre sicherlich interessant zu hören, was sie über Dibs und sich selbst erzählen konnte, noch wichtiger jedoch, ihr die Erfahrung zu vermitteln, daß sie als Mensch geachtet und anerkannt wurde.

Sie erschien pünktlich in der Beratungsstelle, und wir gingen sofort in mein Büro. Sie hatte schon früher erklärt, daß sie sich sehr unbehaglich fühle, wenn sie im Warteraum warten müsse; deshalb empfing ich sie sofort nach ihrer Ankunft.

Sie setzte sich in den Stuhl neben meinen Schreibtisch, das Gesicht mir zugewandt. Sie war sehr blaß. Die Hände hatte sie fest zusammengepreßt. Die Augen wanderten unruhig hin und her, blickten mich an und dann schnell wieder fort – so wie Dibs es getan hatte, als er zum erstenmal im Spieltherapie-Zimmer war.

Ich bot ihr eine Zigarette an.

«Nein, danke», sagte sie.

Ich ließ das Päckchen auf dem Schreibtisch liegen. Sie deutete darauf.

«Ich rauche nicht», sagte sie. «Wenn Sie es aber gern tun möchten, dann lassen Sie sich nicht stören.»

«Ich rauche auch nicht», erwiderte ich. Ich legte die Schachtel langsam zurück in die Schreibtischschublade, um die Spannung der ersten paar Minuten zu brechen. Dann betrachtete ich sie. In ihren Augen lag ein Ausdruck von Angst und Panik. Es war wichtig, sie nicht in eine Diskussion über ihre Probleme zu drängen, wichtig, nicht die Führung zu übernehmen und Fragen zu stellen, wichtig aber auch, diese Stunde nicht zu einer Erörterung von Trivialitäten herabsinken zu lassen. Wenn *sie* eine dieser Möglichkeiten wählte, so wäre es ganz etwas anderes; wenn ich es täte, würde ich damit den Zweck dieses Interviews verfehlen. Sie hatte um die Unterredung gebeten, und sie hatte einen Grund dafür.

Das ist die schwierigste und kritischste Phase jedes ersten Interviews, und sie bestimmt weitgehend dessen Wirksamkeit. Ich wußte auch, daß es fruchtlos sein würde, den Sinn einer solchen Zusammenkunft zu erklären. Das Schweigen machte mich nicht befangen. Ich war überzeugt, daß sie darauf viel konstruktiver reagieren würde als auf jede Anstrengung, die ich unternehmen könnte, um eine Unterhaltung zu beginnen.

«Ich weiß nicht, wo ich anfangen soll», sagte sie.

«Ich verstehe. Es ist manchmal schwierig, einen Anfang zu finden.»

Sie lächelte, aber es war ein Lächeln ohne Freude. «Es wäre so viel zu sagen», fuhr sie fort. «Und so viel, was man nicht sagen kann!»

«Das ist recht oft der Fall.»

«Manche Dinge bleiben besser ungesagt», erklärte sie mir und sah mich offen an.

«Zuzeiten scheint es so.»

«Aber zu viele ungesagte Dinge können zu einer großen Last werden.»

«Ja, das kann auch geschehen», meinte ich.

Lange Zeit saß sie schweigend und blickte zum Fenster hinaus. Sie begann sich zu entspannen. «Die Aussicht von hier ist sehr schön», bemerkte sie. «Die Kirche da draußen ist wunderschön. Sie sieht so groß und stark und friedlich aus.»

«Ja», sagte ich.

Sie sah hinunter auf ihre fest gefalteten Hände. Dann sah sie auf und begegnete meinem Blick. In ihren Augen waren Tränen. «Ich mache mir solche Sorgen um Dibs», sagte sie, «so große Sorgen.»

Diese Erklärung hatte ich nicht erwartet. Ich versuchte sie so gleichgültig wie möglich aufzunehmen. «Sorgen um ihn?» fragte ich. Nicht mehr als das zu diesem Zeitpunkt. Ich fragte sie nicht, warum.

«Ja», antwortete sie. «Solche Sorgen! In der letzten Zeit scheint er so unglücklich zu sein. Er steht herum und sieht mich an, immer so schweigsam. Er kommt jetzt mehr aus seinem Zimmer heraus. Aber er steht nur am Rande herum, wie ein spukender Schatten. Und wenn ich etwas zu ihm sage, läuft er davon. Nur um wiederzukommen und mich so kummervoll zu betrachten.» Sie nahm einige Papiertücher aus der Schachtel auf dem Schreibtisch und wischte sich die Augen.

Das war tatsächlich eine interessante Beobachtung. Dibs verließ jetzt öfter sein Zimmer. Und nach ihrem Bericht schien er in *letzter* Zeit unglücklicher zu sein. Es war natürlich möglich, daß sie sein Elend jetzt mehr bemerkte als früher. Es konnte auch sein, daß Dibs zu Hause seine Gefühle offener zeigte. Und die Tatsache, daß er Schweigen bewahrte, obwohl er einen so reichhaltigen Sprachschatz hatte, zeigte, daß er große innere Kraft und Beherrschung besaß.

«Ich fühle mich sehr unbehaglich, wenn er das tut», fügte sie nach einer langen Pause hinzu. «Es ist, als würde er um etwas bitten – etwas, das ich ihm nicht geben kann. Es ist sehr schwierig, ihn zu verstehen. Ich habe es versucht. Wirklich, ich habe es versucht. Aber ich habe versagt. Schon von Anfang an, als er noch ein Säugling war, konnte ich ihn nicht verstehen. Bevor ich Dibs bekam, hatte ich keine richtige Erfahrung mit Kindern oder Babies. Ich hatte nicht die geringste Ahnung, wie sie sind, wie sie als Persönlichkeiten sind, meine ich. Biologisch, körperlich und medizinisch wußte ich alles über sie. Aber Dibs konnte ich niemals verstehen. Er machte soviel Kummer – er war so eine Enttäuschung vom Augenblick seiner Geburt an. Seine Empfängnis war unbeabsichtigt. Er brachte alle unsere Pläne durcheinander. Ich hatte ja auch meine berufliche Karriere. Mein Mann war stolz auf meine Leistungen. Mein Mann und ich waren sehr glücklich, bevor Dibs geboren wurde. Und als er geboren wurde, war es so anders. Er war so groß und häßlich. So ein großer, formloser Brocken! Überhaupt nicht zugänglich. Eigentlich hat er mich vom Augenblick seiner Geburt an abgelehnt. Jedesmal, wenn ich ihn hochnahm, machte er sich steif und begann zu schreien!» Die Tränen strömten ihr über das Gesicht, und sie trocknete sie mit den Papiertüchern, während sie schluchzend erzählte. Ich begann zu sprechen, aber sie brachte mich zum Schweigen.

«Bitte, sagen Sie nichts», flehte sie. «Ich muß es einmal loswerden, wenigstens dieses eine Mal. Ich habe es schon zu lange mit mir herumgetragen. Es ist wie ein schwerer Stein auf meinem Herzen. Denken Sie von mir, was Sie wollen, aber bitte, lassen Sie mich erzählen. Ich hatte nicht die Absicht, es zu tun. Als ich anrief und Sie um diese Unterredung bat, wollte ich Sie wegen Dibs fragen. Sein Vater war gestern aufgebracht. Er glaubt, daß die Therapie Dibs' Zustand verschlechtert hat. Aber da ist etwas, über das ich einfach mit Ihnen sprechen muß. Ich habe alles so lange in mir verschlossen.

Meine Schwangerschaft war sehr schwierig. Ich war fast die ganze Zeit sehr krank. Und mein Mann ärgerte sich über diese Schwangerschaft. Er war der Meinung, ich hätte sie verhindern können. Oh, ich mache ihm keinen Vorwurf. Ich ärgerte mich ja auch darüber. Wir konnten nicht mehr so leben wie zuvor, nirgends mehr hingehen. Oder vielleicht sollte ich lieber sagen, daß wir nirgends mehr hingingen, nicht, daß wir es nicht konnten. Mein Mann blieb immer mehr von zu Hause fort und vergrub sich in seine Arbeit. Er ist Naturwissenschaftler, wissen Sie. Ein hochbegabter Mann! Aber weltfremd. Und sehr, sehr empfindlich. Und das wird Sie vielleicht überraschen. Ich spreche sonst gar nicht mehr darüber. In der Schule habe ich es nicht einmal erwähnt.» Wieder zeigte sich auf ihren Lippen das unglückliche, freudlose Lächeln.

«Bevor ich schwanger wurde, war ich Chirurgin. Ich liebte meinen Beruf. Und ich hatte alle Aussichten, als Chirurgin Erfolg zu haben. Ich habe zwei sehr komplizierte Herzoperationen durchgeführt. Mein Mann war stolz auf mich. Alle unsere Freunde waren hochintelligente, erfolgreiche, interessante Männer und Frauen. Und dann wurde Dibs geboren und verdarb alle unsere Pläne und unser Leben. Ich hatte das Gefühl, elend versagt zu haben. Ich entschloß mich, meinen Beruf aufzugeben. Einige meiner engsten beruflichen

Freunde konnten meine Haltung und meinen Entschluß nicht verstehen. Ich erzählte ihnen nichts von Dibs. Oh, sie wußten von meiner Schwangerschaft. Aber nichts über Dibs. Es stellte sich bald heraus, daß Dibs nicht normal war. Es war schon schlimm genug, ein Kind zu haben, aber ein geistig zurückgebliebenes Kind war mehr, als wir ertragen konnten. Wir schämten uns. Wir waren gedemütigt. In keiner unserer Familien hatte es jemals so etwas gegeben. Mein Mann, der wegen seiner brillanten geistigen Fähigkeiten im ganzen Land bekannt ist! Und auch meine eigene Laufbahn verlief außergewöhnlich. In unserer Wertordnung stand die Intelligenz immer an erster Stelle – die hervorragende, exakte intellektuelle Leistung!

Und unsere Familien! Wir waren beide in Familien aufgewachsen, in denen diese Eigenschaften vor allen anderen geschätzt wurden. Und dann Dibs! So absonderlich. So entrückt. So unnahbar. Er sprach nicht. Er spielte nicht. Lernte nur langsam laufen. Schlug nach den Leuten wie ein kleines, wildes Tier. Wie wir uns schämten! Niemand von unseren Freunden sollte etwas über ihn erfahren. Wir sonderten uns gesellschaftlich mehr und mehr von ihnen ab, denn wenn wir weiter mit ihnen verkehrt hätten, hätten sie natürlich das Baby sehen wollen. Und wir wollten nicht, daß irgend jemand ihn sah. Wir schämten uns so. Und ich hatte alles Selbstvertrauen verloren. Ich konnte meinen Beruf nicht mehr ausüben. Ich wußte, daß ich niemals mehr eine Operation ausführen könnte!

Wir konnten ihn nirgends hinschicken. Wir versuchten, das Problem so gut wie möglich zu lösen. Ich fuhr mit ihm zu einem Neurologen an der Westküste. Ich gab einen anderen Namen an. Niemand sollte wissen, was wir vermuteten. Aber der Neurologe konnte organisch nichts bei Dibs feststellen. Und dann gingen wir vor etwas mehr als einem Jahr mit ihm zu einem Psychiater, wieder nicht hier in der Gegend. Wir dachten, wir könnten ihn zu einer vollständigen psychiatrischen und psychologischen Diagnose in diesem bestimmten Heim lassen. Ich glaubte, daß Dibs schizophren wäre, oder autistisch, wenn nicht geistig zurückgeblieben. Ich glaubte, daß seine Symptome unzweideutig auf einen Gehirnschaden hinwiesen. Der Psychiater bestand auf verschiedenen Interviews mit meinem Mann und mir. Das war das einzige Mal, daß wir vor einem Arzt, den wir wegen Dibs konsultierten, unsere wahre Identität enthüllten. Es war eine entsetzliche Erfahrung. Der Psychiater interviewte uns getrennt und zusammen. Die Fürsorger interviewten uns. Mitleidlos drangen sie in unser persönlichstes und privates Leben ein. Als wir fanden, daß sie ihre Fragen weit über das Erforderliche ausdehnten, erklärten uns die Fürsorger, wir seien feindselig und ablehnend. Sie schienen eine sadistische Freude an ihren gefühllosen, grausamen Belästigungen zu haben.

Dann erklärte uns der Psychiater, daß er im Hinblick auf unsere Vorbildung ganz offen mit uns sein würde. Er sagte, daß Dibs nicht schwachsinnig, psychotisch oder hirngeschädigt sei, daß er jedoch noch nie ein Kind gesehen habe, das so sehr abgelehnt worden und gefühlsmäßig ausgehungert gewesen sei. Er sagte, daß mein Mann und ich es wären, die Hilfe brauchten. Er schlug eine Behandlung für uns beide vor. Es war die entsetzlichste Erfahrung, die wir beide je gemacht hatten. Jeder konnte doch sehen, daß mein Mann und ich unsere Plätze hinreichend ausfüllten. Ein zwangloses Gesellschaftsleben lag uns nie, aber die wenigen Freunde und Berufskollegen, die wir hatten, achteten uns und achteten auch unseren Wunsch, unser persönliches Leben auf unsere Art zu führen. Wir haben niemals persönliche Probleme gehabt, mit denen wir nicht selbst fertig werden konnten.

Wir nahmen Dibs mit zurück nach Hause und kamen zurecht, so gut es eben ging. Aber beinahe scheiterte unsere Ehe daran.

Wir haben diese Sache niemandem gegenüber erwähnt. Wir haben nie mit unseren Familien darüber gesprochen, und auch nie in der Schule. Aber mein Mann blieb immer mehr fort. Dorothy wurde ein Jahr nach Dibs geboren. Ich glaubte, ein weiteres Kind würde ihm vielleicht helfen. Aber sie vertrugen sich nicht. Und doch war Dorothy von Anfang an ein mustergültiges Kind. Sie ist ganz gewiß der Beweis dafür, daß die Schuld nicht bei uns liegt. Dann schickten wir Dibs in die Privatschule, in der Sie ihn das erste Mal gesehen haben.

Ich versichere Ihnen, keiner kann nachfühlen, was für eine schreckliche Qual es ist, ein geistig behindertes Kind zu haben! Der einzige Mensch, zu dem er je Kontakt hatte, ist seine Großmutter. Sie war in seinem ersten Lebensmonat bei uns und besuchte uns dann einmal im Monat drei Jahre lang, bis sie nach Florida zog. Von da an kam sie zweimal im Jahr und blieb jedesmal ungefähr einen Monat. Dibs vergaß sie nie, näherte sich ihr immer, wenn sie kam, und vermißte sie verzweifelt, wenn sie fortfuhr. Und er schien die Tage zu zählen, bis sie wiederkommen würde.

Ich habe für Dibs alles getan, was ich tun konnte. Wir haben ihm alles gegeben, was es für Geld zu kaufen gibt, und haben gehofft, daß es helfen würde. Spielzeug. Musikinstrumente. Spiele. Bücher. In seinem Kinderzimmer hat er alles, von dem wir glaubten, daß es ihn unterhalten, bilden und ihm Spaß machen würde. Und er schien manchmal in seinem Zimmer zu Hause glücklich zu sein. Darum haben wir Dorothy auch in ein Internat hier in der Nähe geschickt. Am Wochenende und in den Ferien kommt sie nach Hause. Ich glaube, daß Dibs glücklicher ist, wenn sie nicht da ist. Und sie ist, glaube ich, glücklicher in der Schule. Sie vertragen sich gar nicht gut. Dibs schlägt nach ihr wie ein wildes Tier, wenn sie in seine Nähe kommt oder sein Zimmer betritt.

In letzter Zeit kommt er mir so unglücklich vor. Und er scheint sich geändert zu haben. Dann, gestern, als mein Mann Dibs nach Hause brachte, war er erregt. Sie waren beide erregt. Er sagte, Dibs plappere wie ein Idiot. Er hat es vor Dibs gesagt.» Sie brach zusammen und schluchzte bitterlich. «Ich habe ihn gefragt, was Dibs denn gesagt hätte, und er sagte, daß Dibs einfach nur wie ein Idiot plappere! Dibs ergriff einen Stuhl und warf ihn um, fegte mit einer Handbewegung ein paar Sachen vom Kaffeetisch und schrie seinen Vater an: ‹Ich hasse dich! Ich hasse dich!› Dann lief er auf ihn zu und trat immer wieder nach ihm. Mein Mann packte Dibs, trug ihn nach einem Kampf schließlich hinauf in sein Zimmer und schloß ihn ein. Als mein Mann wieder herunterkam, weinte ich. Ich konnte nicht dagegen ankämpfen. Ich weiß, daß er keine Szenen mag, und ich weiß, daß er Tränen verabscheut. Aber ich konnte es nicht aushalten. Ich sagte zu ihm: ‹Eben hat Dibs nicht wie ein Idiot dahergeplappert. Er hat gesagt, daß er dich haßt!› Und dann sank mein Mann auf einen Stuhl und weinte tatsächlich auch! Es war schrecklich. Ich habe noch nie einen Mann weinen sehen. Ich hatte geglaubt, daß nichts meinen Mann dazu bringen könnte, auch nur eine Träne zu vergießen. Ich erschrak, hatte plötzlich Angst, denn er schien sich genauso zu fürchten wie ich. Ich glaube, in dem Augenblick waren wir uns näher als je zuvor. Plötzlich waren wir nur noch zwei verängstigte, einsame, unglückliche Menschen und hatten nichts zu unserer Rechtfertigung vorzubringen. Es war entsetzlich – und doch auch eine Erleichterung, zu wissen, daß wir Menschen sein und Fehler machen konnten. Und daß wir diese Fehler dann auch eingestehen konnten. Schließlich rissen wir uns zusammen, und er sagte, daß wir uns vielleicht in Dibs geirrt hätten. Ich sagte, daß ich zu Ihnen gehen und Sie fragen würde, was Sie von Dibs hielten.»

Sie sah mich mit einem Ausdruck von Furcht und Panik in den Augen an. «Sagen Sie es mir. Glauben Sie, daß Dibs schwachsinnig ist?»

«Nein», erwiderte ich und beantwortete nur ihre Frage, «ich glaube nicht, daß Dibs schwachsinnig ist.»

Es entstand eine lange Pause. Sie seufzte tief. «Glauben Sie ... glauben Sie, daß alles gut mit ihm wird und er so werden wird wie andere Kinder?»

«Ich glaube schon. Was aber viel wichtiger ist, ich glaube, daß *Sie* diese Frage viel besser beantworten können als ich, denn Sie leben ja mit ihm zusammen, sprechen mit ihm, spielen mit ihm, beobachten ihn. Ich glaube, daß Sie die Antwort wahrscheinlich sogar jetzt geben könnten.»

Sie nickte langsam. «Ja», sagte sie fast flüsternd, «ich habe an vielen Dingen gemerkt, daß Dibs geistige Gaben besitzt. Er öffnet sich wohl zu Hause jetzt mehr, aber er scheint so unglücklich dabei zu sein. Diese schrecklichen Wutanfälle hat er nicht mehr. Nicht zu Hause und auch nicht in der Schule. Die Szene gestern war kein Wutanfall. Es war sein Protest gegen die Beleidigung, die er in der

Bemerkung seines Vaters gespürt haben muß. Er lutscht auch nicht mehr dauernd am Daumen. Er redet zu Hause immer mehr. Aber mit sich selbst – nicht mit uns. Bis auf diesen Ausbruch gegen seinen Vater. Er ändert sich. Er macht Fortschritte. Ich hoffe nur zu Gott, daß alles gut mit ihm wird», sagte sie inbrünstig.

«Das hoffe ich auch», antwortete ich. Es entstand ein langes Schweigen.

Schließlich nahm sie ihre Puderdose aus der Handtasche und puderte sich das Gesicht. «Ich kann mich nicht erinnern, daß ich einmal so geweint habe.» Sie deutete auf die Schachtel mit Papiertüchern. «Aber Sie scheinen darauf vorbereitet zu sein, wahrscheinlich bin ich wohl nicht die einzige, die sich an Ihrer Schulter ausweint.»

«Nein. Sie haben viel Gesellschaft», sagte ich.

Sie lächelte. Sie und Dibs hatten so viele kleine Eigenarten gemeinsam. «Ich kann Ihnen gar nicht sagen, wie dankbar ich Ihnen bin. Es ist kaum zu glauben, daß schon eine Stunde um ist. Aber ich höre die Glocken. Es ist elf Uhr.»

Ich wäre nicht überrascht gewesen, wenn sie jetzt gesagt hätte, daß sie nicht nach Hause gehen wolle. «Die Zeit scheint einem hier drinnen manchmal zu entgleiten», sagte ich.

«Ja.» Sie stand auf und zog den Mantel an. «Danke für alles», sagte sie und ging.

Ganz gleich, wie oft wir solche Ausbrüche hören (und es geschieht häufig), es zeigt sich immer wieder, wie kompliziert die menschlichen Beweggründe sind. Es gibt keine einzelne Erfahrung oder einzelne Gefühle, die bestimmte Reaktionen auslösen. Die Handlungsweise eines Menschen wird immer von einer ganzen Anzahl von Erlebnissen bestimmt, die mit höchst persönlichen Gefühlen, Zielsetzungen und Wertmaßstäben vermischt sind. Was hatte sie als Einleitung zu ihrer Geschichte gesagt? «Es wäre so viel zu sagen! Und so viel, was man nicht sagen kann! Manche Dinge bleiben besser ungesagt. Aber zu viele ungesagte Dinge können zu einer großen Last werden.»

Sie kannte sehr wohl die Tatsachen, die so schwer auf ihrem

Gewissen lasteten. Wahrscheinlich war sie sich noch mehr der Dinge bewußt, die sie ungesagt lassen wollte, besonders, da sie ständig darauf bedacht war, sie geheimzuhalten. Offenbar hatten sie und ihr Mann schon frühzeitig im Leben gelernt, ihre hohe Intelligenz als Schutzwall aufzurichten, um sich gegen Gefühle abzuschirmen, die sie nicht verstehen und nicht anwenden konnten.

Dibs hatte das auch gelernt. Lies alles, was du siehst, entfalte diese Fähigkeit, wenn du dich Gefühlen gegenüber siehst, die dir unangenehm sind. Weiche jedem Gefühl aus. Es war eine Schutzreaktion.

Seine Mutter und sein Vater litten immer noch unter einem Mangel an Selbsterkenntnis und gefühlsmäßiger Reife. Sie spürten nur zu sehr, wie unfähig sie waren, eine gefühlsmäßige Beziehung zu Dibs – und zweifellos auch zu Dorothy – herzustellen. Sie quälten sich mit ihren Gefühlen der Unzulänglichkeit und Unsicherheit ab.

Als sie mich fragte, ob Dibs schwachsinnig sei, hätte ich ihr mit Nachdruck erklären können, daß dies ganz bestimmt nicht der Fall sei, viel wahrscheinlicher sei er überdurchschnittlich begabt. Und doch, wenn ich zu diesem Zeitpunkt ein solches Urteil abgegeben hätte, hätte es völlig den Zweck verfehlt. Es hätte bei dieser Mutter ein Schuldgefühl verstärken können, das in der Szene zwischen Dibs und seinem Vater und ihren Reaktionen darauf bemerkbar geworden war. Und wenn Dibs' Eltern meine Beurteilung akzeptiert hätten, so hätten sie sich vielleicht hauptsächlich auf seine intellektuellen Gaben konzentriert. Seine Intelligenz war jedoch voll entfaltet. Es war ja gerade die mangelnde Ausgeglichenheit in seiner Gesamtentwicklung, die das Problem geschaffen hatte. Oder vielleicht war es ihnen ganz unbewußt lieber, in Dibs ein geistig behindertes Kind zu sehen als die Verkörperung ihrer eigenen gefühlsmäßigen und sozialen Unzulänglichkeit.

Die Lösung des Problems bestand nicht darin, die Gründe zu erkennen, die hinter ihrem Verhalten lagen – obwohl eine solche verstandesmäßige Erfassung vielfach als Grundlage einer besseren persönlichen Entwicklung betrachtet wird. Viele Leute glauben, daß man sein Verhalten ändern kann, wenn man weiß, *warum* man auf eine bestimmte Art handelt oder fühlt. Ich habe jedoch oft gefunden, daß in einem solchen Falle die wichtigsten Wandlungen im äußeren Verhalten vor sich gehen und sich dann erst allmählich Gefühle und Beweggründe ändern. Ich glaube, diese Art der inneren Wandlung dauert bedeutend länger. Und manchmal scheint dadurch auch eine intensive Beschäftigung mit dem Ich erforderlich zu werden, was die Stellung verfälscht, die der einzelne in seinen Beziehungen zu anderen einnehmen muß – seine Welt wird egozentrischer, selbst wenn seine äußeren Handlungen dem zu widersprechen scheinen.

Was Dibs' Mutter betraf, so schien es mir höchst unwahrscheinlich, daß sie sich der geistigen Gaben ihres Kindes nicht bewußt geworden war – wenigstens bis zu einem gewissen Grade. Aus ihrer gesamten Erfahrung heraus war intellektuelle Leistung allein jedoch keine sehr befriedigende Antwort. Sie hatte dabei versagt, mit Liebe, Achtung und Verständnis auf ihr Kind einzugehen, und wahrscheinlich war ihre eigene gefühlsmäßige Unzulänglichkeit schuld daran. Wer kann einen anderen Menschen lieben, achten und verstehen, wenn er diese grundlegenden Erfahrungen nicht selbst gemacht hat? Meiner Meinung nach würde es ihr mehr helfen, wenn sie bei diesem Interview gemerkt hatte, daß sie geachtet und verstanden wurde. Es machte nichts, wenn dieses Verständnis notwendigerweise mehr allgemeiner Art war und darin bestand, anzuerkennen, daß sie Gründe hatte für das, was sie tat, und fähig war, sich zu wandeln; daß die Wandlungen aus ihr selbst kommen mußten; und daß alle Wandlungen – ihre eigene, die ihres Mannes und die von Dibs – durch viele Einsichten hervorgerufen wurden. Wie hatte sie es formuliert? «Zwei verängstigte, einsame, unglückliche Menschen, und hatten nichts zu unserer Rechtfertigung vorzubringen . . . eine Erleichterung zu wissen, daß wir Menschen sein und Fehler machen konnten. Und daß wir diese Fehler dann auch eingestehen konnten.»

Neuntes Kapitel

Dibs kam am nächsten Donnerstag ganz vergnügt ins Spielzimmer. Seine Mutter hatte angerufen und gefragt, ob er eine Viertelstunde früher kommen könne, da er wegen einiger Impfungen zum Kinderarzt müsse. Ich hatte zugestimmt.

Als Dibs ins Zimmer kam, sagte er: «Heute muß ich zum Doktor zum Impfen. Ich bin bestellt.»

«Ja, ich weiß», antwortete ich. «Du wirst pünktlich dort sein.»

«Ich bin froh, daß ich früher kommen konnte», sagte er und lachte mich an.

«So», erwiderte ich. «Warum?»

«Ich bin froh, weil ich mich froh *fühle*», erklärte er. Das war alles. Er ging zum Puppenhaus. «Also, hier muß ich etwas machen», sagte er.

«Und was ist das?»

«Das», antwortete er und deutete auf das Puppenhaus. «In Ordnung bringen und abschließen. Die Tür absperren! Die Fenster zumachen.» Er ging zum Fenster und sah hinaus. Dann wandte er sich zu mir um. «Die Sonne scheint», sagte er. «Es ist heute sehr, sehr warm draußen. Ich ziehe meine Sachen aus.» Er zog Mantel, Mütze und Gamaschen ohne Hilfe aus und hängte sie an den Türgriff.

«Ich möchte heute sehr gern malen», sagte er.

«Nun, das ist deine Sache.»

«Ja, das ist meine Sache.»

Er ging zur Staffelei. «Ich nehme die Deckel weg und stecke einen Pinsel in jede Farbe. Jetzt stelle ich sie der Reihe nach auf. Rot. Orange. Gelb. Blau. Grün.» Er warf mir einen Blick zu. «Manche Dinge sind meine Sache. Andere nicht», sagte er lebhaft.

«Ja, ich glaube, das ist wahr.»

«Es *ist* wahr», sagte er nachdrücklich. Er ordnete die Farben weiter nach der Farbskala um. Dann begann er, Farbstriche auf das Papier zu machen. «Huh! Die Farbe läuft aber», sagte er. «Buntstifte laufen gar nicht», fügte er hinzu. «Sie bleiben da, wo man sie hintut. Aber Farben? Nein. Sie laufen. Jetzt male ich einen Fleck Orange. Sehen Sie, wie es läuft? Jetzt einen Streifen Grün. Und es tropft hinunter. Wenn es hinuntertropft, wische ich es ab.»

Er tippte mit den Fingern an die Spiegelwand. «Das ist das Zimmer von jemand anders da drinnen», sagte er. «Sonst haben Leute in dem dunklen Zimmer gesessen, aber heute nicht.»

Ich war überrascht von dieser unerwarteten Ankündigung. «Glaubst du?» fragte ich.

«Ich *weiß* es», sagte er. «Ich habe Geräusche und Flüstern gehört.»

Diese kleine Begebenheit zeigt, wie sehr sich Kinder der Dinge um sie herum bewußt sind, wenn sie auch im Augenblick nichts darüber sagen – und das gilt für Dibs und alle Kinder. Auch für uns. Wir sprechen nicht über alles, was wir hören, sehen, denken und vermuten. Wahrscheinlich teilen wir anderen nur einen sehr geringen Prozentsatz unserer eigenen Erfahrungen mit.

«Haben Sie es auch gewußt?» fragte er mich.

«Ja», erwiderte ich.

Er wandte sich wieder der Staffelei zu und malte neue Farbstreifen auf das Papier. «Das sind Streifen und Striche von meinen Gedanken», sagte er.

«Wirklich?»

«Ja. Und jetzt hole ich die Krieger heraus. Besonders den einen Krieger.»

Auf dem Weg von der Staffelei zur Sandkiste blieb er bei mir stehen und betrachtete meine Notizen. Ich hatte die Namen der Farben, die er verwendet hatte, abgekürzt und nur schnell den ersten Buchstaben jedes Wortes hingeschrieben. Dibs studierte meine Notizen, die nur eine Aufzeichnung seiner Tätigkeiten waren, nicht seiner Worte. Diese wurden von den schweigsamen Beobachtern festgehalten, die das Tonband bedienten.

«Ach, schreiben Sie es doch aus», meinte Dibs. «R ist für Rot. Rot schreibt man R-O-T. O ist für Orange. O-R-A-N-G-E. G ist für Gelb. G-E-L-B.» Auf diese Weise buchstabierte er sie alle.

«Weil du alle Namen der Farben buchstabieren kannst, meinst du, daß ich es auch tun soll?» fragte ich ihn. «Findest du nicht, daß ich sie abkürzen kann, wenn mir danach zumute ist?»

«Hmmm?» sagte er. «Nein. Tun Sie ihnen das nicht an. Immer alles genau machen. Schreiben Sie es aus. Machen Sie es richtig.»

«Warum?» fragte ich ihn.

Dibs sah mich an. Er lächelte. «Weil ich es sage», antwortete er.

«Ist das Grund genug?» fragte ich.

«Ja», sagte Dibs. «Wenn Sie es nicht lieber so machen, wie Sie wollen.» Er lachte. Er ging zum Tisch, nahm einen Klumpen Ton aus der Schüssel, warf ihn in die Luft, fing ihn auf und legte ihn wieder zurück. Auf dem Boden neben dem Papierkorb lag ein kleines Bild. Er hob es auf und betrachtete es. «Das möchte ich gerne haben. Ich möchte es ausschneiden – die kleinen Figuren hier. Wo ist die Schere?»

Ich gab ihm eine Schere, und er schnitt das Bild aus. Dann ging er zum Puppenhaus. «Heute habe ich etwas zu tun», verkündete er.

«Wirklich?»

«Ja.» Er entfernte sehr sorgfältig alle Zimmerwände aus dem Puppenhaus und trug sie zur Sandkiste. Dann nahm er eine Schaufel, grub ein tiefes Loch in den Sand und begrub die Wände. Dann ging er zurück zum Puppenhaus, stemmte mit einer massiven Metallschaufel die Tür heraus und begrub sie ebenfalls im Sand. Er arbeitete flink, geschickt, schweigend und eifrig. Als er mit seiner Aufgabe fertig war, sah er mich an. «Ich habe die Wände weggetan. Und die Tür», sagte er.

«Ja, das sehe ich.»

Dann nahm er die vordere Wand des Puppenhauses ab, das jetzt eine Türöffnung, aber keine Tür hatte, und versuchte, sie im Sand aufzustellen. Schließlich gelang es ihm. Er suchte sich ein kleines Auto aus und schob es im Sand herum. Er hockte auf dem Rand der Sandkiste und beugte sich in einer anscheinend unbeholfenen, unbequemen Stellung nach vorn. Er betrachtete sich die Situation.

«Ich muß ganz in die Sandkiste steigen», sagte er. Er krabbelte in die Sandkiste, setzte sich mitten hinein, sah mich an und lachte. «Heute bin ich in den Sand hineingeklettert. Nach und nach bin ich hineingeklettert. Vorletztes Mal ein bißchen und letztes Mal ein bißchen und jetzt ganz.»

«Ja», erwiderte ich. «Und heute bist du nun ganz drinnen.»

«Der Sand kommt mir in die Schuhe», bemerkte er. «Darum ziehe ich die Schuhe aus.» Er zog einen Schuh aus. Er steckte einen Fuß in den Sand. Dann drehte er sich um und legte sich mit dem Gesicht nach unten in den Sand, rieb die Wangen daran, steckte die Zunge heraus und kostete ihn. Er ließ den Sand zwischen den Zähnen knirschen und sah zu mir auf.

«Komisch, der Sand ist sandig und scharf und schmeckt nach gar nichts», sagte er. «Schmeckt Nichts so?» Er nahm eine Handvoll Sand und ließ ihn auf seinen Kopf rieseln, dann rieb er sich den Sand ins Haar. Er lachte. Plötzlich streckte er einen Fuß in die Luft. «Schauen Sie», rief er. «Ich hab'n Loch im Strumpf. Ich hab'n Strumpf mit 'nem Loch an einem Fuß!»

«Das sehe ich», bemerkte ich.

Er streckte sich der Länge nach in der Sandkiste aus. Er rollte sich herum. Er wühlte sich in den Sand und scheffelte ihn mit den Händen auf sich herauf. Seine Bewegungen waren zwanglos, frei, entspannt. «Geben Sie mir die Babyflasche», befahl er. «Ich tue so, als ob das mein kleines Gitterbett ist», sagte er. «Ich rolle mich zusammen wie ein Ball und tue so, als ob ich wieder ein Baby bin.» Er tat es und saugte dabei zufrieden an der Flasche. Plötzlich setzte er sich auf und lachte mich an.

«Ich singe es Ihnen vor», verkündete er. «Ich dichte ein Lied und singe es nur für Sie. Okay?»

«Okay», erwiderte ich.

Er saß mit gekreuzten Beinen da. «Ich denke nach», sagte er.

«Gut. Denke nach, wenn du gerne willst», antwortete ich.

Er lachte. «Ich denke mir die Worte beim Singen aus.»

«Gut.»

Er holte tief Atem. Dann begann er zu singen. Er schien sich auch die Melodie auszudenken. Seine Stimme war rein und wohlklingend. Die Melodie stellte einen Kontrast zu den Worten dar, die er sich ausdachte. Seine Hände waren gefaltet, sein Ausdruck war ernsthaft, er sah aus wie ein kleiner Chorknabe. Die Worte jedoch paßten nicht zu einem Chorknaben.

«Oh, ich hasse – hasse – hasse», sang er. «Ich hasse die Wände und die Türen, die man abschließen kann, und die Leute, die einen hineinstoßen. Ich hasse die Tränen und die bösen Worte, und ich töte sie alle mit meinem kleinen Beil und mache ihre Knochen kaputt und spucke sie an.» Er faßte in den Sand, ergriff einen Soldaten, schlug mit dem Gummibeil auf ihn ein und spuckte ihn an. «Ich spucke dir ins Gesicht. Ich spucke dir ins Auge. Ich stecke deinen Kopf tief in den Sand», sang er. Seine Stimme erklang rein und klar. «Und die Vögel fliegen von Osten nach Westen und ein Vogel möchte ich sein. Dann fliege ich über die Mauer, aus der Tür heraus, fort, fort, fort von allen meinen Feinden. Ich fliege und fliege um die ganze Welt und komme zurück zum Sand, zum Spielzimmer und zu meiner Freundin. Ich grabe im Sand. Ich vergrabe im Sand. Ich werfe den Sand. Ich spiele im Sand. Ich zähle alle Sandkörner und bin wieder ein Baby.»

Er saugte wieder an der Flasche. Dann lachte er mich an.

«Wie hat Ihnen mein Lied gefallen?» fragte er.

«Das war wirklich ein besonderes Lied», antwortete ich.

«Ja», sagte er, «wirklich ein besonderes Lied.» Er kletterte aus der Sandkiste, kam zu mir herüber und sah auf meine Uhr. «Noch zehn Minuten», meinte er und hielt zehn Finger hoch.

«Ja. Noch zehn Minuten.»

«*Sie* glauben, daß es noch zehn Minuten sind, und dann ist es Zeit, nach Hause zu gehen.»

«Ja. Das glaube *ich*. Und was glaubst *du*?»

«Aha!» rief er aus. «Wollen Sie es wissen? Also, ich glaube, daß es bald Zeit ist zu gehen. Ich hole noch die anderen Krieger heraus. Die beiden haben Gewehre. Und das Flugzeug hier. Wie ein

Vogel. Flugzeug, flieg. Oh, Flugzeug, voll mit Sand. Flieg herum. Flieg herum. Flieg hinauf zum Himmel!» Er lief im Spielzimmer herum, hielt das Flugzeug hoch und bewegte sich mit Anmut und Rhythmus. «Oh, Flugzeug, sag es mir. Wie hoch kannst du fliegen? Kannst du zum blauen, blauen Himmel hinauffliegen? Kannst du über den Himmel hinausfliegen? Zu den Wolken und Winden, die den Regen so hoch dort oben festhalten? Kannst du fliegen? Sag mir, schönes Flugzeug, kannst du fliegen? Oh, Flugzeug ...» Abrupt hielt er inne. Er lauschte angespannt. Er ließ das Flugzeug in den Sand fallen. Plötzlich schien ihn alle Freude und Überschwenglichkeit verlassen zu haben.

«Da ist Dorothy», sagte er. Er ging zur Sandkiste, kletterte hinein und grub mit seiner Schaufel Tür und Wände des Puppenhauses aus. «Die können noch nicht vergraben werden.» Er sah mich an, vor Kummer waren seine Lippen gespannt, seine Stirn in Falten gelegt.

«Jetzt noch neun Minuten?» fragte er mich, und seine Stimme klang vor Traurigkeit entmutigt.

«Nein. Nur noch fünf Minuten», erklärte ich ihm.

«Oh?» sagte Dibs und hielt fünf Finger hoch. «Wo sind die anderen vier hingekommen?»

«Du hast nicht geglaubt, daß dir schon vier Minuten vergangen sind?»

«Es ist bald Zeit, nach Hause zu gehen», sagte Dibs. «Auch wenn ich nicht nach Hause gehen möchte. Auch dann kommt die Zeit, die uns sagt, daß die Stunde zu Ende ist.»

«Ja, auch dann geht die Zeit zu Ende.»

Man hörte einen Lastwagen abfahren.

«Da fährt unser Lastwagen», sagte Dibs. «Haben Sie es gehört?»

«Ich habe es gehört.»

«Es ist auch Zeit für den Lastwagen, nach Hause zu fahren.»

«Ja, das kann schon stimmen.»

«Der Lastwagen will vielleicht auch nicht nach Hause fahren.»

«Das ist möglich.»

«Wieviel Minuten sind noch?»

«Drei Minuten.»

Dibs hielt die Tür des Puppenhauses in der Hand und betrachtete sie. «Ich muß die wieder am Puppenhaus festmachen und alle Fenster absperren», sagte er. «Wo ist der Hammer, damit ich die Tür annageln kann?»

«Es ist jetzt keiner hier», antwortete ich. «Leg sie auf das Regal – oder ins Puppenhaus, wenn du willst. Der Hausmeister wird sie später anmachen.»

Dibs legte sie erst auf den Tisch, änderte dann seine Meinung und legte sie ins Puppenhaus. Er schloß die Fenster des Puppenhauses.

«Helfen Sie mir mit dem Schuh», sagte er, reichte mir den Schuh und setzte sich auf einen kleinen Stuhl, während ich ihm den Schuh anzog. «Helfen Sie mir mit Mütze und Mantel.» Er war plötzlich sehr hilflos. Ich half ihm.

«Die Leute sind alle in dem Haus und schlafen», sagte er. «Und draußen ist eine Frühlingsnacht. Dunkel und Zeit zum Schlafen, und sie schlafen und sagen, daß sie immer weiter schlafen wollen, hier, wo es manchmal warm ist und manchmal kalt, aber immer sicher. Schlafen und warten. Und machen eine andere Tür an ihr Haus. Eine Tür, die nach innen und nach außen aufgeht. Eine Tür, die immer aufschwingt, wenn man an sie herankommt. Kein Schloß. Kein Schlüssel. Kein Türenschmeißen. Und jetzt sage ich auf Wiedersehen», fügte er hinzu. Er stand vor mir und sah ernsthaft zu mir auf. «Vergessen Sie es nicht, ich komme bald wieder!»

«Ja», sagte ich. «Du wirst bald wiederkommen. Ich werde es nicht vergessen.»

Dibs bemerkte ein kleines ausgeschnittenes Tier im Papierkorb. «Ich möchte das haben», erklärte er und nahm es heraus. «Darf ich?»

«Ja», antwortete ich.

Dibs steckte es in die Tasche. «Sagen Sie: ‹Ja, Dibs, du darfst es mit nach Hause nehmen. Wenn *du*, Dibs, es willst, dann ist es gut.›»

«Ja, Dibs, du darfst es mit nach Hause nehmen», sprach ich ihm nach. «Wenn *du*, Dibs, es willst, dann ist es gut.»

Dibs lächelte. Er tätschelte meine Hand. «So ist es *gut*», sagte er. Er öffnete die Tür, machte einen Schritt hinaus auf den Gang, kam zurück und sah auf meine Armbanduhr. Er warf die Tür mit einem Knall zu. «Nein», sagte er, «es ist noch nicht Zeit. Der Zeiger ist auf Viertel vor vier. Ich warte, bis die Kirchenglocken läuten.»

«Du bist heute früher gekommen, daher gehst du auch früher», sagte ich. «Du bist eine volle Stunde hier gewesen.»

Dibs sah mich eine Minute lang unverwandt an. «Ich bin früher gekommen, aber ich gehe zur gleichen Zeit wie immer», erklärte er.

«Nein. Du gehst heute auch früher», sagte ich.

«Nein, ich komme früher, aber ich gehe nicht früher.»

«O doch. Denn heute gehst du zum Arzt, weißt du noch?»

«Daß ich es weiß, hat nichts damit zu tun», entgegnete er.

«Du willst eben einfach jetzt nicht gehen», sagte ich. «Aber . . .»

«Das stimmt», unterbrach mich Dibs. Er warf mir einen langen, wohlüberlegten Blick zu.

«Aber du bist nicht ganz sicher?» fragte ich.

Dibs seufzte. «Ich glaube doch. Okay! Ich gehe jetzt. Und ich hoffe, daß der Doktor seine Nadel in Dorothy hineinsteckt und ihr so weh tut, daß sie immer mehr schreit. Und ich lache heimlich und freue mich, daß es ihr weh tut. Und ich tue so, als ob es mir überhaupt nichts ausmacht. Auf Wiedersehen. Bis nächsten Donnerstag.»

Dibs ging den Gang hinunter und ins Wartezimmer, wo seine Mutter und Dorothy auf ihn warteten. Er übersah seine Schwester, ergriff die Hand seiner Mutter und verließ wortlos die Beratungsstelle.

Zehntes Kapitel

Als Dibs in der nächsten Woche kam, ging er frohen und leichten Schrittes zum Spielzimmer. An der Tür hielt er inne und drehte das kleine Schild um. «Bitte nicht stören», sagte er.

Er betrat das Zimmer, nahm die Mütze ab, zog den Mantel aus und hängte beides an die Türklinke. Dann setzte er sich auf den Rand der Sandkiste und zog die Schuhe aus. Er stellte sie auf den Boden neben seinen Mantel. Danach sammelte er die vier Pistolen ein, die im Raum verstreut lagen, und brachte alles ins Kasperletheater. Als er wieder herauskam, hob er ein Flugzeug mit zerbrochenem Propeller auf. Er setzte sich an den Tisch und reparierte das Flugzeug ruhig und geschickt.

Dann holte er sich die Schachtel mit den Haustieren, sah die Figuren durch und bezeichnete die Tiere dabei. Er ging zur Sandkiste, kletterte hinein und untersuchte das kleine Haus, das dort lag. «Wissen Sie, ich habe genauso ein kleines Haus in einem Eisenwarengeschäft in der Lexington Avenue gesehen», erklärte er.

«Wirklich?»

«Ja. Es war genauso wie das hier. Dieselbe Größe. Dieselbe Farbe. Aus Metall. Zwei Dollar und achtundneunzig Cents. Das war der Preis.» Er drehte das Haus um. «Sie werden in lauter flachen Teilen in einer Schachtel verkauft. Dann setzt man sie zusammen. Es war genau wie das hier.» Er klopfte mit den Fingern an das Metall. «Es ist dünnes Metall», stellte er fest.

Er blickte auf die Heizung. «Es ist heute warm hier. Ich drehe die Heizung ab.» Er beugte sich vor und drehte die Heizung ab.

«Es gab viele Spielsachen in dem Eisenwarengeschäft», sagte er. «Ein kleiner Lastwagen war ganz ähnlich wie dieser.» Er hielt einen Lastwagen hoch, damit ich ihn sehen konnte. «Ein Kippwagen mit einem kleinen Hebel, mit dem man ihn hochdrehen kann, damit er den Sand hinauskippt.»

«Ein Lastwagen wie dieser?»

Aus irgendeinem Grund schien Dibs ein Hinhaltemanöver auszuführen. Aber er war ganz ungezwungen. «Fast genauso. Aber nicht ganz genau. Er war fast gleich groß. Und er funktionierte wie der hier. Aber er war nicht in derselben Farbe angestrichen – und auf der einen Seite stand ein Name drauf. Er war aus schwererem Metall. Der im Laden kostete einen Dollar und fünfundsiebzig Cents.»

Er füllte den kleinen Lastwagen mit Sand, kurbelte die Tragfläche hoch, kippte den Sand aus und kurbelte die Tragfläche wieder hinunter. Das wiederholte er verschiedene Male. Dabei bildete sich vor ihm ein Sandhügel. «Das wird ein Hügel, auf den ich klettern kann», sagte er. «Ich könnte spielen, daß die Männer miteinander kämpfen.»

Er sprang aus der Sandkiste, lief durch das Zimmer und holte die Trommel. Er setzte sich auf den Rand der Sandkiste und schlug mit den Trommelschlegeln auf die Trommel. «Komische, komische Trommel», sagte er. «Oh, Trommel, voll von Tönen. Langsame Töne. Schnelle Töne. Weiche Töne. Harte Töne. Töne zum Marschieren. Töne zum Laufen. Gleichmäßige Töne. Schlag – schlag – schlag macht die Trommel. Kämpfe – kämpfe – kämpfe sagt die Trommel. Komm – komm – komm sagt die Trommel. Folg mir, folg mir, folg mir.» Er stellte die Trommel sorgfältig auf den Rand der Sandkiste, kletterte wieder in den Sand hinein und begann, einen Hügel zu bauen.

«Jetzt fange ich an zu arbeiten», sagte er. «Ich will einen hohen Berg bauen. Einen hohen, hohen Berg. Und die Soldaten kämpfen alle, weil sie auf den Gipfel des Berges hinaufwollen. *So* gerne wollen sie auf den Berg hinauf.» Schnell baute er seinen Berg, wählte ein paar Soldaten aus und stellte sie an verschiedenen Stellen so auf, daß sie den Berg hinaufzuklettern schienen.

«Sie scheinen wirklich auf diesen Berg hinaufzuwollen, nicht wahr?» sagte ich.

«Ja, das wollen sie.»

Er suchte alle Soldaten zusammen, die er finden konnte, und

stellte sie rund um den Berg auf. «Ich nehme immer noch mehr Soldaten», sagte er. «Sie sollen versuchen, auf diesen Berg zu kommen, oben auf die höchste Spitze hinauf. Sie wissen, was ganz oben auf dem Berg ist, wenn sie hinaufkommen können. Und sie wollen so gerne bis nach oben kommen.»

Er sah mich an. Seine Augen glänzten. «Wissen Sie, was oben auf diesem Berg ist?»

«Nein. Was denn?» fragte ich.

Dibs lachte wissend, behielt jedoch seine Gedanken für sich. Er schob jeden einzelnen Soldaten langsam ein kleines Stückchen auf den Gipfel zu. Aber nachdem er alle Soldaten kaum einen Zentimeter auf das Ziel zugeschoben hatte, ließ er noch mehr Sand auf den Berg rieseln und machte ihn etwas höher. Dann drehte er alle Soldaten um und brachte sie langsam, einen nach dem anderen, wieder zurück nach unten. Einen nach dem anderen ließ er sie in das kleine Metallhaus marschieren, das in der Sandkiste stand.

«Sie konnten heute nicht bis nach oben kommen», sagte er. «Sie gehen alle zurück in ihr Haus. Sie drehen sich um und winken. Traurig winken sie. Sie wollten oben auf diesen Berg hinauf. Aber keiner hat es geschafft.»

«Und sie sind traurig, nicht wahr, weil sie nicht tun konnten, was sie sich vorgenommen hatten?» bemerkte ich.

«Ja», seufzte Dibs. «Sie wollten es. Und sie haben es versucht. Aber es ist keiner bis zum Gipfel gekommen. Sie haben aber ihren Berg gefunden. Und sie sind hinaufgeklettert. Hinauf, immer höher. Ein großes Stück! Und eine Zeitlang haben sie *geglaubt,* daß sie es bis nach oben schaffen. Und solange sie das *glaubten,* waren sie glücklich.»

«Schon durch den Versuch wurden sie glücklich?» fragte ich.

«Ja», antwortete Dibs. «So ist es mit Bergen. Sind Sie schon mal auf einen Berg gestiegen?»

«Ja, und du, Dibs?»

«Ja. Einmal. Aber ich bin nicht bis nach oben gekommen», fügte er wehmütig hinzu. «Aber ich hab' unten gestanden und hinaufgeschaut.»

«Ich finde, jedes Kind sollte einen eigenen Berg haben, auf den es klettern kann. Und jedes Kind sollte einen Stern am Himmel haben, der ihm ganz allein gehört. Und ich finde, jedes Kind sollte einen Baum haben, der ihm gehört. So sollte es sein, das finde ich wenigstens», fügte er hinzu, sah mich an und nickte dabei voller Nachdruck.

«Diese Dinge scheinen wichtig für dich zu sein, nicht wahr?» fragte ich.

«Ja», antwortete er. «Sehr wichtig.»

Er nahm die Metallschaufel und grub schweigend und eifrig ein tiefes Loch in den Sand. Dann bemerkte ich, daß er einen Soldaten herausgegriffen und beiseite gelegt hatte. Als die Grube fertig war, legte er den Soldaten sorgfältig hinein und schaufelte Sand darauf. Als das Grab aufgefüllt war, schlug er mit der Rückseite seiner Schaufel darauf. «Der ist gerade beerdigt worden», verkündigte er. «Der hier hat nicht einmal versuchen können, auf den Berg zu steigen. Und natürlich ist er nicht bis nach oben gekommen. Er wollte es schon. Er wollte bei den anderen sein. Er wollte auch hoffen. Er wollte es auch versuchen. Aber er hat keine Gelegenheit bekommen. Er wurde beerdigt.»

«Also dieser hier ist beerdigt worden», bemerkte ich. «Er hat keine Gelegenheit bekommen, auf den Berg zu steigen. Und er ist nicht auf den Gipfel gekommen.»

«Er ist beerdigt worden», erklärte Dibs und lehnte sich dabei zu mir hinüber. «Und er ist nicht nur beerdigt worden, ich will auch noch einen großen, hohen, mächtigen Berg auf das Grab bauen. Er wird nie, nie, nie aus dem Grab herauskommen. Er wird nie, nie, nie mehr auf einen Berg steigen können!» Er scharrte den Sand mit weit ausholenden Handbewegungen zusammen und baute einen Berg über dem Grab – dem Grab des beerdigten Spielsoldaten. Als der Berg fertig war, wischte er den Sand von den Händen, setzte sich mit gekreuzten Beinen hin und betrachtete ihn. «Das war Papa», sagte er ruhig und kletterte aus der Sandkiste.

«Es war Papa, der unter dem Berg begraben wurde?»

«Ja», erwiderte Dibs. «Es war Papa.»

Das Glockenspiel der Kirche ertönte. Dibs zählte die Schläge, als sie die Stunden anzeigten. «Eins. Zwei. Drei. Vier. Vier Uhr», sagte er. «Ich habe eine Uhr zu Hause und kenne die Uhr.»

«So? Du kennst auch die Uhr?»

«Ja», antwortete er. «Und es gibt viele verschiedene Uhren. Manche zieht man auf. Manche sind elektrisch. Manche haben einen Wecker. Manche haben eine Spieluhr.»

«Und was hast du für eine?» fragte ich.

Dibs schien sich durch dieses intellektuelle Gespräch von «Papas» Beerdigung zurückzuziehen. Ich würde ihm folgen. Er würde Zeit brauchen, um sich durch diese Gefühle für seinen Vater hindurchzuarbeiten. Wenn er den Eindruck hatte, daß ihm die Sache über den Kopf wuchs, wenn er ein wenig Angst vor dem empfand, was er gerade gespielt hatte, wenn er in einem Gespräch über Gegenstände – so wie Uhren – eine sichere Zuflucht suchte, so würde ich ihn nicht zu einer Sondierung seiner Gefühle drängen. Er hatte seine Gefühle während des Spiels bereits mehrmals sehr prägnant ausgedrückt.

«Meine ist eine Weckeruhr, die auch eine Spieluhr ist», sagte er. «Ich ziehe sie auf. Ich habe auch eine Armbanduhr. Und ein Radio mit Uhr.»

Er griff nach der Trommel und schlug sie langsam. «Ich schlage die Trommel für Papa.»

«Diese langsamen Trommelschläge sind also für Papa?» bemerkte ich.

«Ja», sagte Dibs.

«Was sagt die Trommel jetzt?»

Dibs schlug die Trommel, langsam und bedächtig. «Schlaf. Schlaf. Schlaf», sagte er. «Schlaf. Schlaf. Schlaf. Schlaf. SCHLAF SCHLAF SCHLAF SCHLAF SCHLAF SCHLAF SCHLAF!» Während er jeden Buchstaben rief, beschleunigte er allmählich das Tempo. Er schloß mit einem Trommelwirbel.

Dibs saß mit gesenktem Kopf da. Die Trommel schwieg. Dann stand er auf, stellte die Trommel ruhig in das Kasperletheater und schloß die Tür. «Ich stell' dich hier hinein, Trommel», sagte er.

«Stell' die Trommel hier in den Wandschrank und mach' die Tür zu.» Er ging zurück zur Sandkiste, blieb dort stehen und sah hinunter auf das von dem Berg bedeckte Grab.

Dann ging er in das Kasperletheater und schloß die Tür hinter sich. In diesem dreieckigen Theater befand sich ein kleines Fenster, das auf den Parkplatz hinausging. Von diesem Fenster konnte Dibs die Rückseite der Kirche sehen. Ich konnte Dibs nicht sehen, aber ich hörte ihn deutlich sprechen.

«Da ist die hintere Seite der Kirche», sagte er. «Die große, große Kirche. Die Kirche, die bis zum Himmel hinaufgeht. Die Kirche, die Musik macht. Die Kirche, die schlägt – eins, zwei, drei, vier, wenn es vier Uhr ist. Eine große Kirche, mit lauter Büschen rundherum. Und in die die Leute gehen.» Es gab eine lange Pause. Dann fuhr er fort: «Und Himmel. Soviel Himmel da hoch oben. Und ein Vogel. Ein Flugzeug. Und Rauch.» Es gab wieder eine lange Pause. «Und Dibs, der an einem kleinen Fenster steht und auf alles das Große hinausschaut.»

«Es sieht für dich von dort wie eine sehr große Welt aus.»

«Stimmt», sagte er leise. «Größe. Nur Größe!»

«Alles scheint so sehr, sehr groß.»

Dibs kam aus dem Kasperletheater heraus. «Aber nicht Dibs.» Er seufzte. «Dibs ist nicht so groß wie eine Kirche.»

«Alles ist so groß, daß Dibs sich klein vorkommt?»

Dibs kletterte wieder in die Sandkiste. «Hier drin bin ich groß», sagte er. «Ich mach' den Berg wieder fort. Ich mache ihn glatt.» Das tat er. Er ließ den Sand durch seine Finger laufen. «Oh, flachgewordener Hügel», sagte er. «Oh, flachgewordener Berg!»

Er sah mich an und lächelte. «Wir sind zum Schuster gegangen und haben Papas Schuhe abgeholt», erzählte er. «Wir sind die Lexington Avenue hinuntergefahren. Dann die Zweiundsiebzigste Straße. Dort waren Busse und Taxis, und in der Third Avenue waren Geleise über der Straße. Wir hätten mit dem Bus fahren können. Wir hätten mit dem Taxi fahren können. Wir hätten zu Fuß gehen können. Aber das haben wir nicht getan. Wir sind mit unserem eigenen Wagen gefahren.»

«Ihr hättet auf verschiedene andere Arten hinkommen können, aber ihr seid in eurem Wagen gefahren?»

Dibs lehnte sich näher zu mir heran. Seine Augen zwinkerten. «Aber, Sie dürfen doch nicht vergessen», tadelte er freundlich. «Wir haben *Papas* Schuhe abgeholt.»

«Ach ja», sagte ich, «ich darf nicht vergessen, daß ihr Papas Schuhe abgeholt habt.»

«Der Schuster hat sie gerichtet.»

«Sie sind geflickt worden?»

«Gerichtet und geflickt», antwortete Dibs. «Sogar repariert.»

«Nun, Dibs», sagte ich, «jetzt ist es Zeit zu gehen.»

«Es ist Zeit zu gehen», stimmte Dibs zu. Er stand auf. «Schon vor fünf Minuten.»

Dibs hatte nur zu recht. Ich hatte seinen Bericht über das Abholen von «Papas» Schuhen nicht durch die Ankündigung der Zeit unterbrechen wollen. «Ja, du hast recht», sagte ich. «Es ist fünf Minuten über die Zeit.»

Dibs holte Mantel und Mütze aus dem Kasperletheater. «Das ist ein komischer Wandschrank», sagte er, als er herauskam, und zog sich an. «Ein komischer Wandschrank mit einem Loch in der Tür und einem Fenster.» Er ging und holte seine Schuhe. «Das sind neue Schuhe.» Er setzte sich hin und zog sie ohne Hilfe an. Bevor er seine Schuhe anzog, streckte er mir beide Füße entgegen. «Sehen Sie? Auch neue Strümpfe. Keine Löcher. Mutter hat sich geschämt beim Doktor.» Er lachte. Er band die Schuhbänder ordentlich und fest zu. Dann stand er auf. Beim Hinausgehen blieb er stehen und drehte das kleine Schild um. «Sie können stören», sagte er. «Wir sind fort.»

Elftes Kapitel

Als Dibs am nächsten Donnerstag wiederkam, betrat er das Spielzimmer lebhaft. Er zog den Mantel aus, nahm die Mütze ab und schleuderte beides auf einen Stuhl. «Miß A's Büro hat Nummer zwölf», verkündete er. «Und dieses Zimmer hat Nummer siebzehn. Und dieser Stuhl hat auch hinten eine Nummer. Nummer dreizehn. Sehen Sie es?» Er drehte den Stuhl schnell um und tippte mit dem Finger auf die Zahl.

«Das stimmt», sagte ich. Manchmal schien er ein Pedant zu sein.

Er ging zum Schrank und holte die Schachtel heraus, in der sich die Einzelteile für ein Spielzeugdorf befanden. Er setzte sich auf den Boden und sah die kleinen Häuser, Läden, Fabriken, Kirchen und anderen Gebäude durch. Es gab winzige Bäume, die man im ganzen Dorf verteilen konnte. Dibs war völlig vertieft. «Das ist ein Spielzeugdorf», sagte er. «Sehen wir mal, was es hier gibt. Kirchen. Häuser. Bäume. Ich will ein Dorf damit bauen», erklärte er. «Hier sind zwei Kirchen. Ich beginne mit den Kirchen. Die hohe Kirche soll in der Mitte meines Dorfes sein. Und die kleine Kirche stelle ich hierhin. Dann suche ich die Häuser aus und stelle sie in geraden Reihen in Straßen auf. Es soll eine kleine Stadt werden, daher kann mehr Platz um die Häuser sein. Und kleine Städte und Dörfer haben immer Kirchen. Sehen Sie den Glockenturm auf der Kirche? Das wird eine ganze Welt von Häusern.»

Er legte sich auf den Boden, eine Wange an das Linoleum gepreßt. Er stellte ein paar Gebäude um. «Ich habe diese kleine Stadt gemacht», sagte er. «Ich habe eine ganze Welt von Häusern aufgebaut. Ich habe die Bäume darum herumgepflanzt. Ich hab' mir den Himmel ausgedacht und den Regen und den leichten Wind. Ich hab' die Jahreszeiten erfunden. Und jetzt soll Frühling sein. Die Bäume bekommen Blätter. Es ist nett und schön und gemütlich in dieser ruhigen kleinen Stadt. Da gehen Leute auf der Straße. Die Bäume wachsen still am Weg. Die Bäume sind verschieden. Die Bäume haben verschiedene Rinde an ihren Stämmen.»

Er rollte sich herum und sah mich an.

«Fragen Sie mich, ob ich noch mehr Häuser habe», sagte er.

«Hast du noch mehr Häuser?»

«Ich habe alle Häuser verbraucht. Es sind keine mehr übrig.» Er stellte noch mehr Bäume um das Dorf herum auf. «Dieser Baum hat grüne Spitzen», sagte er. «Er steht da und zeigt weit hinauf in den Himmel. Er flüstert Geheimnisse, wenn der Wind hindurchgeht. ‹Erzähl mir, wo du gewesen bist›, fragt der Baum den Wind. ‹Erzähl mir, was du gesehen hast. Ich habe Wurzeln, die mich an die Erde fesseln, und ich muß immer hier stehenbleiben.› Und der Wind flüstert zurück: ‹Ich bleibe nie irgendwo. Ich blase immer weit fort. Weit fort.› Und der Baum ruft: ‹Ich will mit dir gehen. Ich will nicht hier stehen, allein und traurig. Ich will mit dir gehen. Du scheinst so glücklich zu sein.›»

Dibs stand auf und ging zum Tisch. Er nahm ein Puzzlespiel, das dort liegengeblieben war. Er hockte sich zu meinen Füßen auf den Boden und setzte schnell die Teile zusammen. «Es ist Tom, Tom, Tom des Pfeifers Sohn», sagte er. «Wir haben ein Lied darüber in der Schule. Ich sing' es Ihnen vor.» Dibs sang das Lied, Text und Melodie waren richtig. «Ende», erklärte er, als er fertig war.

«Das hast du in der Schule gelernt, nicht wahr?»

«Ja. Miß Jane ist meine Lehrerin. Miß Jane ist eine erwachsene Frau. Miß A ist eine erwachsene Frau. Es gibt Erwachsene und Erwachsene.»

«Die Erwachsenen scheinen nicht alle gleich zu sein, nicht wahr?» fragte ich.

«Nein, gar nicht», sagte Dibs nachdrücklich.

«Kennst du noch mehr Erwachsene?» fragte ich.

«Natürlich», antwortete Dibs. «Da ist Hedda. Und noch ein paar andere in der Schule. Und dann Jake, unser Gärtner. Und Millie, die für uns wäscht. Jake hat einen von den großen Bäumen in unserem Hof zu Hause geschnitten. Es war der Baum vor meinem Fenster, und er war so nahe, daß ich ihn berühren konnte, wenn ich hinauslangte. Aber Papa wollte, daß er geschnitten wird. Er sagte, daß er immer an das Haus streift. Und ich hab' zugesehen, wie Jake auf den Baum geklettert ist und die Äste abgesägt hat. Ich hab' mein Fenster aufgemacht und ihm gesagt, daß der Baum mein Freund ist und daß ich den Ast brauche und daß ich nicht will, daß er abgeschnitten wird. Und Jake hat ihn nicht abgeschnitten. Und dann ist Papa hinausgegangen und hat gesagt, er will, daß er *abgeschnitten* wird, weil er zu nah am Haus ist und die Form des Baumes verdirbt. Jake hat gesagt, daß ich den Ast gern habe, weil er so nah ist, daß ich aus dem Fenster hinauslangen und ihn berühren kann. Dann sagte Papa, er will ihn auf jeden Fall weghaben. Papa sagte, er will nicht, daß ich immer zum Fenster hinaushänge. Er sagte, er hat nicht gewußt, daß ich das tue und daß er zum Schutz ein schweres Eisengitter hinmachen läßt, damit ich nicht hinausfallen kann. Dann sagte er zu Jake, er soll den Ast abschneiden und sich dabei beeilen. Und Jake sagte, daß er doch nur ein bißchen abschneiden kann, damit der Ast nicht mehr ans Haus streift, weil ich ihn doch *so* gerne habe. Und Papa sagte, ich habe genug andere Dinge zum Spielen. Jake mußte den Ast so weit vom Fenster weg absägen, daß ich ihn bestimmt nicht mehr anfassen kann. Aber Jake hat mir die Spitze von dem Ast aufgehoben, den ich immer berührt habe. Er hat gesagt, ich kann das Stück von dem Baum *drinnen* in meinem Zimmer aufheben – und daß nicht jeder Baum es so gut hat, daß sein Lieblingsast in einem Haus wohnen darf. Er hat mir erzählt, daß es eine sehr, sehr alte Ulme ist. Er hat gesagt, daß sie wahrscheinlich zweihundert Jahre alt ist und in dieser ganzen Zeit wahrscheinlich niemand sie so lieb gehabt hat wie ich. Also habe ich die Spitze von dem Ast aufgehoben. Ich hab' sie immer noch.»

«Wann ist denn das gewesen?» fragte ich.

«Vor einem Jahr», antwortete Dibs. «Aber Jake konnte es nicht ändern. Er mußte diesen Ast abschneiden. Dann haben sie das Gitter vor das Fenster gemacht. Sie holten einen Mann dafür.

Er hat eins vor mein Fenster gemacht und eins vor Dorothys Fenster.»

«Hat jemand gewußt, daß Jake dir die Spitze des Astes gegeben hat?» fragte ich.

«Ich weiß nicht. Ich hab' es nie jemand erzählt. Ich habe ihn einfach aufgehoben. Ich hab' ihn immer noch. Ich lasse keinen dran. Ich müßte jeden stoßen und beißen, der es versucht.»

«Der Ast hat dir sehr viel bedeutet, nicht wahr?»

«Ja, sehr viel», antwortete Dibs.

«Warst du viel mit Jake zusammen?»

«Ja. Jedesmal, wenn ich in den Hof hinausgehen konnte, bin ich zu Jake gegangen. Er hat mit mir gesprochen. Ich hab' immer zugehört, wenn er mir etwas erzählt hat. Er hat mir von Franz von Assisi erzählt. Er hat vor langer Zeit gelebt, und er hatte die Bäume und Vögel und auch den Wind und den Regen lieb. Er sagte, sie sind Freunde. Und das sind sie auch. Netter als Menschen», fügte Dibs mit Nachdruck hinzu.

Er ging unruhig im Spielzimmer umher. «Ich beobachte den Baum», sagte er. «Ich beobachte den Baum immer noch. Im Frühling kommen die Blätter heraus und öffnen sich und werden grün, weil der Regen ihnen wieder grünes Leben gebracht hat. Und sie öffnen sich, weil sie so froh sind, daß wieder Frühling ist. Und den ganzen Sommer geben sie freundlichen, kühlen Schatten. Dann, im Winter, fliegen die Blätter fort. Jake sagt, daß der Wind sie im Herbst holt und sie mitnimmt auf eine Reise um die Welt. Einmal hat er mir eine Geschichte erzählt über das letzte Blatt, das am Baum übriggeblieben war. Er hat gesagt, daß das kleine Blatt traurig war, weil es glaubte, daß es vergessen worden ist und daß es nie irgendwo hingehen kann. Aber der Wind kam zurück und holte das einsame kleine Blatt und hat es auf die schönste Reise geblasen, die es je gegeben hat. Er sagte, das kleine Blatt wurde rund um die Welt geblasen und hat die ganzen wunderbaren Dinge gesehen, die es in der Welt gibt. Und als es rund um die ganze Welt geflogen war, kam es zurück in unseren Hof, sagte Jake, weil es mich vermißt hat. Und Jake hat es wieder unter unserem Baum gefunden, an einem Wintertag. Es war ganz müde und dünn und schwach von seiner langen Reise. Aber Jake sagte, daß es zu mir zurückkommen wollte, weil es in der ganzen Welt niemanden getroffen hatte, den es so gerne hatte wie mich. Deshalb hat Jake es mir gegeben.» Dibs unternahm erneut einen unruhigen Rundgang durchs Zimmer. Vor mir blieb er stehen. «Ich habe das Blatt aufgehoben», sagte er. «Es ist sehr müde und sehr alt. Aber ich behalte es. Ich habe es auf ein Stück Papier geklebt und eingerahmt. Und ich denke mir aus, was es gesehen hat, als es mit dem Wind um die Welt geflogen ist. Und ich lese in meinen Büchern von den Ländern, die es gesehen hat.»

Er ging zum Puppenhaus. «Ich sperre es zu», sagte er. «Ich schließe die Tür ab und mache alle Fenster zu.»

«Warum, Dibs?» fragte ich. «Warum willst *du* die Tür absperren und die Fenster zumachen?»

«Ich weiß nicht», murmelte Dibs.

Er kam zu mir zurück. «Mein Schuh», sagte er mit einer Spur der alten weinerlichen Hilflosigkeit in der Stimme. «Binden Sie mir das Schuhband zu, Miß A.»

«Gut, Dibs. Ich binde es dir zu.» Ich band es zu. Er griff nach der Säuglingsflasche und saugte daran. Er seufzte.

«Bist du ein bißchen traurig?» fragte ich.

Er nickte. «Traurig», sagte er.

«Arbeitet Jake noch in eurem Garten?»

«Nein. Nicht mehr. Papa hat gesagt, er ist zu alt, und es ist nicht gut für ihn, so zu arbeiten, nach seinem Herzanfall. Aber er kommt noch manchmal. Wir treffen uns draußen im Hof. Er erzählt mir immer eine Geschichte. Aber er ist lange nicht dagewesen. Ich vermisse ihn.»

«Ja. Das glaube ich, Dibs. Jake muß ein sehr netter Mensch sein.»

«Ja, das ist er. Ich hab' ihn sehr, sehr gerne. Ich glaube, vielleicht ist er ein Freund?» fragte er nachdenklich.

«Ich glaube, er ist ein Freund, Dibs», antwortete ich. «Ein sehr, sehr guter Freund.»

Dibs ging zum Fenster und sah lange schweigend hinaus. «Jake ist jeden Sonntag in die Kirche gegangen», sagte er und deutete auf die Kirche. «Er hat es mir erzählt.»

«Bist du schon mal in die Kirche gegangen, Dibs?»

«Nein, nie», sagte Dibs schnell. «Papa und Mutter glauben nicht an die Kirche. Darum glauben Dorothy und ich auch nicht an die Kirche.»

«Aha», bemerkte ich.

«Aber Jake. Und Großmutter.»

Wieder herrschte Schweigen.

«Noch zehn Minuten?» fragte Dibs.

«Nein», sagte ich.

«Noch neun Minuten?»

«Nein.»

«Noch acht?»

«Ja. Noch acht Minuten.»

«Dann spiele ich den Rest der Zeit mit der Puppenfamilie und dem Haus.» Er nahm ein Päckchen Schreibpapier. «Das lege ich in mein Haus», sagte er. Er legte es in ein Zimmer des Puppenhauses. «Jemand hat die Tür wieder angemacht.»

«Ja.»

Er deutete auf den Dachboden des Hauses. «Das ist die Dachstube.»

«Ja, das könnte sie sein», bemerkte ich.

«Die Erwachsenen müssen alle ins Bett gehen», sagte er, suchte die Puppen heraus und legte sie in die Schlafzimmer. «Und jetzt die Kinder. Das ist das Baby. Und hier die Köchin. Die Wäscherin. Die Wäscherin sagt, daß sie müde ist. Sie will sich gerne ausruhen. Hier sind die Betten. Hier ist Vaters Zimmer. Dort darfst du nicht hineingehen. Du darfst ihn da drinnen nicht stören. Er arbeitet. Und das ist das Bett des Mannes. Hier ist das Zimmer der Mutter. Das ist ihr Bett. Und jedes Kind hat ein eigenes Bett. Und jedes hat ein eigenes Zimmer. Die Köchin hat ihr Zimmer und ihr Bett. Sie sagt, sie wird auch müde. Und die Wäscherin hat kein Bett. Sie muß stehen und auf die Maschinen aufpassen. Und das Kind hier geht manchmal hinunter in die Waschküche und fragt sie, warum sie nicht ins Bett geht und sich ausruht, wenn sie müde ist, und sie sagt, sie bezahlen sie, damit sie arbeitet, nicht, damit sie sich ausruht. Aber Mutter sagt, sie kann einen Schaukelstuhl da unten hinbekommen. Warum soll sie nicht schaukeln, wenn sie will? Sie wäscht schon vierzig Jahre für die Familie. Sie kann doch hin und wieder mal schaukeln, um Himmels willen, nicht wahr? sagt die Köchin. Aber sie sagt, nicht, wenn der Schaukelstuhl quietscht, bloß nicht, das stört den Mann, und gnade Gott, sagt sie, wenn wir den Mann stören. Aber die Köchin sagt, er soll doch seinen Kopf ins Seifenwasser tunken. Dann schickt sie den Jungen hinauf. Sie sagt, die Waschküche ist nicht schön genug für ihn. Also geht er wieder hinauf.»

In diesem Augenblick stieß ich versehentlich an das Puzzlespiel, das Dibs auf dem Boden zu meinen Füßen zusammengesetzt hatte. Ich bückte mich und brachte es wieder in Ordnung. Dibs warf mir schnell einen Blick zu.

«Was tun Sie?» fragte er.

«Ich habe an dein Puzzlespiel gestoßen, und Tom, Tom des Pfeifers Sohn ist auseinandergefallen», antwortete ich.

Dibs sah mich neugierig an. «Was haben Sie gesagt?» fragte er. «Ich habe nicht verstanden, was Sie gerade gesagt haben.»

«Ich habe gesagt, daß ich aus Versehen an dein Puzzlespiel gestoßen habe und Tom, Tom des Pfeifers Sohn auseinandergefallen ist», erklärte ich ihm.

«Aha», sagte Dibs. Ganz sicher bemerkte er jede Bewegung, die hier im Zimmer vor sich ging, sosehr er auch mit seinen eigenen Angelegenheiten beschäftigt zu sein schien. Er kniete nieder und sah nach, ob ich es auch richtig zusammengesetzt hatte. Es bestand die Prüfung. Er stand auf und spielte mit dem Schloß der Zimmertür.

«Möchtest du, daß die Tür abgeschlossen ist?» fragte ich.

«Ja», sagte Dibs. Er schloß die Tür ab. «Sie ist abgeschlossen.»

Nachdem ein Augenblick vergangen war, fügte ich hinzu: «Ja. Jetzt ist sie abgeschlossen. Jetzt möchte ich gerne sehen, wie du sie aufschließt, denn jetzt ist es Zeit, nach Hause zu gehen.»

«Das stimmt. Auch wenn Sie wissen, daß ich nicht nach Hause gehen möchte.»

«Ja. Auch wenn ich weiß, daß du keine *Lust* hast, nach Hause zu gehen, so gibt es Zeiten, Dibs, wo du es tun mußt. Und jetzt ist so eine Zeit.»

Er stand vor mir und sah mich unverwandt an. Er seufzte. «Ja», sagte er, «ich weiß. So viel kann ich hier tun, aber dann muß ich doch immer wieder gehen.» Er wollte zur Tür hinaus.

«Dein Mantel und deine Mütze», sagte ich.

«Ja. Dein Mantel und deine Mütze.» Er ging zurück, nahm seinen Mantel auf und zog ihn an. Dann stülpte er sich die Mütze auf den Kopf. «*Mein* Mantel und *meine* Mütze», sagte er. Er sah mich an. «Auf Wiedersehen, Miß A. Es wird wieder Donnerstag. Jede Woche hat einen Donnerstag. Auf Wiedersehen.» Er ging den Gang entlang zum Wartezimmer. Ich sah ihm nach. Er drehte sich um und winkte. «Auf Wiedersehen», sagte er noch einmal.

So jung. So klein. Und doch solche Kraft. Dann dachte ich an Jake und fragte mich, ob er wohl wußte, welch wichtige Rolle sein Verständnis und seine freundliche Güte in der Entwicklung dieses Kindes gespielt hatten. Ich dachte an das symbolische Astende und das dünne, müde, schwache kleine Blatt. Ich dachte an Dibs' nachdenkliche Frage: «Ich glaube, vielleicht ist er ein Freund?»

Zwölftes Kapitel

Jede Woche hat einen Donnerstag, und die Woche, die folgte, war keine Ausnahme. Dibs jedoch konnte nicht in die Beratungsstelle kommen. Er hatte die Masern. Seine Mutter rief an und sagte die Stunde ab.

Am folgenden Donnerstag war er wieder einigermaßen hergestellt und erschien pünktlich zu seiner Spieltherapie-Stunde. Sein Gesicht war noch mit Pusteln bedeckt und blaß, aber als er ins Wartezimmer kam, erklärte er: «Die Masern sind weg. Mir geht es jetzt besser.»

«Du hast die Masern jetzt überstanden, ja?» fragte ich skeptisch.

«Ja, überstanden und vorbei. Gehen wir ins Spielzimmer.»

Als wir an meinem Büro vorbeikamen, sah Dibs hinein. Zwei Männer reparierten dort Tonbandgeräte. «Da sind zwei Männer in unserem Büro», sagte er. «Ich meine, es sind zwei Männer in Ihrem Büro.»

«Ja. Sie arbeiten dort, während wir im Spielzimmer sind», erklärte ich ihm.

«Sie lassen andere Leute in Ihr Büro?» fragte er.

«Ja. Manchmal schon.»

«Was machen sie da drin?»

«Sie reparieren Tonbandgeräte.»

Als wir das Spielzimmer betraten, zog Dibs den Mantel aus, nahm die Mütze ab und warf beides auf einen Stuhl. «Letzten Donnerstag konnte ich nicht kommen», sagte er.

«Ja, ich weiß. Es tut mir leid, daß du die Masern hattest und die Stunde versäumt hast.»

«Ich habe Ihre Karte bekommen», sagte er. «Ich habe mich so darüber gefreut. Ich bekomme gerne eine Karte.»

«Das freut mich.»

«Es stand darauf, daß ich schnell wieder gesund werden soll. Es stand darauf, daß Sie mich vermissen.»

«Ja.»

«Die Weidenkätzchen, die Sie mir geschickt haben, haben mir gefallen. Sie waren wie der Frühling. Hübsche Weidenkätzchen. Mit großen Kätzchen an jedem Ast. Ich mag sie gerne. Papa hat gesagt, sie bekommen Wurzeln, wenn sie lange im Wasser bleiben, und dann kann ich sie im Hof einpflanzen. Er hat gesagt, es können *vielleicht* Büsche daraus werden. Kann das sein?»

«Du hast gesagt, daß dein Papa dir das erzählt hat. Was glaubst du also?»

«Ich denke, er hat recht», antwortete Dibs. «Aber ich will selbst beobachten und es ausprobieren und dann sehen.»

«So kann man etwas herausfinden», sagte ich.

Dibs' Hinweis auf die Bemerkung seines Vaters war interessant. Es war schwierig zu erkennen, ob sein Vater sich ihm erst jetzt näherte oder ob er schon viele Male versucht hatte, Dibs etwas zu erklären, auch wenn er keine entsprechende Reaktion erhalten hatte. Wie Miß Jane das in der Schule tat, und wie Jake es so oft getan haben mochte, wenn Dibs «nur zuhörte». Jetzt berichtete mir Dibs jedoch auf eine sehr beiläufige Art davon.

«Was hast du gesagt, als dein Papa dir von den Weidenkätzchen erzählt hat?» fragte ich und hoffte, wieder ein wenig mehr über ihn zu erfahren.

«Ich hab' gar nichts gesagt», erwiderte Dibs. «Ich habe nur zugehört.»

Er ging im Zimmer umher und betrachtete die Farbtöpfe und die Gegenstände auf dem Tisch. Dann ging er zum Sandkasten und sprang mit ungezwungenen, spontanen Bewegungen in den Sand. Er legte sich lang hin. «Willst du deine Schuhe ausziehen, Dibs?» fragte er sich selbst. «Nein», antwortete er. «Also, was willst du *dann* tun, Dibs?» fragte er. «Entschließe dich!» Er rollte sich herum und steckte sein Gesicht in den Sand. «Ich hab' Zeit», sagte er. «Jetzt *bin* ich einfach nur!» Er fuhr mit den Händen durch den Sand und holte ein paar kleine Häuschen heraus, die von einem anderen Kind im Sand vergraben worden waren. «Ah, ich finde Sachen im Sand. Kleine Häuser. Kleines Zeug. Sachen.» Dann ging er plötzlich zum anderen Ende der Sandkiste und begann im Sand zu graben. Schließlich stieß seine Schaufel auf den Metallboden der Kiste. Dibs faßte in den Sand und zog einen Spielsoldaten heraus. Er hielt ihn hoch.

«Ah! Dieser Mann!» rief er aus. «Sehen Sie? Sehen Sie den Krieger hier? Das war der Mann, den ich unter dem Berg begraben habe. Ich freue mich, daß er nach den ganzen Wochen immer noch begraben ist. Sie gehen jetzt schön zurück, mein Herr! Zurück! Wieder zurück in Ihr Grab!»

Er vergrub den kleinen Spielsoldaten wieder. Dabei begann er zu singen:

*«Kennst du wohl den Muffin-Mann**,
Muffin-Mann, Muffin-Mann,
Kennst du wohl den Muffin-Mann,
Er wohnt in Dreary Lane.»

Er sah mich an und grinste. «Das Lied habe ich in der Schule gelernt. Jetzt singe ich es für den begrabenen Mann:

Kanntest du den Garnichts-Mann,
Garnichts-Mann, Garnichts-Mann,
Kanntest du den Garnichts-Mann,
Er wohnt im dunklen Grab.»

Dibs lachte. Zur Betonung klatschte er mit der Schaufel oben auf das Grab.

«Nein», sagte er ganz beiläufig, als läge gar keine Zeitspanne zwischen meiner Frage vorhin und dieser Antwort, «ich spreche nicht viel mit Papa.»

«Nicht?»

* *Muffin* = eine Art Teegebäck

«Nein.»

«Warum nicht?» fragte ich.

«Ich weiß nicht», erwiderte Dibs. «Ich glaube, einfach, weil ich's nicht tue.»

Er summte eine andere Melodie. «Das habe ich auch in der Schule gelernt.»

«Singst du das auch in der Schule?»

«Ich habe es in der Schule gelernt», sagte Dibs. «Ich singe es hier, für Sie.»

«Ach so», erwiderte ich.

Es würde soviel helfen, in der Therapie Fragen zu stellen, wenn sie jemand wirklich beantwortete. Aber das tut keiner. Ich überlegte oft, ob Dibs sich in der Schule jetzt anders verhielt. Offensichtlich hatte es keine sehr bemerkenswerten Änderungen gegeben, denn die Lehrerinnen hatten nichts dergleichen berichtet. Wir hatten ausgemacht, daß sie es gegebenenfalls tun würden. Aber Dibs lernte viele Sachen in der Schule, zu Hause, überall, wo er hinging, wenn er sich auch nicht so betrug, daß man das, was er gelernt hatte, prüfen und bewerten konnte.

«Zieh die Schuhe aus, Dibs», sagte er zu sich selbst. Er zog die Schuhe aus. Mit bedächtigen Bewegungen schaufelte er Sand in die Schuhe. Dann zog er einen Socken aus und füllte ihn ebenfalls mit Sand. Er zog die eine Seite des anderen Sockens vom Bein weg und schaufelte Sand zwischen Bein und Socken. Dann zog er den Socken aus und steckte die Füße in den Sand. Er schaufelte Sand auf seine Füße, bis Füße und Unterschenkel unter einem Sandberg vergraben waren.

Plötzlich zog er die Füße aus dem Sand, stand auf, sprang aus der Sandkiste und öffnete die Tür des Spielzimmers. Er langte hinauf, nahm die Karte aus dem Rahmen, kam zurück ins Zimmer, schloß die Tür und warf mir die Karte zu.

«Was ist Therapie?» fragte er mich.

Ich war überrascht. «Therapie? Nun, laß mich einmal einen Moment nachdenken.» Warum hatte er diese Frage gestellt? überlegte ich. Wie konnte man sie vernünftig beantworten?

«Ich würde sagen, es bedeutet die Möglichkeit, hierher zu kommen und zu spielen und zu erzählen, wie es dir gerade in den Sinn kommt», sagte ich. «Während dieser Zeit kannst du so sein, wie du sein willst. Eine Zeit, die du so verwenden kannst, wie du es willst. Eine Zeit, in der du *du selbst* sein kannst.»

Das war die beste Erklärung, die ich zu dem Zeitpunkt abgeben konnte.

Er nahm die Karte aus meiner Hand und drehte sie um.

«Ich weiß, was das bedeutet», sagte Dibs. «‹Bitte nicht stören› bedeutet, bitte, alle, laßt sie allein. Laßt sie in Ruhe. Geht nicht hinein. Klopft auch nicht an die Tür. Laßt sie beide nur sein. Diese Seite bedeutet *sie sind.* Und diese Seite heißt *laßt sie beide sein!* Richtig so?»

«Ja, so ist es richtig.»

Jemand kam den Gang herunter. Dibs hörte die Schritte. «Jemand kommt den Gang herunter», sagte er. «Aber das ist unser Zimmer. Sie kommen nicht hier herein, nicht wahr?»

«Ich glaube nicht.»

«Das ist nur für mich, nicht wahr?» fragte Dibs. «Nur für mich. Für keinen anderen. Nicht wahr?»

«Es ist nur für dich jede Woche um diese Zeit, wenn du es so willst.»

«Für Dibs und Miß A. Nicht nur für mich. Auch für Sie.»

«Für uns beide dann.»

Dibs öffnete die Tür. «Ich stecke das Schild wieder hinein. Sie sollen nicht stören.» Er steckte die Karte zurück, tätschelte die Tür, kam wieder herein und schloß die Tür. Auf seinem Gesicht lag ein glückliches Lächeln. Er ging zur Staffelei.

«Dibs, glaubst du nicht, daß du die Schuhe und Strümpfe wieder anziehen solltest, jetzt, wo du aus der Sandkiste heraus bist?» fragte ich.

«Ja, das stimmt», meinte Dibs. «Mit meinen Masern und allem. Aber *zuerst* die Strümpfe und dann die Schuhe.»

«Ja, natürlich. Ich hab' gesagt, Schuhe und Strümpfe, nicht wahr?» erwiderte ich.

«Das stimmt.» Er lächelte. Dann, als er Schuhe und Strümpfe wieder anhatte und die Schuhbänder fest gebunden waren, ging er zurück in den Sand. «Als ich die Masern hatte, mußte ich im Bett bleiben», sagte er. «Und sie haben die Rolläden heruntergelassen und das Zimmer so dunkel gemacht, wie es ging. Und ich konnte nicht lesen oder zeichnen oder schreiben.»

«Was hast du dann getan?» fragte ich.

«Sie haben Platten für mich gespielt. Und Mutter hat mir ein paar Geschichten erzählt. Ich habe viele Geschichten auf Platten, und ich habe sie mir alle wieder angehört. Aber meine Musikplatten habe ich am liebsten.»

«Die Geschichten und die Musik müssen dir doch die Zeit ganz gut vertrieben haben, nicht wahr?» bemerkte ich.

«Aber ich habe meine Bücher vermißt», sagte Dibs.

«Du liest gerne, nicht wahr?»

«Ja, sehr, sehr gerne. Und ich schreibe gerne Geschichten darüber, was ich sehe und was ich denke. Ich male auch gerne Bilder. Aber am liebsten lese ich.»

«Was liest du denn gerne?» fragte ich. «Was für Bücher hast du?»

«Ganz verschiedene. Ich habe Bücher über Vögel und Tiere und Bäume und Pflanzen und Steine und Fische und Leute und Sterne und das Wetter und Länder und zwei verschiedene Bücher zum Nachschlagen und ein Wörterbuch – mein Bildwörterbuch, das ich schon lange, lange Zeit habe. Und dann das ganz große, normale Wörterbuch, das Papa gehört hat. Ich hab' ein paar lange Regale mit Büchern. Und Gedichtbücher. Und Bücher mit alten Geschichten. Aber am liebsten habe ich die Naturkunde-Bücher. Aber lieber als alle zusammen habe ich die Karte, die Sie mir geschickt haben. Ich durfte sie bei mir im Bett haben. Ich durfte den Umschlag aufmachen. Mutter hat mir erlaubt, daß ich sie zuerst lese. Und daß ich sie bei mir behalte und immer wieder lese.»

«Du hast wohl schon viel Zeit mit Lesen verbracht, nicht wahr?»

«Ja. Viele Male habe ich nichts weiter getan», sagte Dibs. «Aber ich tue es gerne. Ich lese gerne über die Dinge, die ich sehe. Und dann sehe ich auch gerne die Dinge, von denen ich gelesen habe. Ich habe viele Steine und Blätter und Sammlungen von Insekten und Schmetterlingen. Und Batterien und Kameras. Manchmal mache ich Fotos von Sachen im Hof. Und von dem Baum vor meinem Fenster. Nur sind meine Bilder nicht sehr gut. Ich kann bessere zeichnen. Aber Ihr Spielzimmer gefällt mir besser», fügte er hinzu und nickte nachdrücklich.

«Dir gefällt dies hier besser? Es ist ganz anders, nicht wahr?»

«Ja, ganz anders.»

«Auf welche Art ist es anders?» fragte ich. Ich konnte nicht widerstehen, dieses Thema weiter zu verfolgen.

«So wie Sie gesagt haben», antwortete Dibs ganz ernst. «Auf diese Art ist es anders.»

Ich ließ das Thema fallen. All diese zusätzlichen Einzelheiten waren interessant, aber sie erklärten nicht, wie Dibs lesen, schreiben, buchstabieren und zeichnen gelernt hatte. Nach den bestehenden Theorien über das Lernen hätte er keine dieser Fähigkeiten erlangt haben können, ohne vorher die mündliche Sprache gemeistert und entsprechende Erfahrungen gemacht zu haben. Trotzdem besaß Dibs diese Fähigkeiten in fortgeschrittenem Maße.

Der wöchentliche Lastwagen fuhr vor und hielt vor dem Fenster des Spielzimmers. «Sieh aus dem Fenster», sagte Dibs und tat es. Er beobachtete, wie die Männer die Ware abluden und dann in den Lastwagen stiegen und wegfuhren. Er öffnete das Fenster, lehnte sich hinaus und sah dem Lastwagen nach, bis er verschwunden war. Dann schloß er das Fenster.

Das Glockenspiel der Kirche begann zu spielen. Dibs drehte sich um und sah mich an. «Hören Sie», sagte er. «Es ist gleich vier Uhr. Genau jetzt.» Er zählte die Schläge. «Eins. Zwei. Drei. Vier. Wie lange noch?»

«Noch fünfzehn Minuten.»

Dibs zählte die Minuten an den Fingern ab wie ein Geizhals, bis fünfzehn, langsam, schwerfällig. «Fünfzehn?» sagte er. «Fünf Minuten und zehn Minuten? Zehn Minuten und fünf Minuten?»

«Ja», antwortete ich.

«Manchmal sind Minuten glücklich», sagte er. «Und manchmal sind sie traurig. Es gibt traurige Zeiten und glückliche Zeiten.»

«Ja. Manche Zeiten sind traurig und manche glücklich.»

«Ich bin jetzt glücklich.»

«Wirklich?»

«Ja. Glücklich.»

Er öffnete das Fenster und lehnte sich hinaus. «Oh, schöner Tag», sagte er. «Oh, glücklicher Tag! Der Himmel so blau. Und die Vögel fliegen. Hörst du das Flugzeug? Oh, glücklicher Himmel. Oh, glückliches Flugzeug, das nach Westen fliegt. Oh, glückliche Vögel. Oh, glücklicher Dibs. Oh, Dibs, du kannst die Weidenkätzchenzweige pflanzen und zuschauen, wie sie wachsen. Sag mir, Dibs, wie glücklich bist du?» Er drehte sich um und sah mich an. Dann drehte er sich wieder zum offenen Fenster. «So glücklich, daß ich sogar aus dem Fenster spucke, bevor ich es wieder zumache!» rief er aus. Und er tat es.

«Wenn die Glocken wieder läuten, ist es Zeit zu gehen», sagte ich.

Dibs kam zu mir und berührte schnell und schweigend meine Hand. Dann ging er zur Staffelei und stellte die Farben rasch in einer anderen Reihenfolge auf. Er holte sich die Schachtel mit den Haustieren, nahm die Teile für den Zaun heraus und untersuchte sie. «Ich mache einen schönen Bauernhof», kündigte er an. Er begann zu singen:

«Oh, ich mache einen Bauernhof!
Oh, ich mache einen Bauernhof!
Einen glücklichen Bauernhof!
Einen Bauernhof für Sie und mich!»

Er sah mich an. «Wie viele Minuten noch?» fragte er. Ich schrieb die Zahl Fünf auf ein Stück Papier und hielt es hoch, damit er es sehen konnte. Er sah es an und lachte. Er nahm einen Bleistift, wartete ein paar Sekunden, schrieb eine Vier, wartete eine Sekunde, schrieb dann eine Drei, wartete wieder eine Sekunde, schrieb eine Zwei, wartete eine Sekunde und schrieb eine Eins. «Zeit, nach Hause zu gehen», sagte er. «Nur die Kirchenglocken haben noch nicht geläutet.»

«Du bist früher fertig geworden als die Kirchenglocken.»

«Ja», sagte er. Er betrachtete den Zaun, den er quer über den Boden aufgestellt hatte. «Sehen Sie?» sagte er und deutete auf den Zaun.

«Es ist ein langer Zaun.»

«Ja, und wie!»

Er begann wieder zu singen:

«Ich hab' einen Zaun gebaut,
Einen sehr langen Zaun,
Ich sehe sein Ende nicht.
Warum gibt es einen Zaun?
Wo gibt es einen Zaun?
Ich will keinen für mich!»

Er lachte. «Ich stelle die Tiere innen auf», verkündete er. Er stellte ein Pferd und eine Kuh hinter den Zaun. «Also die Kuh hier», sagte er und hielt sie hoch, damit ich sie sehen konnte. «Diese Kuh gibt Milch. Es ist eine freundliche Kuh. Alle Kühe stehen in einer Reihe und wollen Milch geben.» Dann sprach er mit scharfer Stimme. «Geh in die Reihe, Kuh. Du hast gehört, was ich dir gesagt habe. Sei nicht so ein Idiot!»

Er hielt den Hahn hoch.

«Das ist ein Hahn.»

Das Glockenspiel begann zu spielen.

«Horch, Dibs», sagte ich.

«Ja», sagte er. «Ein Uhr. Noch drei Stunden bis vier Uhr.»

«Ach, komm, Dibs. Willst du mich zum Narren halten? Ist es nicht Zeit, nach Hause zu gehen?»

«Ja, das schon. Aber tun wir doch mal so.»

«So tun?»

«Ja, tun wir so, als ob es ein Uhr ist», sagte er.

«Würde das wirklich die Zeit ändern, wenn wir so täten?»

«Nein», antwortete Dibs. «Es gibt zwei Arten von ‹So tun›.»

«Und was sind das für welche?»

«Die eine Art ist in Ordnung», sagte er. «Und die andere ist einfach dumm.» Er stand auf und kam zu mir herüber. «Und manchmal kommen sie so durcheinander, daß man nicht mehr weiß, welche Art welche ist», fügte er hinzu. «Ich gehe noch beim Doktor vorbei. Wir waren schon auf dem Weg zum Doktor, als wir heute herkamen. Wir sind aber zuerst hierhergegangen, weil ich es so gerne wollte und weil Mutter sicher war, daß nichts passiert. Sie sagt, sie hat Sie gefragt, und Sie haben gesagt, daß Sie die Masern schon gehabt haben. Aber der Doktor hätte vielleicht nein sagen können.»

Er zog den Mantel an und setzte die Mütze auf. «Aber mir geht es wieder gut», versicherte er mir. «Jetzt kann ich keinen mehr mit Masern anstecken.» Er lachte glücklich. «Auf Wiedersehen», sagte er. «Ich denke, daß ich Sie am nächsten Donnerstag wiedersehe.» Und er ging.

Und ich blieb zurück mit meinen Vermutungen und den Schlußfolgerungen, die ich aus dieser Unterhaltung mit Dibs ziehen konnte. In der Beziehung zu seiner Mutter schien er jetzt ungezwungener zu sein. Es gab Anzeichen, daß Dibs zu Hause mit mehr Rücksicht, Verständnis und Achtung behandelt wurde. Sogar «Papa» trat mehr als Person in Erscheinung. Aber hatten sie ihr Verhalten Dibs gegenüber geändert? Oder hatte Dibs sich in seinen Beziehungen zu seinem Vater und seiner Mutter geändert, so daß er ihren Annäherungsversuchen natürlicher begegnen konnte?

Ganz gewiß hatten sie genügend Sachen angeschafft, um seine ausgezeichneten intellektuellen Fähigkeiten zu befriedigen. Ganz gewiß hatten sie versucht, eine Verbindung zu ihm herzustellen und ihn viele Dinge zu lehren. Es war außerordentlich schwierig zu verstehen, wie sie glauben konnten, daß dieses Kind geistig zurückgeblieben sei, wenn sie ihn mit Dingen beschäftigten, die die Fähigkeiten eines durchschnittlichen Kindes in Dibs' Alter weit überstiegen. Sie mußten doch gewußt haben, daß Dibs' Problem nicht auf einen Mangel an intellektuellen Gaben zurückzuführen war. Aber warum behielt er immer noch diese beiden vollkommen verschiedenen Verhaltensweisen bei – eine so begabt und überlegen, die andere so jämmerlich unzureichend?

Dreizehntes Kapitel

Dibs schien ganz vergnügt zu sein, als er am nächsten Donnerstag wiederkam. «Vielleicht kommt Mutter heute später», meinte er.

«Ja, ich weiß. Sie hat es mir gesagt.»

«Sie muß etwas besorgen», sagte er. «Sie hat gesagt, ich kann hier auf sie warten, bis sie wieder da ist. Sie hat gesagt, sie hat es mit Ihnen ausgemacht.»

«Das stimmt.»

Er ging im Zimmer umher, ein Lächeln auf dem Gesicht. «Ich glaube, ich werde singen», erklärte er.

«Wenn du singen willst, dann singe», erwiderte ich.

Er lachte.

«Und wenn ich ruhig sein will, bin ich ruhig!» rief er aus. «Und wenn ich denken will, dann denke ich. Und wenn ich spielen will, spiele ich. So ist das, hmmm?»

«Ja, so ist das.»

Er ging zur Staffelei und betrachtete sich die Farben. Er nahm den Tiegel mit der blauen Farbe auf. Er begann zu singen, und beim Singen hielt er die blaue Farbe hoch und bewegte sie im Rhythmus hin und her.

«Oh, Farbe! Oh, Farbe so blau!
Was, was kannst du tun?
Du kannst einen Himmel malen.
Du kannst einen Fluß malen.
Du kannst eine Blume malen.
Du kannst einen Vogel malen.
Alle Dinge sind blau,
Wenn du sie blau machst.
Oh, blaue Farbe, oh, Farbe so blau!»

Er kam mit dem Farbtopf zu mir.

«Sie läuft aus. Sie läuft über.
Sie läuft. Sie tropft.
Das tut meine schöne blaue Farbe.»

Und weiter sang er die Worte, die er sich ausdachte.

«Die Farbe wandert,
Sie wandert und wandert.
Oh, Blau! Oh, Blau! Oh, Blau!»

Er schwenkte die Farbe beim Singen hin und her. Dann stellte er sie wieder auf die Staffelei und nahm die grüne Farbe.

«Oh, grüne Farbe, so grün.
Du bist ruhig und schön.
Im Frühling bist du um mich herum.
Im Sommer bist du um mich herum.
In Blättern, im Gras und auch in Hecken.
Oh, Grün! Oh, Grün! Oh, Grün!»

Er stellte die grüne Farbe zurück und holte die schwarze.

«Oh, Schwarz! Oh, Nacht!
Oh, dunkles Schwarz!
Komm zu mir von überall her.
Oh, Schatten und Träume,
Und Stürme und Nacht!
Oh, Schwarz! Oh, Schwarz! Oh, Schwarz!»

Er stellte diesen Tiegel zurück und nahm die rote Farbe. Er brachte sie zu mir und hielt sie zwischen den hohlen Händen hoch. Diesmal sprach er die Worte mit Nachdruck.

«Oh, Rot, böse Farbe.
Oh, finstere Farbe.
Oh, Blut, so rot.
Oh, Haß. Oh, Wut. Oh, Angst.
Oh, lauter Streit und schmieriges Rot.
Oh, Haß. Oh, Blut. Oh, Tränen.»

Er senkte den Tiegel mit der roten Farbe in seinen Händen. Schweigend stand er da und sah darauf nieder. Dann seufzte er tief und stellte ihn zurück auf die Staffelei. Er ergriff die gelbe Farbe. «Oh, böses Gelb», sagte er. «Oh, böse, gemeine Farbe. Oh, Gitter am Fenster, die den Baum nicht hineinlassen. Oh, Tür mit dem Schloß und dem umgedrehten Schlüssel. Ich hasse dich, Gelb. Gemeine alte Farbe. Farbe von Gefängnissen, wo man einsam ist und sich fürchtet. Oh, böses Gelb.» Er stellte sie zurück auf die Staffelei.

Er ging zum Fenster und blickte hinaus. «Es ist ein schöner Tag heute», sagte er.

«Ja», erwiderte ich.

Er stand und sah lange Zeit zum Fenster hinaus. Ich überlegte, warum die Farben solche Gedankenverbindungen bei ihm ausgelöst hatten. Warum hatte er bei der gelben Farbe soviel negative Gedankenverbindungen gehabt?

Er ging zurück zur Staffelei. «Die Türkisfarbe ist neu», sagte er.

«Ja.»

Er legte zwei große Blätter Papier auf die Staffelei. Sorgfältig rührte er die Türkisfarbe mit dem Pinsel um. Dann ging er mit dem Pinsel zum Ausguß, drehte das Wasser auf und ließ es über den Pinsel laufen. «Schauen Sie mal!» rief er. «Es macht das Wasser ganz blau.» Er hielt einen Finger auf den Wasserhahn, und ein Wasserstrahl spritzte ins Zimmer. Er schrie vor Lachen. «Das Wasser ist rausgekommen, rausgekommen, rausgekommen», rief er. «Und ich, Dibs selbst, kann aus dem Wasser einen Springbrunnen machen und seine Farbe blau werden lassen.»

«Das sehe ich», sagte ich.

Er ließ den Pinsel fallen, und er glitt in das Abflußrohr. Er griff schnell danach, aber er konnte ihn nicht mehr erwischen. Er war unten im Rohr. «Das ist ja eine schöne Bescherung!» rief er aus. «Ich kann ihn nicht herausbekommen. Hinunter und verschwunden. Aber er ist im Rohr. Er ist im unteren Rohr.» Er öffnete die Türen unter dem Ausguß und untersuchte das Rohr. «Da drinnen ist der Pinsel», verkündete er und schlug leicht an das Knie des Abflußrohres. «So ein Pech!» Er lachte herzlich.

«Ja. Der Pinsel ist im Rohr», sagte ich.

Er spielte mit dem Wasser und drehte es so weit auf, daß es ins Zimmer spritzte. Er holte die Säuglingsflasche und füllte sie. Dann nahm er den Sauger und versuchte, ihn auf die Flasche zu stecken, aber durch die Nässe war er so glitschig, daß es nicht möglich war. Er kaute an dem Sauger. Er legte die Flasche in das Becken und ließ das Wasser daraufspritzen. Dann stellte er die Flasche ins Abflußloch, und das Becken füllte sich mit Wasser. Er drehte den Trinkwasserhahn auf, der sich über dem Becken befand, kaute an dem Sauger und hielt das Gesicht nahe an die Fontäne, um es naß zu machen.

«Das Wasser steigt», verkündete er. «Wasch. Wasch. Wasch.» Er nahm zwei leere, schmutzige Farbtiegel und legte sie in das Becken. Dann bemerkte er ein Plastikservice auf einem Regal, nahm die Farbtiegel heraus und warf das Plastikgeschirr in das Becken. Er sprang auf und ab und schrie vor Lachen. «Ich wasche das Geschirr ab», rief er aus. «Es schwimmt und wird naß. Alles wird naß. Es spritzt. Wo ist der Lappen? Wo ist die Seife? Pansch. Pansch. Pansch. Das ist toll!»

«Das macht dir großen Spaß, nicht wahr?» sagte ich.

«Ja. Es wird immer voller. Es ist naß. Ein paar sind verkehrt herum. Geben Sie mir Seife.»

Ich gab ihm Seifenpulver, einen Abwaschlappen und ein Geschirrtuch. Er wusch das Geschirr sorgfältig, spülte es ab und trocknete es. «Haben Sie schon mal so schönes Geschirr gesehen?» fragte er. «Das Geschirr ist genauso wie das, das Großmama geschickt hat. Dibs hat seine Spielzeugtiere bei ihr gelassen, und sie hat sie Dibs mit der Post geschickt.»

«Ach?» sagte ich. «Großmama hat dir so ähnliches Geschirr wie dieses mit der Post geschickt?»

«Ja. Ich war bei ihr zu Besuch. Dann fuhr ich nach Hause. Großmama hat vergessen, meine Spielzeugtiere einzupacken. Sie hat sie mit der Post geschickt. Und in dem Paket war eine Überraschung. Geschirr genau wie das hier. Sehr schönes Geschirr genau wie das.»

«Du hast dich gefreut, als Großmama dir die Überraschung geschickt hat, nicht wahr?»

«Ja, und wie! Und am zwölften Mai *kommt Großmama nach Hause*!» kündigte Dibs an. Er sah mich mit leuchtenden Augen an, ein strahlendes Lächeln auf dem Gesicht. *«Großmama kommt nach Hause»*, wiederholte er. «Freu dich!» rief er aus. «Zwölfter Mai, und Großmama kommt nach Hause.»

«Ich glaube, das macht dich sehr, sehr glücklich», sagte ich. «Du freust dich, daß Großmama kommt, nicht wahr?»

«Stimmt», antwortete Dibs. «So sehr, daß ich fast platze.» Er fing wieder an zu singen.

«Für Dibs, mit vielen lieben Grüßen von Großmama,
Für Dibs mit lieben, lieben Grüßen.
Großmama kommt! Großmama kommt!
Großmama kommt nach Hause marschiert
mit vielen lieben Grüßen!»

Er klatschte begeistert in die Hände. «Ich will eine Party geben», erklärte er. «Jetzt gleich. Ich geb' eine Party.» Er stellte alle kleinen Tassen in einer Reihe auf. Er füllte jede Tasse mit Wasser. «Für alle Kinder», meinte er. «Für jedes Kind, eine Party. Für alle Kinder etwas zu trinken. Ich habe eine Party. Es werden Kinder auf meiner Party sein.»

«Du wirst jetzt eine Party für Kinder geben?» fragte ich.

«Ja. Kinder. Viele Kinder. Viele freundliche Kinder.»

Er zählte die Tassen. «Sieben Tassen», sagte er. «Es werden sieben Kinder auf meiner Party sein.»

«Du wirst sieben Kinder auf deiner Party haben, ja?»

«Sechs und Dibs», erwiderte er.

«Oh. Sechs andere Kinder und du mit ihnen.»

«Stimmt. Sechs andere Kinder und Dibs macht sieben Kinder.»

«Stimmt», sagte ich.

In diesem Spiel drückte Dibs den Wunsch aus, einer unter anderen Kindern zu sein.

Die Flasche, die er in das Abflußloch gestellt hatte, rutschte weg, und das Wasser gurgelte aus dem Becken. Dibs lachte. «Was für ein komisches Geräusch», sagte er. «Es ist vier Uhr. Es wird schon etwas dunkel. Es wird spät. Ich gieß' das Wasser aus den Tassen aus und fülle sie wieder neu für die Party. Es ist Zeit, die Tassen zu füllen.» Er füllte den Plastikkrug mit Wasser und goß Wasser in jede Tasse. Dabei sang er. «Oh, Tasse Nummer eins, hier ist Wasser für dich. Und Tasse Nummer zwei und Tasse Nummer drei. Sei vorsichtig, daß du nichts verschüttest, aber spritzen darfst du. Tasse Nummer vier und fünf und sechs. Dann sieben mit einem Gespritz. Spritz. Spritz. Spritz. Plansch. Plansch. Plansch. Wasser auf dem ganzen Abtropfbrett. Wasser auf dem Boden. Wasser einfach überall. Ein großes Geplansche über-, überall.»

Er füllte den Krug noch einmal und goß Wasser auf das Abtropfbrett, auf den Boden, auf den Tisch. Wie er gesagt hatte, es war ein großes Wassergeplansche überall. Aber er genoß jeden einzelnen Tropfen und jede einzelne Minute.

Er fand noch zwei Plastiktassen. «Noch zwei Tassen», schrie er. «Es kommen neun Kinder zu meiner Party. Ich werde eine Teeparty haben. Ich werde sie alle zum Tee dahaben. Ich leere die Tassen aus und bereite alles für die Teeparty vor.» Er verspritzte noch mehr Wasser. «Jetzt kommt meine Teeparty», sagte er. «Wieviel Minuten noch?»

«Noch acht Minuten.»

«Es wird eine Acht-Minuten-Party», erklärte er. «Wir werden heute das gute Teeservice benutzen.» Seine Stimme klang verändert. Sie war auf einmal gedämpft, etwas gereizt. Er imitierte genau

Modulation und Ausdruck der Stimme seiner Mutter. «Wenn wir eine Teeparty haben, werden wir es so machen, wie es sich gehört», sagte er. «Ja. Es wird Tee geben. Ein wenig Tee in jede Tasse, dann füllst du sie mit Milch auf. Das ist zuviel Tee. Ich sagte, ein *wenig* Tee in jede Tasse, dann fülle sie mit Milch auf. Wenn du mehr Wasser haben willst, so kannst du es haben. Aber nicht mehr Tee. Und keine Widerrede.» Er löffelte Wasser in jede Tasse. «Tasse Nummer sechs hat zuviel Tee», sagte er mit einem Anklang von Schärfe in der Stimme. «Bitte, nimm etwas Tee aus Tasse Nummer sechs und tu, was ich dir sage. Und das ist genug Zucker für Kinder. *Genug Zucker.* Ich sollte nicht immer alles wiederholen müssen, was ich sage. Wenn du eine Teeparty haben willst, wirst du dich ruhig an diesen Tisch setzen und warten, bis alle bedient sind. Du darfst ein Stück Zimttoast zu deinem Tee haben. Man spricht nicht mit vollem Mund.»

Dibs deckte den Tisch. Er zog einen Stuhl an den Tisch. Sein Verhalten wurde demütig, gedrückt und still, während er seinen Tee aus der kleinen Tasse trank.

Er nahm den Krug mit Wasser und bewegte sich langsam um den Tisch. Geschickt goß er ein wenig Wasser in jede Tasse. «Nur ein wenig Tee in jede Tasse», sagte er mit gepreßter, doch deutlicher Stimme. «Das ist zuviel Tee in Tasse Nummer drei. Ich gieße etwas aus.» Dibs goß ein wenig Wasser aus. «Du darfst ein wenig Zucker in jede Tasse tun.» Er machte sich am Tisch zu schaffen. Ein zweiter Krug wurde zur Milchkanne. Ein winziger Löffel mit Sand wurde sorgfältig als Zucker hinzugefügt. «Sei vorsichtig mit dem Löffel Zucker», fuhr Dibs' imitierende Stimme fort. «Tasse sechs hat zuviel Tee. Das muß geändert werden. Sei vorsichtig mit dem Zucker. Kinder dürfen nicht zuviel Zucker haben. Nimm deine Ellbogen vom Tisch. Wenn es noch mehr Theater gibt, gehst du in dein Zimmer. Ich werde dich in dein Zimmer einsperren.»

Dibs setzte sich vor eine Tasse an den Tisch. Sorgfältig faltete er die Hände auf der Tischkante. «Du mußt den Toast vorsichtig essen», fuhr seine Stimme fort. Er langte über den Tisch, um sich

Toast zu nehmen, und stieß eine Tasse um. Mit angstvollem Gesicht sprang er vom Tisch auf.

«Keine Party mehr», rief er. «Aus mit der Party. Ich habe den Tee verschüttet.» Schnell leerte er die Tassen aus und stellte sie wieder aufs Regal.

«Die Party war aus, weil du den Tee verschüttet hast?»

«Dumm! Dumm! Dumm!» rief er.

«Es war ein Versehen», sagte ich.

«Dumme Leute machen Versehen», schrie er. In seinen Augen standen Tränen. «Die Party ist aus. Die Kinder sind alle weg! Es gibt keine Party mehr.» Seine Stimme erstickte an den Tränen. Das mußte ein sehr schmerzliches Erlebnis für Dibs gewesen sein. «Es *war* ein Versehen», erklärte er mir, «aber die Party ist aus.»

«Du hast einen Schreck bekommen und bist traurig geworden», sagte ich. «Die Party war aus, weil der Tee aus Versehen verschüttet wurde. Wurde der Junge, der den Tee umstieß, auf sein Zimmer geschickt?»

Dibs schritt durchs Zimmer und rang die Hände. «Ja, ja. Er hätte aufpassen sollen. Es war sehr dumm von ihm, daß er so ungeschickt war.» Er stieß einen Stuhl um. Er fegte die Tassen vom Regal. «Ich wollte gar keine Party», schrie er. «Ich wollte gar keine anderen Kinder dahaben!»

«Du wirst wütend und unglücklich, wenn so etwas passiert», sagte ich.

Dibs kam zu mir. «Gehen wir in Ihr Büro. Gehen wir hier raus. Ich bin nicht *dumm*!»

«Nein. Du bist nicht dumm», sagte ich. «Und es regt dich auf, wenn so etwas passiert.»

Wir gingen den Gang hinunter in mein Büro. Lange Zeit saß Dibs schweigend da. Dann sah er mich mit einem kleinen Lächeln an. «Es tut mir leid», sagte er.

«Leid? Was tut dir leid?» fragte ich.

«Daß ich den Tee verschüttet habe», antwortete er. «Ich habe nicht aufgepaßt. Das hätte ich tun sollen.»

«Du glaubst, du hättest besser aufpassen sollen?»

«Ja», sagte Dibs. «Ich hätte besser aufpassen sollen, aber ich bin nicht dumm.»

«Du hast vielleicht nicht aufgepaßt, aber du bist nicht dumm?»

«Stimmt.» Auf seinem Gesicht lag ein Lächeln.

Mit diesem Problem war Dibs erfolgreich fertig geworden. Er hatte entdeckt, daß er die Kraft besaß, seine verletzten Gefühle zu überwinden.

«Ich will einen Brief schreiben», sagte er. Er nahm Bleistift und Papier und begann mit dem Brief. Beim Schreiben buchstabierte er laut jedes Wort.

«Lieber Dibs,

ich habe das Teegeschirr abgewaschen und den Ausguß zugemacht. Ich hatte eine Teeparty. Kinder waren da.

Viele Grüße Ich.»

Er betrachtete meinen Tischkalender und zog ihn zu sich hinüber. Er blätterte ihn durch, bis er zum achten April kam. Er machte einen Kreis um die Acht und schrieb seinen Namen auf diese Seite des Kalenders.

«Der achte April ist mein Geburtstag», sagte er. Er blätterte weiter und schrieb «Mutter» auf ein anderes Blatt des Kalenders. Dann schrieb er auf ein weiteres Blatt «Papa», auf ein anderes «Dorothy». «Das sind die Geburtstage von Mutter, Papa und Dorothy», erzählte er mir. Er blätterte zurück zu der Seite, auf der Papas Name stand. Er schrieb «Großmama» darauf.

«Der Geburtstag von Papa und Großmama sind am gleichen Tag», sagte er.

«Wirklich?»

«Ja. Nur ist einer älter als der andere.»

«Wer denn?» fragte ich.

«Großmama», antwortete er, einen Klang von Überraschung in der Stimme. «Der achtundzwanzigste Februar. Das ist der Tag. Washingtons Geburtstag auch.»

«Am Achtundzwanzigsten?» fragte ich.

«Nein. Washington ist am Zweiundzwanzigsten geboren, aber im gleichen Monat.»

Er betrachtete sich die Kalenderseite. «Ich will das ausradieren», sagte er und deutete auf «Papa».

«Wirklich?»

«Nein», sagte er mit einem Seufzer. «Nein. Das muß stehenbleiben, weil es ja sein Geburtstag *ist.*»

«Ob du es nun willst oder nicht, es ist sein Geburtstag, hmmm?»

«Stimmt. Und er braucht ihn.»

«Was meinst du damit?»

«Er braucht ihn. Ich brauche ihn», sagte Dibs.

«Oh», bemerkte ich

Er entdeckte eine leere Seite hinten im Kalender. «Kann ich die rausreißen?» fragte er.

«Wenn du willst.» Er riß sie heraus.

«Es gibt keine leeren Tage im Jahr», sagte er. «Sie haben alle eine Zahl und einen Namen und gehören jemandem.»

«Wirklich?»

«Ja. Es gibt keine, die nicht irgendwem gehören.» Er blätterte zum dreiundzwanzigsten September. «Ich will diesen Tag den ersten Tag im Herbst nennen», sagte er. Er schrieb unter dieses Datum die Worte «Willkommen, Herbst».

Er zog meine Kartei zu sich hin. «Ist mein Name hier drin?» fragte er. «Gibt es eine Karte mit meinem Namen darauf, wie sie der Doktor hat? Gibt es eine?»

«Warum siehst du nicht selbst nach?»

Er sah die Karten unter dem Anfangsbuchstaben seines Familiennamens durch. «Nein. Sie ist nicht da», sagte er. «Ich will bei D nachsehen. Vielleicht ist sie bei D. Sie sollte unter meinem Nachnamen sein, aber ich suche nach Dibs.»

«Sieh nur nach», sagte ich. Er tat es. Doch seine Karte war nicht in der Kartei.

«Sie ist nicht drin», sagte er.

«Möchtest du, daß sie drinnen ist?»

«Ja.»

«Nun, warum stellst du sie dann nicht hinein?»

Er wählte eine leere Karte aus und malte sorgfältig seinen Namen, die Adresse und die Telefonnummer. Dann ordnete er sie richtig unter dem Anfangsbuchstaben seines Familiennamens ein. Er nahm noch eine leere Karte heraus, schrieb meinen Namen darauf, als Adresse «Das Spielzimmer», fragte nach der Telefonnummer der Beratungsstelle, schrieb sie auf die Karte und ordnete diese unter A ein.

Die Kirchenglocken läuteten wieder. «Es ist fast Zeit zum Abendessen», sagte er. Er ging hinüber zum Fenster und sah hinaus. Er konnte sehen, wie draußen ständig mehr Menschen zum Eingang der Untergrundbahn strömten. Er beobachtete sie. «Die Leute gehen von der Arbeit nach Hause, von der Arbeit nach Hause, von der Arbeit nach Hause», sagte er. «Sie fahren in den Osten, wenn sie von der Arbeit nach Hause gehen. Sie gehen zum Abendessen. Morgen kommen sie wieder. Sie kommen wieder in den Westen. Kommen am Morgen in den Westen und zurück zur Arbeit.»

«Ja», sagte ich.

«Alle Leute gehen nach Hause», fuhr er fort. «Alle Leute, die arbeiten, gehen nach Hause. Nach Hause zum Abendessen. Nach Hause für die Nacht. Sie schlafen zu Hause. Alle Leute fahren in den Osten. Morgen, wenn sie zur Arbeit kommen, dann fahren sie in den Westen.»

«Ja, das stimmt. Wenn sie mit der Untergrundbahn oder mit dem Bus fahren. Jetzt fahren sie nach Hause. Morgen früh werden sie wahrscheinlich wieder zur Arbeit kommen.»

«Ja», sagte Dibs. «Hin und her. Tag für Tag. Tag für Tag. Wird langweilig.»

Er sah lange Zeit still aus dem Fenster. Dann drehte er sich um und sah mich an. «Wo ist Mutter?»

«Sie ist noch nicht gekommen. Sie läuten den Summer, damit wir wissen, daß sie da ist.»

«Wirklich?»

«Ja.»

«Sie wissen es *bestimmt*?»

«Ja, das weiß ich.»

«Jemand da draußen hat gesagt, sie läuten den Summer, wenn sie kommt?» fragte er.

«Ja. Was glaubst du?»

«Sie tun nicht immer das, was sie sagen.»

«Du meinst, manchmal erwartest du, daß etwas geschieht, und dann wirst du enttäuscht?» fragte ich.

«Ja», erwiderte er. «Es kann passieren. Aber wenn Sie sagen, daß Sie es glauben, muß ich noch etwas anderes machen.»

«Was denn?»

Er zog den Kalender zu sich hin und blätterte ihn durch. Er kam zum heutigen Tag. «Das ist heute», sagte er. «Ich will ein großes X hinschreiben.»

«Ein X auf den heutigen Tag?» fragte ich. «Warum?»

«Weil es mein wichtigster Tag ist.»

«Warum ist heute ein wichtiger Tag für dich?»

«Es ist mein wichtigster Tag», sagte er ganz ernst. «Ich *weiß* es.»

Müßig durchblätterte er den Kalender. «Das ist Ostern», sagte er und zeigte auf das richtige Datum.

«Ja.»

«Das wird ein schöner Tag.»

«Wirklich?»

«Ja. Ostern. Viele Blumen und Kirche. Es ist doch so?» fragte er.

«Ja», erwiderte ich.

Der Summer ertönte. «Wie Sie gesagt haben», bemerkte Dibs und zeigte auf die Tür.

«Ja. Jetzt ist deine Mutter da.»

«Ich weiß», sagte Dibs. «Auf Wiedersehen.» Er kam zu mir und berührte scheu meine Hand. «Auf Wiedersehen, Miß A», wiederholte er.

Wir gingen zusammen zum Wartezimmer. Seine Mutter begrüßte mich freundlich und zwanglos. Dibs stand ruhig neben ihr. Als sie aus dem Vorzimmer gingen, sagte seine Mutter: «Sag ‹Auf Wiedersehen› zu ...»

Dibs unterbrach sie. «Auf Wiedersehen», sagte er klanglos und mechanisch.

«Er hat sich schon von mir verabschiedet, bevor wir aus meinem Büro gingen», erklärte ich seiner Mutter.

Dibs' Gesicht heiterte sich auf. «Noch mal auf Wiedersehen, Miß A. Glückliches Auf Wiedersehen.»

Vierzehntes Kapitel

Ich war im Wartezimmer, als Dibs und seine Mutter in der nächsten Woche kamen. Ich trug ein bedrucktes Seidenkleid.

«Schau, Mutter», rief Dibs. «Das schöne bunte Kleid. Sind sie nicht schön? Ist das Kleid nicht schön?»

«Ja», sagte seine Mutter. «Es ist ein sehr schönes Kleid.»

«Farben», sagte Dibs. «Schöne Farben.»

Dibs verhielt sich heute ganz anders als sonst bei seiner Ankunft. Gewöhnlich war er sehr schweigsam. Seine Mutter lächelte. «Dibs wollte unbedingt ein Geburtstagsgeschenk mitbringen, weil er es Ihnen zeigen will. Ist Ihnen das recht?»

«Natürlich», antwortete ich. «Wenn er es gerne mitbringen wollte, ist es in Ordnung.»

Dibs hatte es eilig, ins Spielzimmer zu kommen. Er trug eine große Schachtel, in der sich offensichtlich das Geburtstagsgeschenk befand.

«Er kann es Ihnen erklären», sagte seine Mutter. «Ich komme tatsächlich immer mehr zu der Überzeugung, daß er über alles Bescheid weiß.» Ihre Stimme hatte einen unmißverständlichen Beiklang von Stolz.

Dibs war bereits ins Spielzimmer gegangen. Ich folgte ihm. Er saß auf dem Rand der Sandkiste und packte sein Geschenk aus. «Ich bin hier», verkündete er. «Ich bin hier.»

«Aha. Nun, dann fühl dich wie zu Hause», sagte ich.

«Nein, nicht wie zu Hause!» erwiderte Dibs. «Wie hier im Spielzimmer.»

«Gut», sagte ich. «Fühl dich wie im Spielzimmer.»

Dibs stolzierte glücklich lächelnd im Zimmer umher. «Ich hatte Geburtstag.»

«Hattest du einen schönen Geburtstag?» fragte ich.

«Ja», antwortete Dibs. Er ging zurück zu dem Paket. «Sehen

Sie das? Es ist ein internationaler Morseapparat mit Batterien und allem. Schauen Sie. Das sind Punkte und Striche, und man kann damit Nachrichten in Kode senden. Keine Buchstaben, nur Kode.» Als er den Apparat hochnahm, fielen die Batterien heraus. Schnell setzte er sie wieder ein. «Er geht auseinander», sagte er. «Die Batterien passen nicht gut. Hören Sie das kleine Geräusch, das es macht, wenn ich auf die Tasten drücke? Das ist die Nachricht. Ist es nicht schön?»

«Ja, Dibs. Sehr schön.»

«Es ist sehr interessant.» Er drückte auf die Taste und schrieb eine Nachricht. «Sehen Sie, wie er funktioniert? Es ist ein internationaler Morseapparat, und jeder kann die Schrift lesen, der den Kode kennt.»

«Aha.»

Ein Lastwagen hielt vor dem Fenster. «Schau Lastwagen, Dibs», sagte er und kehrte zu seiner früheren Sprechweise zurück. «Mach Fenster auf, Dibs.» Er öffnete das Fenster und sah hinaus. «Lastwagen weg», sagte er.

«Er ist fort?»

«Ja. Hier wieder neuer Lastwagen.» Ein anderer Lastwagen fuhr vor und hielt. Dibs sah mich an und grinste. Vielleicht war diese Rückkehr zur Babysprache ein Mittel für ihn, sich vom Druck der Erwartungen zu befreien, die das Geburtstagsgeschenk für ihn bedeuteten. «Hier ist Lastwagen», sagte Dibs. «Er hält. Er fährt. Jetzt fährt er zurück. Der Mann kommt heraus. Er trägt etwas. Vier Kartons auf einmal. Er trägt etwas hinein. Er kommt heraus. Er holt noch vier große Kartons. Er geht hinein.»

Er lehnte am Fensterbrett und betrachtete sich den Lastwagen eingehend. «Es ist ein großer Lastwagen. Er hat eine schmutzige rote Farbe. Er ist voll mit Kartons. Ich weiß nicht, was er in den Kartons hat, aber er hat den ganzen Lastwagen voll. Der Mann geht hinein und hinaus aus dem Lastwagen. Er trägt sie in das Haus. Hin und her. Hinein und hinaus. Er trägt Sachen.»

Zwei Schulmädchen mit Büchern gingen am Fenster vorbei. Sie sahen zu Dibs auf, der aus dem Fenster lehnte.

«Hallo», sagte eins der Mädchen zu Dibs.

Er beachtete sie nicht.

«Ich habe hallo gesagt», rief das Mädchen hinauf. Dibs nahm weiterhin keine Notiz von ihr.

«Kannst du nicht hallo sagen?» fragte das Mädchen. «Kannst du nicht sprechen? Was ist los mit dir? Hat die Katze deine Zunge geholt?»

Dibs beobachtete sie schweigend. Als sie nicht mehr zu sehen waren, sprach er. «Ich sehe, wie sie vorbeigehen. Ich spreche nicht mit ihnen. Ich antworte ihnen nicht. Da fährt der Mann mit dem Lastwagen. Ich habe nicht mit ihm gesprochen. Da geht eine Frau auf der Straße vorbei. Ich spreche nicht mit ihr. Ich sage zu niemand ein Wort. Da fährt der Lastwagen. *Auf Wiedersehen, Lastwagen!*» Mit einem Aufheulen des Motors fuhr der Lastwagen davon.

«Kannst du nicht hallo sagen? Kannst du nicht sprechen?» sagte er und ahmte den Tonfall des Mädchens nach. Dibs schloß das Fenster mit einem Knall und drehte sich zu mir um. Seine Augen sprühten vor Wut. «Will nicht hallo sagen! Will nicht mit ihnen sprechen!» schrie er. «Will nicht reden!»

«Du beobachtest sie und hörst, was sie zu dir sagen, aber sie kränken dich, und du willst nicht mit ihnen sprechen.»

«Das stimmt. Die Leute sind so gemein, daß ich nicht mit ihnen spreche. Aber ich spreche mit dem Lastwagen. Ich sage auf Wiedersehen zu dem Lastwagen.»

«Ein Lastwagen kann dich nicht kränken, nicht wahr?»

«Der Lastwagen ist nett», sagte Dibs.

Er ging zum Sandkasten, setzte sich auf den Rand und fuhr mit den Fingern durch den Sand. Er zog den Spielsoldaten heraus, hielt ihn in der Hand und sah ihn lange Zeit an. Dann wandte er sich dem Sand zu, grub mit den Händen ein Loch und vergrub den Soldaten. Oben auf den Sandhügel stellte er einen kleinen Lastwagen. Auf diese ausdrucksvolle Art dramatisierte er seine Gefühle, ohne ein Wort zu sagen.

Dann holte er den kleinen Sandeimer, eine Plastikschüssel, einen

Löffel, ein paar Kuchenförmchen und ein Sieb. Er stellte alles auf dem Tisch auf. «Jetzt will ich Plätzchen backen», kündigte er an. «Heute hat die Köchin ihren freien Tag, und ich backe Plätzchen. So vergesse ich meinen Kummer», sagte er. Er begann den Sand in der Schüssel abzumessen und zu mischen. «Ich nehme Mehl und Zucker und Fett. Ich nehme das Sieb und siebe das Mehl. Siebe es dreimal. Ich siebe es so, Dibs, daß es lockerer wird. Dann schmekken die Plätzchen besser. Und dann gebe ich das Fett dazu. Butter wird manchmal Fett genannt. Andere Sachen auch. Wie Schmalz und Margarine und Pflanzenöl.» Er war ganz in seine Rolle vertieft.

«Jetzt gebe ich die Milch dazu», sagte er. «Hast du gesehen, daß ich den Ofen angestellt habe, damit er vorgeheizt ist? Vorheizen bedeutet, daß man ihn vor der Zeit anwärmt. Dann hole ich die Ausstechformen. Sie haben verschiedene Formen. Das sind Häschen. Das sind Sterne. Und das sind Kürbisse. Willst du welche auswählen? Dann gib sie mir. Oder schieb sie auf diese Seite des Tisches. Ich möchte wissen, ob du verstehst, was ich dir sage. Das mit den Ausstechformen hast du verstanden, nicht wahr? Ich soll Häschen-Plätzchen machen. Jetzt rolle ich den Teig mit dem Nudelholz aus, und dann steche ich die Plätzchen mit der Form aus, die du ausgesucht hast.»

Seine Plätzchen-Mischung fiel auseinander. Er warf mir einen Blick zu. «Richtige Plätzchen halten besser», sagte er. «Aber ich tue so, als ob die hier halten, und steche sie mit der Häschenform aus. Ich muß sie auf das Blech tun und dann ausstechen, aber bei richtigen Plätzchen sticht man sie zuerst aus.»

«Aha», bemerkte ich.

«Jetzt stelle ich sie in den vorgeheizten Ofen», verkündete er. Er stellte das Blech mit den Plätzchen in den Puppenofen. «Jetzt setze ich mich hin und warte, daß die Plätzchen backen.» Er setzte sich auf den Rand der Sandkiste und zog die Schuhbänder aus seinen Halbschuhen. Dann zog er die Schuhe aus, kroch in die Sandkiste und sang:

«Oh, Plätzchen, backt,
Während ich hier drin sitze.
Oh, Plätzchen, backt,
Während ich meine Socken ausziehe,
Während ich Sand auf meine Füße streue
Und meine Zehen zähle.
Eins, zwei, drei, vier, fünf.
Fünf Zehen an einem Fuß.
Oh, was kommt nach eins?
Was habe ich dir gesagt?
Denke nach. Denke nach. Denke nach.
Ich sag' es noch einmal.
Paß auf und hör zu.
Eins, zwei, drei, vier, fünf.
Was habe ich gesagt?
Jetzt sag du es.
Eins. Eins. Eins.
Was habe ich gesagt?
Hör noch einmal zu.
Eins, zwei, drei, vier.
Eins. Eins. Eins.
Hör mir zu,
Du dummes Kind.
Eins. Zwei. Zwei. Zwei.
Jetzt sag es noch einmal.
Eins. Zwei. Drei. Vier. Fünf.
Richtig. Richtig. Richtig.
Ein frisch gebackenes Plätzchen für dich.»

Er lachte. «Also fünf Zehen an einem Fuß und fünf Zehen an dem anderen Fuß machen zehn Zehen an zwei Füßen», sagte er. «Kannst du denn gar nichts lernen? Oder weißt du es und antwortest mir nur nicht?»

«Manchmal hast du die Antworten gewußt und sie nur nicht gesagt? War es so?» fragte ich.

«Ich weiß nicht, wann ich es gewußt habe und wann nicht», antwortete Dibs und gab damit der Verwirrung Ausdruck, die er oft genug gefühlt haben mußte. Er legte sich auf den Rücken in den Sand und wand sich so lange herum, bis er mit den Zehen die Lippen berühren konnte. «Sehen Sie, was ich kann? Ich kann mich ganz zusammenbiegen, und niemand hat es mir gezeigt.» Er rollte sich im Sand herum, stand auf und sprang im Sand auf und nieder. Er lief zum Tisch, holte sich die Säuglingsflasche und ging zurück zur Sandkiste. Er legte sich hin und saugte an der Flasche wie ein Baby. Er schloß die Augen. «Als ich ein Baby war», sagte er.

Ich wartete, aber er fuhr nicht fort. «Als du ein Baby warst, was war da?» fragte ich schließlich.

«Als ich ein Baby war», wiederholte er. Dann setzte er sich plötzlich auf. «Nein. Nein. Nein», sagte er. Schnell ging er aus der Sandkiste hinaus. «Ich bin kein Baby. Ich war nie ein Baby!»

«Du bist jetzt kein Baby und möchtest auch nicht glauben, daß du einmal eins warst?»

Er ging hinüber zur Staffelei. «Da sind elf verschiedene Farben auf der Staffelei», sagte er. «Die verschiedenen Farben sind aus verschiedenen Stoffen gemacht. Wußten Sie das?»

«Tatsächlich?» bemerkte ich.

«Ja.» Er ging ruhelos im Zimmer umher.

«Wenn du nicht mehr in die Sandkiste gehst, ziehst du vielleicht besser Schuhe und Strümpfe wieder an», sagte ich.

«Ja. Meine Füße sind kalt. Der Boden ist heute kalt.»

Er zog die Socken an und reichte mir die Schuhe und die Schuhbänder. «Wenn ich Ihre Hilfe brauche, helfen Sie mir», sagte er. «Wenn ich sie nicht brauche, aber gerne will, daß Sie helfen, tun Sie es auch.»

«Ist das wirklich so?»

«Ja», erwiderte Dibs und nickte. «Ich weiß es.» Ich zog die Schuhbänder ein und reichte ihm die Schuhe.

«Danke», sagte Dibs.

«Gern geschehen», antwortete ich.

Dibs lächelte. «Sie haben es gern für mich getan!» rief er. Er ließ die Arme auf und nieder flattern und krähte wie ein Hahn. Er lachte. «Glücklicher Dibs», schrie er. «Los, Dibs. Zum Wasser. Zum Ausguß.» Er zog die Schuhe an, band die Schuhbänder fest zu, hüpfte hinüber zum Ausguß, öffnete die Türen und drehte das Wasser voll auf. Er holte die Säuglingsflasche, nahm sie mit zum Ausguß, goß das Wasser aus, das drinnen war, und füllte die Flasche wieder. Das Wasser spritzte ins Zimmer. Er drehte den Trinkwasserhahn auf, hielt seine Finger über einen Teil des Rohrs und richtete einen Wasserstrahl mitten ins Zimmer. «Ich lasse einen Strahl spritzen!» rief er. Er rollte die Ärmel hoch. Dann füllte er die Säuglingsflasche und versuchte den Sauger aufzusetzen, aber er rutschte ab. «Miß A tut es für dich, Dibs», sagte er. «Miß A hilft dir immer.»

«Du glaubst, daß ich es für dich machen werde?»

«Stimmt. Ich weiß, daß Sie es tun.» Er reichte mir die Flasche und den Sauger. Ich steckte den Sauger auf und gab ihm die Flasche zurück.

Er stand vor mir, saugte an der Flasche und sah mich unverwandt an. «Sie sagen nicht, daß ich dumm bin», sagte er. «Ich sage helfen, Sie helfen. Ich sage, ich weiß nicht, Sie wissen. Ich sage, ich kann nicht, Sie können.»

«Und was gibt dir das für ein Gefühl?»

«Einfach so», sagte er. «Ein Gefühl.» Er sah mich lange ernst an. Dann wandte er sich wieder dem Ausguß zu, füllte die Flasche, leerte sie aus, drehte den Hahn auf, spritzte mit dem Wasser und lachte, als er Wasser auf das Abtropfbrett und den Boden goß. «Mach es ganz naß», schrie er. «Mach ein richtiges Durcheinander!» Er bemerkte eine Dose Scheuerpulver auf dem Regal über dem Ausguß. Er kletterte hinauf und holte sie hinunter.

«Was ist in der Dose?» fragte er.

«Scheuerpulver», sagte ich.

Er roch daran, schüttelte sich etwas in die Hand, betrachtete es und nahm es plötzlich in den Mund.

«Oh, nein, Dibs», rief ich aus. «Das ist Scheuerpulver. Es schmeckt nicht gut!»

Er drehte sich um und sah mich kalt an. Diese plötzliche Reaktion von mir war inkonsequent. «Wie kann ich wissen, wie es schmeckt, wenn ich es nicht in den Mund nehme?» fragte er mit Würde.

«Da hast du recht», erklärte ich ihm. «Aber du solltest es nicht hinunterschlucken. Es schmeckt nicht gut.»

Er spuckte es in den Ausguß.

«Warum spülst du dir den Mund nicht mit etwas Wasser aus?» schlug ich vor. Er tat es. Aber meine Reaktion beunruhigte ihn. Er stellte das Scheuerpulver zurück aufs Regal und warf mir einen kalten Blick zu.

«Es tut mir leid, Dibs», sagte ich. «Ich habe wohl nicht richtig überlegt. Aber ich wollte nicht, daß du soviel Scheuerpulver in den Mund nimmst.»

Er biß sich auf die Lippen und ging zum Fenster. Da er sehr empfindlich war, war er immer bereit, sich in sein Schneckenhaus zurückzuziehen, wenn er verletzt wurde. Schließlich ging er zurück zum Ausguß. Er füllte den Krug mit Wasser und goß es auf das Abtropfbrett. Er stellte die Säuglingsflaschen ins Wasser, füllte das Becken und schlug die Flaschen gegeneinander. Das Wasser lief mit voller Kraft. Er lachte, während er die Flaschen im Wasser herumschob. Er ließ eine fallen, und sie stieß an den Wasserhahn. «Sie können zerbrechen und einen schneiden!» rief er. «Haben Sie Angst, daß ich mich schneide?»

«Ich glaube, du weißt, wie du damit umgehen mußt», sagte ich. Ich hatte meine Lektion gelernt. Er nahm die Glasflaschen heraus und warf das Plastikgeschirr ins Wasser.

«Sie fallen hinunter und drehen sich rundherum», schrie er. «Kleine Tassen. Kleine Untertassen. Kleine Teller. Komm, spritz. Komm, los.» Er schleuderte das Wasser tassenweise ins Zimmer und schrie dabei vor Vergnügen. «Gehen Sie zurück. Gehen Sie zurück», kreischte er. «Passen Sie auf Ihr Kleid auf. Bleiben Sie hinten, oder Sie werden naß.»

Ich zog mich in eine sichere Ecke zurück, und Dibs spritzte weiterhin mit dem Wasser herum.

«Ich hab' noch nie in meinem Leben so ein herrliches Gepansch gemacht», sagte er. Das Becken füllte sich immer mehr und war kurz vor dem Überlaufen. «Sehen Sie das Wasser», rief er aus. «Es wird wie ein Wasserfall. Es wird überlaufen.» Er stand vor dem Becken, beobachtete es und sprang auf und nieder. Er tauchte Hände und Arme ins Wasser, faßte mit den nassen Händen ins Gesicht und bespritzte sich mit Wasser. «Oh, nasses, nasses Wasser, so kühl, so schnell», sagte er. Er beugte sich vor, bis sein Gesicht das Wasser berührte. Gerade als das Wasser am Überlaufen war, drehte er schnell den Hahn ab.

«Ich lass' etwas Wasser aus», kündigte er an. Heftig rührte er die Tassen und Untertassen im Wasser herum. Er warf die kleinen Plastikmesser, die Gabeln und Löffel hinein. «Die kleinen Dinger können in das Abflußrohr rutschen», meinte er dann. Er fischte sie wieder heraus und legte sie aufs Abtropfbrett. «Das ist jetzt genug», sagte er und zog den Stöpsel heraus. Das Wasser gurgelte den Abfluß hinunter. Er langte nach dem Heißwasserhahn.

«Dieses Wasser ist zu heiß, Dibs», sagte ich. «Nimm erst das kalte Wasser.»

Dibs ordnete die Gabeln. Er zählte sie. Schnell langte er zum Wasserhahn, drehte das heiße Wasser auf, steckte den Finger darunter und zog ihn eilig zurück.

«Das ist heiß!» rief er aus.

«Du wolltest es selbst herausfinden. Jetzt weißt du es.»

«Ja», sagte Dibs. «Zu heiß.»

Er nahm die Säuglingsflasche, die auf dem Tisch stand, steckte den Sauger in den Mund und saugte daran. Er setzte sich ganz besänftigt auf den kleinen Stuhl neben dem Tisch und trank aus der Flasche. «Ich bin nicht sehr alt», sagte er.

«Nicht?»

«Nein. Ich bin erst sechs.»

«Jetzt im Moment kommst du dir nicht sehr alt vor, nicht wahr?»

«Nein.» Er saugte weiter an der Flasche und sah mich an. Schließlich stellte er sie fort.

«Miß A wohnt in diesem großen Haus aus Ziegelsteinen», sagte er. «Sie wohnt in Zimmer siebzehn. Es ist ihr Zimmer. Sie gehört irgendwo hin. Und Zimmer siebzehn ist ihr Zimmer. Es ist auch mein Zimmer.»

«Es gehört uns beiden, nicht wahr?»

Dibs nickte. «In diesem Zimmer ist es sehr schön. Und in Ihrem Büro auch. Gehen wir in Ihr Büro. Ich nehme meinen Morseapparat mit.»

Wir gingen in mein Büro. Dibs setzte sich wieder in den Schreibtischstuhl. Er untersuchte die neue Schreibtischlampe, knipste sie an und öffnete dann die Schachtel, in der sich sein Morseapparat befand. «Damit kann man Nachrichten senden», sagte er.

«Was für Nachrichten?»

«Einfach Nachrichten. Das ist der Kode für ‹A›. Das ist der Kode für ‹B›. Ich zeige Ihnen den Kode für alle Buchstaben im Alphabet.» Er klickte die Taste herunter, um mir das Kodezeichen für jeden Buchstaben anzugeben.

«Meine Arme sind aufgesprungen», sagte er. «Darum ist die Haut so rauh. Ich muß sie mit Fett einreiben. Schauen Sie mal, das hübsche kleine Buch.» Er griff nach dem Buch. «Es ist ja der *Kleine Oxford Dictionary*. Ich will ein Wort darin nachschlagen. Sehen wir mal. Hefe. Das schreibt man H-E-F-E. Ich suche es und lese Ihnen vor, wie es erklärt ist.» Er fand das Wort und las die Erklärung. «Das braucht man fürs Brot. Ich sehe gerne Wörter im Lexikon nach. Verstehen Sie den Kode?» fragte er mich.

«Wenn ich dabei die Beschreibung auf dem Deckel ansehen kann», antwortete ich.

Nachdem er festgestellt hatte, daß ich seine verschlüsselten Nachrichten verstehen konnte, beugte er sich über sein Papier und schrieb in Kode. Dann zog er sich den Telegrafenapparat näher heran und tippte die Mitteilung schnell ab. «Hören Sie. Hören Sie», rief er. «Verstehen Sie die Nachricht?»

«Ich muß das Papier sehen und den Deckel.»

«Okay. Sehen Sie sich's an. Das ist eine wichtige Mitteilung.»

«Ich glaube, ich habe es», sagte ich, nachdem ich die Botschaft entschlüsselt hatte.

«Was heißt es?»

«Es heißt: ‹Ich bin Dibs. Ich bin Dibs. Ich bin Dibs.›»

«Das stimmt», rief er. «Jetzt das nächste.» Er klickte auf dem Telegrafenapparat drauflos.

«Ich habe Dibs gerne. Sie haben Dibs gerne. Wir beide haben Dibs gerne», lautete die Botschaft. Ich las sie vor. Er klatschte in die Hände.

«Das stimmt. Das tun wir!» Er lächelte glücklich. «Jetzt schreiben Sie etwas, und ich tippe es ab», sagte er. «Fragen Sie mich etwas.»

Ich schrieb in Kode den Satz: «Wie alt bist du?»

«Ich bin sechs», gab er als Antwort. «Ich habe gerade Geburtstag gehabt. Ich habe mich gerne. Sie haben mich gerne. Ich hebe die Nachrichten auf.»

Er faltete das Papier zusammen, auf das wir unsere Kode-Mitteilungen geschrieben hatten, und steckte es hinter seine Karteikarte. «Alles unter A gehört Ihnen. Alles unter meiner Karte gehört mir. Ich will alles andere hier herausnehmen. Eine Karte für Sie. Eine Karte für mich. Nur unsere beiden Karten zusammen in dem Kasten. Und keine anderen.»

«Du willst, daß nur deine Karte und meine Karte in dem Kasten sind?»

«Ja. Nur wir beide. Sonst keiner.»

Er deckte seinen Meldeapparat wieder zu. «Das ist ein schöner Apparat», sagte er. «Es war ein Geburtstagsgeschenk. Von Mutter. Von Papa habe ich einen Chemiekasten bekommen. Von Dorothy ein Buch. Und von Großmama eine große, wunderschöne Spieluhr. Sie hat sie mit der Post geschickt. Und Geleebonbons und Ballons.» Er lachte. «Letztes Jahr hat sie mir einen Teddybär geschenkt. Er ist mein Lieblingstier.»

«Du hast deinen Teddybären sehr gerne, nicht wahr? Du hast dich wohl über alle Geschenke, die du zum Geburtstag bekommen hast, gefreut?» bemerkte ich.

«Ja», sagte er. «Und über die Geburtstagskarte auch. Die Karte von Ihnen. Mein Geburtstag dieses Jahr war schön.»

«Das freut mich.»

«Es ist fast Zeit zum Heimgehen, nicht wahr?» fragte er und drehte die Schreibtischuhr zu sich herum.

«Ja.»

«Ich tue drei Minuten nur das», sagte er, faltete die Hände vor sich auf dem Schreibtisch und beobachtete die Zeiger der Uhr. «Ich bin jetzt glücklich.»

Als die Zeit um war, nahm er seinen Morseapparat und ging zur Tür hinaus. «Auf Wiedersehen, Miß A.»

«Auf Wiedersehen, Dibs.»

«Bleiben Sie hier. Nächste Woche komme ich wieder.»

Fünfzehntes Kapitel

«Guten Tag», rief Dibs, als er das Spielzimmer betrat. «Und wieder komme ich in das herrliche Zimmer, in dem ich alles tue, was ich tun muß. Heute habe ich schon alles ausgedacht.»

«Du hast Pläne für heute?» bemerkte ich. «Nun, du weißt ja, du kannst tun, was du willst.»

Er ging im Zimmer umher, sah auf die Sandkiste, betrachtete sich eingehend das Puppenhaus und hob jedes einzelne Mitglied der Puppenfamilie auf. «Papa ist also hier», sagte er. «Und Mutter. Und da sind die Schwester und der Junge. Sie sind alle hier im Haus.» Er legte sie zurück, ging zum Fenster und sah lange Zeit schweigend hinaus.

«Die Familie ist im Haus», kommentierte ich, dann schwieg ich mit ihm.

Schließlich seufzte er tief. «Es gibt so viele Dinge in der Welt», sagte er. «Wenn ich nur hier aus dem Fenster schaue, kann ich so viele schöne Dinge sehen. Bäume, die so groß und stark werden. Und eine Kirche, die bis zum Himmel hinaufreicht. Ich sehe Leute vorbeigehen. Es gibt alle möglichen Leute. Ich sehe Autos und Lastwagen. Und diese Leute. Es gibt alle möglichen Leute. Manchmal habe ich Angst vor ihnen.»

«Manchmal hast du Angst vor den Leuten?» sagte ich und hoffte, ich könnte ihn dadurch ermutigen, weiterzusprechen.

«Aber manchmal habe ich keine Angst vor Leuten», fügte er hinzu. «Ich habe keine Angst vor Ihnen.»

«Du fürchtest dich nicht, wenn du bei mir bist?» bemerkte ich.

Er seufzte. «Ich habe jetzt keine Angst, wenn ich bei Ihnen bin.»

Er ging zum Sandkasten und ließ den Sand durch seine Finger laufen. «Sand kann man für vieles gebrauchen.» Er nahm die Schaufel und begann, ein tiefes Loch zu graben. «In diesem Loch könnte jemand begraben werden», sagte er. «Es könnte ja sein.»

«Oh. Könnte jemand dort begraben werden?»

«Oder auch nicht», fügte er hinzu und wich dem Gedanken aus. «Du hast dich noch nicht entschieden?»

Er ging fort vom Sandkasten und zum Tisch und spielte müßig mit den Buntstiften. «Ich bin ein Junge», sagte er langsam. «Ich habe einen Vater, eine Mutter, eine Schwester. Aber ich habe auch eine Großmutter, und sie hat mich lieb. Großmutter hat mich immer lieb gehabt. Aber Papa nicht. Papa hat mich nicht immer lieb gehabt.»

«Du weißt, daß Großmutter dich lieb hat, aber du bist nicht so sicher, ob Papa dich immer lieb gehabt hat?» bemerkte ich.

Dibs legte die Hände krampfhaft zusammen. «Papa mag mich jetzt etwas mehr», sagte er. «Papa redet mit mir.»

«Du hast das Gefühl, daß Papa dich jetzt lieber mag?» bemerkte ich. Das war eine sehr heikle Situation, jedes Drängen konnte zur Folge haben, daß Dibs zur Verteidigung in teilnahmsloses Schweigen verfiel.

«Ein bißchen besser», sagte er und spielte nervös mit seinen Händen, als wäre er erregt.

«Ich habe ein Mikroskop», sagte er. «Ich sehe mir viele interessante Dinge unter dem Mikroskop an. Unter dem Mikroskop kann ich sie größer sehen, als sie sind. Ein paar Sachen kann man unter dem Mikroskop sehen, die sonst gar nicht da sind.»

Dibs war wieder in seine sichere intellektuelle Welt geflüchtet. Das Mikroskop war ein Gegenstand. Vor diesem Gegenstand brauchte er sich nicht zu fürchten. Es waren keine Gefühle damit verknüpft.

«Manchmal findest du das Mikroskop interessant», sagte ich. Dann wartete ich.

Dibs griff nach einem Buntstift. Er kritzelte leere, bedeutungslose Zeichen auf das Papier. «Hier drinnen bin ich sicher. Bei Ihnen darf man mir nicht weh tun.»

«Du fühlst dich sicher hier drinnen bei mir», bemerkte ich. Er wollte auf irgend etwas hinaus, das für ihn wichtig war. Ich mußte äußerst vorsichtig sein, damit ich ihn nicht davon abhielt, sich zu äußern, und auch nicht zu sehr drängte, bevor er dazu bereit war.

Er ging zum Puppenhaus und nahm die Puppen heraus. Er stellte die Möbel um.

«Die Mutter will im Park spazierengehen», sagte er. «Sie will allein sein, darum geht sie in den Park, wo sie die Bäume und Blumen und Vögel sehen kann. Sie geht sogar bis zum Teich und schaut dem Wasser zu.» Er ließ die Puppenmutter durch den imaginären Park gehen. «Sie sucht eine Bank und setzt sich hin, damit sie die Sonne spüren kann, weil sie die Sonne gern hat.» Er setzte die Mutter auf einen Baustein und ging zurück zum Haus. Er ergriff die Schwester. «Die Schwester geht fort zur Schule. Sie haben ihre Koffer gepackt und sie von zu Hause weggeschickt, und sie geht ganz alleine weit fort.» Er brachte die Schwester in eine entfernte Ecke des Zimmers. Dann kehrte er zum Puppenhaus zurück und nahm den Vater auf.

«Er ist allein im Haus. Er liest und studiert und darf nicht gestört werden. Er ist ganz allein. Er will Ruhe haben. Er zündet eine Pfeife an und raucht, weil er nicht weiß, was er tun soll. Dann geht er hinüber und schließt das Zimmer von dem kleinen Jungen auf.» Schnell legte er den Vater hin und ergriff den kleinen Jungen. «Der Junge macht die Tür auf und läuft aus dem Haus, weil er verschlossene Türen nicht mag.» Er ließ den Jungen ein Stückchen gehen, aber nicht weit fort vom Haus.

Dibs vergrub das Gesicht in den Händen und schwieg minutenlang. Er seufzte tief und nahm wieder den Vater zur Hand. «Also geht Papa auch spazieren, weil er nicht weiß, was er machen soll. Er geht die Straße hinunter, und da sind viele Autos und Busse, und der Verkehr macht großen Lärm, und Papa kann Lärm nicht leiden. Aber er geht die Straße hinunter zum Spielwarenladen, weil er schöne neue Spielsachen für seinen Jungen kaufen will. Er denkt, daß der Junge vielleicht gern ein Mikroskop hätte. Also kauft er es und geht zurück zum Haus.»

Dibs stand auf und ging im Zimmer umher, dabei warf er mir von Zeit zu Zeit einen Blick zu. Dann kniete er wieder neben dem

Haus nieder und ergriff erneut den Puppenvater. «Er rief den Jungen immer wieder, und der Junge kam hereingelaufen.» Dibs brachte den Puppenjungen zurück zum Vater. «Aber der Junge lief so schnell, daß er an den Tisch stieß und die Lampe umwarf. Der Vater sagte, daß der Junge dumm ist. Ein dummer Junge, der nicht acht gibt. ‹Warum hast du das getan?› fragte er, aber der Junge antwortete ihm nicht. Der Vater war sehr böse und sagte dem Jungen, er soll in sein Zimmer gehen. Er sagte, daß er ein dummes Kind ist und daß er sich schämt wegen ihm.»

Dibs war angespannt; er ging ganz und gar in der Szene auf, die er spielte. Er sah zu mir auf und mußte gespürt haben, daß ich genauso intensiv bei der Sache war wie er. «Der Junge schlich sich aus dem Haus und versteckte sich», flüsterte Dibs. «Der Vater merkte es nicht. Dann . . .» Er stand auf, eilte durchs Zimmer und holte die Mutter zurück. «Die Mutter war mit ihrem Spaziergang im Park fertig und kam zurück. Der Vater war immer noch sehr böse und erzählte der Mutter, was der dumme Junge getan hatte. Und die Mutter sagte: ‹Ach je! Ach je! Was ist nur mit ihm los?› Und dann kam plötzlich ein Riesenjunge daher. Er war so groß, daß niemand ihm etwas tun konnte.» Dibs stand auf. «Der Riesenjunge sah die Mutter und den Vater im Haus und hörte, was für böse Dinge sie sagten. Darum entschloß er sich, ihnen einmal eine Lehre zu geben. Er ging um das ganze Haus und verschloß jedes Fenster und jede Tür, damit sie nicht hinaus konnten. Sie waren beide eingeschlossen.»

Er sah zu mir auf. Sein Gesicht war blaß und streng. «Sehen Sie, was passiert?» sagte er.

«Ja. Ich sehe, was passiert. Der Riesenjunge hat Vater und Mutter in dem Haus eingeschlossen.»

«Dann sagt der Vater, daß er jetzt seine Pfeife rauchen will, und er holt sie heraus. Er nimmt Streichhölzer und zündet eins an und läßt es auf den Boden fallen, und das Zimmer fängt an zu brennen. Das Haus brennt! Das Haus brennt! Und sie können nicht hinaus. Sie sind in dem Haus eingesperrt, und das Feuer brennt immer schneller. Der kleine Junge sieht sie in dem Haus, wo sie eingesperrt sind und brennen, und er sagt: ‹Laß sie brennen! Laß sie brennen!›» Dibs griff ein paarmal schnell und hastig hin, als wolle er den Puppenvater und die Puppenmutter retten, aber er zog die Hände wieder zurück und schützte das Gesicht, als wäre das gespielte Feuer wirklich da und er würde sich beim Versuch, Vater und Mutter zu retten, verbrennen.

«Sie schreien und rufen und schlagen an die Tür. Sie wollen hinaus. Aber das Haus brennt, und sie sind eingeschlossen und können nicht hinaus. Sie schreien und rufen um Hilfe.»

Dibs preßte die Hände aneinander. Tränen strömten ihm übers Gesicht. «Ich weine! Ich weine!» rief er mir zu. «Ich weine deshalb!»

«Weinst du, weil Vater und Mutter im Haus eingeschlossen sind und nicht hinauskönnen und das Haus brennt?» fragte ich.

«Nein, nein!» erwiderte Dibs. Seine Stimme wurde von einem Schluchzen erstickt. Er stolperte durch das Zimmer zu mir, warf die Arme um meinen Hals und weinte bitterlich.

«Ich weine, weil ich wieder spüre, wie weh es tut, wenn man die Tür hinter mir zuschließt und mich einsperrt», schluchzte er. Ich legte die Arme um ihn.

«Du merkst wieder, wie es immer war, wenn du so allein warst?»

Dibs warf einen Blick zurück auf das Puppenhaus. Er wischte sich die Tränen ab und atmete schwer. «Der Junge will sie retten», sagte er. Er nahm den Puppenjungen und ging mit ihm zum Haus. «‹Ich rette euch! Ich rette euch!›» rief er. «‹Ich schließe die Türen auf und lasse euch hinaus.› Und so schloß der kleine Junge die Türen auf und löschte das Feuer, und sein Vater und seine Mutter waren gerettet.»

Er kam zu mir zurück und berührte meine Hand. Er lächelte schwach. «Ich habe sie gerettet», sagte er. «Ich habe sie nicht verbrennen und Schmerzen leiden lassen.»

«Du hast ihnen geholfen. Du hast sie gerettet», sagte ich.

Dibs setzte sich an den Tisch und starrte vor sich hin. «Sie haben mich immer in mein Zimmer eingesperrt. Sie tun es nicht mehr, aber sie haben es immer getan.»

«Wirklich? Aber sie tun es nicht mehr?»

«Nicht mehr», sagte Dibs, und ein zitternder Seufzer entrang sich ihm. «Papa hat mir wirklich ein Mikroskop geschenkt, und es macht mir viel Spaß.» Er stand vom Tisch auf, ging durch das Zimmer und holte die Schwester. Er trug sie zurück zum Puppenhaus und setzte alle vier Puppen auf Stühle ins Wohnzimmer.

Dann ging er wieder zum Tisch, nahm den schwarzen Farbstift und färbte ein Stück Zeichenpapier völlig schwarz, bis auf einen winzigen Kreis in der Mitte, den er gelb malte. Er machte keine Bemerkung über seine Zeichnung. Als er fertig war, legte er die Buntstifte zurück in die Schachtel. Dann ging er zur Sandkiste, nahm die Schaufel und füllte langsam das Loch zu, das er zu Beginn der Stunde gegraben hatte.

Es war eine harte Stunde für Dibs gewesen. Erbarmungslos hatten sich seine Gefühle Bahn gebrochen. Die verschlossenen Türen hatten tiefen Kummer in sein junges Leben gebracht. Nicht nur die verschlossene Tür seines Zimmers, sondern alle Türen des Wohlwollens, die man vor ihm geschlossen und versperrt hatte und die ihm Liebe, Achtung und Verständnis raubten, die er so verzweifelt brauchte.

Dibs ergriff die Säuglingsflasche und trank kurz daraus. Dann legte er sie hin und sah mich unverwandt an. «Ich bin kein Baby mehr», sagte er. «Ich bin jetzt ein großer Junge. Ich brauche die Babyflasche nicht.»

«Du brauchst die Babyflasche nicht mehr?» fragte ich.

Dibs grinste. «Außer ich will manchmal wieder ein Baby sein», sagte er. «Je nachdem, wie ich mich gerade fühle. Wie ich mich fühle, so werde ich sein.»

Er breitete die Arme ganz weit aus. «Kikeriki», krähte er. «Kikeriki!»

Er war jetzt entspannt und glücklich. Als er das Spielzimmer verließ, schien er alle schmerzlichen Gefühle zurückzulassen, denen er hier ein Ende bereitet hatte.

Sechzehntes Kapitel

Als Dibs das Spielzimmer betrat, lächelte er glücklich und schaute sich um. Er bemerkte einen Zaun, den ein anderes Kind mitten durch die Sandkiste gebaut hatte. «Das ist ein Zaun», sagte er. «Und Sie wissen doch, daß ich Zäune nicht mag. Ich nehme ihn hier raus.» Schnell entfernte er den Zaun aus der Sandkiste. Dann ergriff er das Gewehr, trug es zum Tisch und steckte es in die Schublade. Er bemerkte ein kleines zerbrochenes Puppenhaus auf dem Regal, nahm es herunter und untersuchte es.

«Ich werde das Haus reparieren», sagte er. «Wo ist der Klebstreifen?»

Ich holte den Klebstreifen. «Wieviel wirst du wohl brauchen?» fragte ich.

«Fünfundzwanzig Zentimeter», antwortete er schnell, und ungefähr soviel brauchte er auch.

Ich riß den Klebstreifen ab und gab ihn ihm.

«Gut so», sagte Dibs. «Danke. Und jetzt mache ich das Fenster auf, damit frische Luft hereinkann», rief Dibs aus.

Er öffnete das Fenster. «Komm herein, Luft», rief er. «Komm herein zu uns.» Er grinste mich an. «Papa mag es nicht, wenn ich mit der Luft rede, aber hier drinnen tue ich es, wenn ich Lust dazu habe.»

«Hier drinnen, wenn du Lust dazu hast, gut», bemerkte ich.

«Papa sagt, Menschen reden nur mit Menschen», sagte Dibs. In seinen Augen war ein Zwinkern. «Papa sagt, ich soll mit ihm sprechen, aber das tue ich nicht. Ich höre ihm zu, aber ich spreche nicht mit ihm. Nein, oft antworte ich ihm nicht. Er regt sich sehr darüber auf.»

Das Sprechen war zu einem strittigen Punkt zwischen den beiden geworden, und Dibs verstand es glänzend, es seinem kritischen Vater heimzuzahlen, indem er einfach nicht sprach.

«‹Guten Morgen›, hat er zu mir gesagt», fuhr Dibs fort. «Ich sehe ihn nicht an. Ich antworte ihm nicht. ‹Was ist los mit dir›, sagt er, ‹ich weiß, daß du sprechen kannst.› Aber ich sage nichts. Ich sehe ihn nicht an. Ich antworte nicht.» Dibs lachte. «Er regt sich so auf.»

Er ging zum Tisch, öffnete die Schublade und nahm das Gewehr heraus. Dann ging er zum offenen Fenster und sah hinaus. Er beobachtete, wie ein großer Lastwagen vorbeifuhr.

Er drehte sich um und sah mich an. «Soll ich das Gewehr hinauswerfen?» fragte er.

«Wenn du das tust, würden wir es nicht wiederbekommen», antwortete ich.

«Es wäre gleich hier unter dem Fenster.»

«Ich weiß. Aber wir könnten jetzt nicht hinausgehen und es holen.»

«Später ist es vielleicht weg», sagte Dibs. «Jemand findet es vielleicht und nimmt es mit.»

«Ja. Das ist möglich.»

«Dann werfe ich es nicht hinaus.»

Er ging um das Puppenhaus herum und betrachtete die Puppenfamilie. Er stellte den Vater auf und zielte mit dem Gewehr auf ihn. «Sag ja kein Wort, oder ich schieße dich tot», sagte er zu der Puppe. «Mach deinen Mund kein einziges Mal mehr auf.» Er ließ das Gewehr klicken. «Ich bin bereit. Wenn du nicht aufpaßt, schieße ich dich tot.»

Er öffnete den unteren Teil des Hauses. «Ich verstecke das Gewehr hier unten im Keller. Keinem wird etwas geschehen.» Er legte das Gewehr unten ins Haus und schloß die Tür.

Dann kam er zu mir und blieb vor mir stehen. Ein schwaches Lächeln erhellte sein Gesicht. «In meiner Klasse in der Schule sind Kinder», sagte er. «Jack und John und David und Carl und Bobby und Jeffrey und Jane und Carol. Es sind viele Kinder in meiner Klasse in der Schule.»

«Viele Kinder bei dir in der Schule? Du kennst von manchen die Namen, nicht wahr?»

«Ich kenne von allen die Namen», sagte Dibs. «Es gibt Jungen und Mädchen. Sie sind sehr interessant.»

Es war das erste Mal, daß er bestimmte Jungen und Mädchen aus seiner Gruppe in der Schule erwähnte. Das erste Mal auch, daß er ein Interesse an ihnen äußerte.

Ich hatte gedacht, daß wir irgendwann im Laufe der Zeit Gruppentherapie bei Dibs anwenden könnten, um ihm Gelegenheit zu geben, Teil einer kleinen, sich gegenseitig beeinflussenden Gruppe zu werden. Ich hatte nichts von der Schule gehört und wußte nicht, ob er dort Fortschritte machte oder nicht. Ich entschloß mich, Dibs zu fragen, was er davon hielte, wenn ein anderes Kind mit ihm zusammen hier ins Spielzimmer käme.

«Dibs, würde es dir Spaß machen, wenn ein anderer kleiner Junge oder ein kleines Mädchen am Donnerstag hierherkommen und mit dir spielen würde?» fragte ich.

Dibs zuckte zusammen. Er sah mich mit bösen Augen an. «Nein! Nein!» schrie er. «Will keinen anderen hier haben!»

«Du willst kein anderes Kind mit hier haben?» fragte ich.

Dibs schien zusammenzusinken. «Es wird keiner kommen», sagte er traurig.

«Du glaubst, es würde keiner kommen? Hast du darum nein gesagt?»

«Nein», murmelte Dibs. «Keiner mag mich. Keiner wird kommen.»

«Aber wenn ein anderes Kind käme und gerne hier bei dir wäre, würde es dir dann gefallen?» fragte ich und ließ ihn versuchsweise mit dem Gedanken spielen.

«Nein!» schrie Dibs. «Das gehört mir! Ich will es ganz für mich. Nie soll jemand anders hierherkommen, ich will es nicht. Ich will es nur für mich und für Sie.» Er schien den Tränen nahe. Er drehte mir den Rücken zu.

«Ich verstehe, Dibs. Wenn du möchtest, daß dies hier nur für dich und mich sein soll, dann werden wir es auch so machen.»

«Ja, ich will, daß es ganz allein mir gehört und niemand anders hierherkommt.»

«Wie du willst», sagte ich.

Dibs ging zum Fenster und blickte hinaus. Wir schwiegen beide.

«Es sind Kinder in meiner Klasse in der Schule», sagte er nach einer langen Pause. «Ich . . .» Er zögerte, drehte sich um und sah mich an. «Ich . . . mag . . . sie . . . gern», sagte er und stotterte ein wenig. «Ich will, daß sie mich gern haben. Aber ich will sie nicht hier drinnen bei uns haben. Sie gehören nur mir. Etwas Besonderes nur für mich. Nur wir beide.»

«Du hast die anderen Kinder gerne, aber du möchtest diese Zeit nur für uns beide behalten?»

«Ja. Das stimmt.» Die Glocken schlugen. «Vier Uhr», sagte er. «Vier-Uhr-Glocken und Vier-Uhr-Blumen. Und die Sonne ist am Himmel. Es gibt Sonnenblumen. Es gibt so viele verschiedene Dinge.»

«Ja», sagte ich.

Er ging zum Ausguß und drehte das Wasser voll auf. Dann ließ er es in einem ganz kleinen Strahl laufen. Er wandte sich zu mir um und sagte ganz ernst: «Ich kann das Wasser tröpfeln und brausen lassen. So wie *ich* will.»

«Ja. Du kannst das Wasser hier drinnen so laufen lassen, wie du willst.»

«Ich kann es abdrehen. Ich kann es andrehen.»

«Du kannst es kontrollieren.»

«Ja», sagte er langsam und entschlossen. «Ich kann. Ich. Ich. Ich . . .» Er ging im Zimmer umher, klopfte sich auf die Brust und rief: «Ich. Ich. Ich. Ich.» Er blieb vor mir stehen. «Ich bin Dibs», sagte er. «Ich kann Dinge tun. Ich habe Dibs gerne. Ich habe mich gerne.» Er lächelte glücklich und begann dann im Wasser zu spielen.

Er legte die Säuglingsflasche in das Becken und drehte das Wasser voll auf. Es spritzte durchs ganze Zimmer. Er sprang zurück und lachte fröhlich. «Mich spritzt es nicht an!» rief er. «Ich kann zurückspringen. Ich kann etwas dagegen tun.» Er steckte eine kleine Flasche in eine größere. Er hielt eine Flasche hoch in die Luft und goß das Wasser hinunter in die kleinere Flasche. «Ich kann viele Dinge tun», rief er aus. «Ich kann das und das und das machen. Ich kann Experimente machen.» Mit dem Wasser und den verschiedenen Behältern führte er seine Experimente aus. «Das macht Spaß», rief er. «Dinge, die man zusammenbringt, können komische Sachen tun. Ich kann hier drinnen so groß sein wie die ganze Welt. Ich kann alles machen, was ich will. Ich bin groß und mächtig. Ich kann das Wasser andrehen und abdrehen. Alles, was ich will, das kann ich tun. Hallo, kleine Flasche. Wie geht es dir? Macht dir das Spaß? Sprich nicht mit der kleinen Flasche, die kleine Flasche ist nur ein Ding. Sprich mit Menschen. Sprich mit Menschen, sage ich. Hallo, John. Hallo, Bobby. Hallo, Carl. Sprich mit Menschen. Aber ich möchte hallo zu der kleinen Flasche sagen, und wenn ich es will, kann ich es hier drinnen tun.»

Schnell nahm er die Säuglingsflasche und den Sauger aus dem Wasser. «Setzen Sie den für mich drauf», bat er. Ich tat es, während er die Flasche festhielt.

Er trank aus der Flasche und sah mich dabei an. «Wenn ich ein Baby sein will, kann ich es sein. Wenn ich groß sein will, kann ich es sein. Wenn ich sprechen will, spreche ich. Wenn ich still sein will, bin ich still. Das ist doch so?»

«Ja, das ist so», sagte ich.

Er nahm den Sauger ab und trank aus der Flasche. «Ich muß Ihnen etwas Interessantes zeigen», sagte er. Er holte ein paar Gläser, stellte sie nebeneinander auf und goß in jedes Glas eine verschiedene Menge Wasser. Dann nahm er einen Löffel und schlug an jedes Glas. «Hören Sie die verschiedenen Töne?» rief er aus. «Ich kann jedes Glas anders klingen lassen. Es kommt darauf an, wieviel Wasser darin ist. Hören Sie, wenn ich an die Röhre schlage. Und an diese Blechschachtel. Jeder Ton ist anders. Und dann gibt es Geräusche, die ich nicht mache, sie sind einfach da. Donner ist ein Geräusch. Und wenn man Sachen fallen läßt, macht es Lärm. Ja. Ich kann lauter verschiedene Geräusche machen. Und ich kann ganz still sein. Ich kann gar keinen Lärm machen. Ich kann Stille machen.»

«Du kannst Geräusche und Stille machen», sagte ich.

Er hatte seine Hände lange Zeit im Wasser gehabt. Er hielt sie mir hin. «Sehen Sie mal. Meine Hände sind ganz runzlig.»

«Ach.»

«Jetzt muß ich etwas sehr Wichtiges tun», sagte er. Er stellte die Farbtiegel aufs Geratewohl auf die Staffelei. «Sehen Sie mal», sagte er. «Rot, Blau, Gelb, Grau, Orange, Violett, Grün, Weiß. Alle durcheinander. Und ich habe gerade den falschen Pinsel in jede Farbe gesteckt.» Er tat es, indem er es sagte. Dann trat er zurück, betrachtete sich die Staffelei und lachte. «Wie's grad kommt», sagte er. «So sind sie jetzt. Alle durcheinander. Und der falsche Pinsel im falschen Farbtopf. So habe ich es gemacht. Ich habe alles falsch gemacht.» Er lachte.

«Du hast also alles durcheinandergebracht, Farben und Pinsel.»

«Ja», sagte er. «Eine schöne, große Unordnung. Ich glaube die erste richtige Unordnung, die ich überhaupt gemacht habe. Aber jetzt muß ich sie hinstellen, wo sie hingehören, und die Pinsel herausnehmen und es richtig machen.» Er begann die Farben zu ordnen.

«Findest du, daß du sie in eine bestimmte Ordnung bringen mußt?» fragte ich.

«Ja. Es sind zwölf Farben und zwölf Pinsel.» Er lachte.

«Komm, Dibs, mach's richtig», sagte er leichthin. «Es gibt für alles die richtige Art, wie man es machen muß, nun stell sie in der richtigen Ordnung auf.»

«Glaubst du, daß sie immer in einer bestimmten Ordnung sein sollten?» fragte ich.

«Ja», antwortete er mit einem Lachen. «Wenn sie nicht sowieso alle durcheinander sind.»

«Dann ist beides richtig?»

«Hier drinnen», erklärte er. «Vergessen Sie nicht, hier drinnen ist es in Ordnung, wenn die Dinge einfach nur *sind.*»

Er kam zu mir und tätschelte meine Hand. «Sie verstehen mich», sagte er und lächelte. «Gehen wir in Ihr Büro. Besuchen wir Sie in Ihrem Büro.»

«Wir können für den Rest der Zeit hingehen, wenn du willst.»

Eifrig ging er den Gang hinunter in mein Büro. Auf dem Schreibtisch lag ein Päckchen mit Bucheignerzeichen. Er griff danach. «Darf ich es aufmachen und sie in ein Buch kleben?» fragte er.

«Wenn du willst.»

Er ging zum Bücherregal und betrachtete sich eingehend die Bücher. Er wählte eins aus und las den Titel. «Dein Kind begegnet der Welt draußen.» Er ging zum Fenster und sah hinaus. «Hallo, Welt», sagte er. «Es ist ein herrlicher Tag für die Welt draußen. Es riecht auch gut draußen. Ah, da kommt mein netter Lastwagen.»

Schweigend beobachtete er ihn lange Zeit.

«Hallo, Lastwagen», sagte er leise. «Hallo, Mann. Hallo, Welt.» Er lächelte glücklich.

Dann kam er zurück zum Schreibtisch und griff nach dem *Little Oxford Dictionary*. «Kleines altes Buch voll von Wörtern», sagte er. «Ich klebe zwei hier hinein. Mein kleines Lexikon. Buch mit den Wörtern und dem blauen Rücken.» Er klebte zwei Zeichen in das Buch. Dann lehnte er sich in dem Schreibtischstuhl zurück und sah mich an. «Bald ist es Zeit, nach Hause zu gehen», sagte er. «Und wenn ich gehe, bin ich glücklich in mir drinnen. Und nächsten Donnerstag komme ich wieder. Und vergessen Sie nicht, nur ich. Keiner sonst außer mir. Und Ihnen.»

«Ich werde daran denken», sagte ich. «Wenn du diese Zeit nur für dich haben willst, bin ich damit einverstanden.»

«Ich will sie für uns», flüsterte Dibs. «Aber noch keinen anderen.»

«Dann soll es so sein», sagte ich. «Noch kein anderer.»

Ich überlegte, ob nicht vielleicht der Gedanke auf fruchtbaren Boden gefallen war und er vorschlagen mochte, daß er gerne einen Freund mitbringen würde. Oder wenn nicht hier, so würde er vielleicht einen Freund in der Schule haben.

Der Summer ertönte und zeigte die Ankunft seiner Mutter an.

«Auf Wiedersehen», sagte er. «Ich komme nächsten Donnerstag wieder und fülle mich wieder mit Glück.»

Als wir hinaustraten, sah er in Gegenwart seiner Mutter zu mir auf. «Nochmals auf Wiedersehen», sagte er. Dann drehte er sich um und lief, so schnell er konnte, den langen Gang hinunter, drehte um, rannte zurück und warf die Arme um seine Mutter. «Mutter, ich hab' dich so lieb», rief er aus und umfaßte sie.

Wir waren beide von diesem spontanen Ausbruch überrascht. Die Augen seiner Mutter füllten sich jäh mit Tränen. Sie nickte zum Abschied und ging, ihre Hand hielt die seine fest umklammert.

Siebzehntes Kapitel

Am nächsten Tag rief Dibs' Mutter an und bat um eine Zusammenkunft. Ich wollte sie gerne noch am selben Tag sehen. Ich spürte ihre verhaltene Erregung, als sie mein Büro betrat. Die spontan ausgedrückte Zuneigung, die Dibs gestern gezeigt hatte, hatte sie aus ihrer verkrampften Abwehr herausgerissen.

«Sie sollen wissen, wie dankbar wir sind», sagte sie. «Dibs hat sich so verändert. Er ist nicht mehr dasselbe Kind. Ich habe ihn noch nie so frei seine Gefühle äußern sehen, wie er es gestern getan hat. Ich – ich war tief ergriffen.»

«Ich weiß», bemerkte ich.

«Es geht ihm soviel besser», sagte sie. Ihre Augen leuchteten, auf ihren Lippen war ein kleines Lächeln. «Er ist ruhiger und glücklicher. Er hat keine Wutanfälle mehr. Er lutscht kaum noch am Daumen. Und sieht uns offen an. Wenn wir mit ihm sprechen, antwortet er meistens. Er zeigt Interesse daran, was in der Familie vorgeht. Manchmal spielt er mit seiner Schwester, wenn sie zu Hause ist. Nicht immer, aber manchmal. Er fängt an, mir etwas Zuneigung zu zeigen. Manchmal kommt er zu mir und äußert sich von selber über irgend etwas. Neulich kam er in die Küche, als ich gerade Plätzchen machte, und er sagte: ‹Aha, du machst Plätzchen für uns. Deine Plätzchen schmecken sehr gut. Du machst die Plätzchen für uns.› *Uns*. Ich glaube, er beginnt jetzt zu spüren, daß er zur Familie gehört. Und ich glaube ... ich glaube, ich beginne zu spüren, daß er einer von uns ist.

Ich weiß nicht, was zwischen uns schiefging. Von Anfang an fühlte ich mich unsicher mit ihm. Ich kam mir so geschlagen und bedroht vor. Dibs hatte alles für mich zerstört. Er brachte meine Ehe in Gefahr. Er beendete meine Berufslaufbahn. Jetzt frage ich mich, was ich getan habe, daß dieses Problem zwischen uns entstand. Warum ist das alles geschehen? Was kann ich tun, um die

Dinge wieder ins Gleichgewicht zu bringen? Ich habe mich wieder und wieder gefragt, warum? Warum? Warum? Warum haben wir uns so bekämpft? So sehr, daß es Dibs fast zerstört hat. Ich erinnere mich, als ich das erste Mal mit Ihnen sprach, bestand ich darauf, daß Dibs geistig zurückgeblieben sei. Aber ich wußte, daß er es nicht wirklich war. Seit er zwei Jahre alt war, habe ich ihm Dinge beigebracht und ihn getestet und ihn zu zwingen versucht, sich auf normale Art zu verhalten – alles, ohne daß ein richtiger Kontakt zwischen uns bestand. Immer *Dinge* mit ihm durchgenommen. Ich weiß nicht, was er hier in dem Spielzimmer macht. Ich weiß nicht, ob Sie gemerkt haben, was er alles weiß und kann. Er kann lesen. Fast alles, was er sieht. Er kann schreiben und buchstabieren – und er weiß, was Buchstabieren bedeutet. Er führt Listen über die Dinge, die ihn interessieren. Er hat sich Sammelbücher angelegt, in die er alle möglichen Rinden und Blätter geklebt hat. Er hat Blumen gepreßt. Er hat ein Zimmer voll mit Büchern, Bildern, Dingen, aus denen er lernen kann, Lehrspielen, Spielsachen, naturwissenschaftlichen Gegenständen. Einen Plattenspieler. Eine riesige Plattensammlung. Er liebt Musik – besonders die Klassiker. Er kann fast jedes Stück jeder einzelnen Platte identifizieren. Ich weiß das, weil er jetzt sagt, was es ist, wenn ich ein Stück spiele und ihn frage. Ich lege eine Platte auf, halte sie an, wenn ich ein kurzes Stück gespielt habe, frage ihn, wie es heißt, und jetzt sagt er den Namen. Viele Stunden habe ich damit verbracht, ihm auf diese Art Platten vorzuspielen – und dabei wußte ich nie genau, ob ich bis zu ihm durchdrang. Ich habe ihm Hunderte von Büchern vorgelesen – während er sich unter dem Tisch versteckt hielt. Ich habe ständig mit ihm gesprochen, ihm alles erklärt. Immer und immer und immer wieder, nur dadurch ermutigt, daß er nahe genug bei mir blieb, um zuzuhören, und sich die Dinge betrachtete, die ich ihm zeigte.»

Sie seufzte und schüttelte verzweifelt den Kopf. «Ich mußte mir selbst etwas beweisen», sagte sie. «Ich mußte mir beweisen, daß er lernen konnte. Ich mußte mir beweisen, daß *ich* ihn lehren konnte. Und doch war sein Verhalten so, daß ich niemals wußte, wieviel er davon aufnahm und ob es einen Sinn für ihn ergab. Ich beobachtete immer, wie er sich über die Dinge beugte, die ich ihm gegeben hatte, wenn er allein in seinem Zimmer war, und sagte mir: ‹Er würde das nicht tun, wenn er keinen Sinn darin sähe.› Und doch war ich niemals sicher.»

«Sie müssen in Ihren Gefühlen Ihrem Sohn gegenüber sehr gestört und hin und her gerissen gewesen sein», bemerkte ich. «Sie haben ihn getestet, beobachtet, an ihm und sich selbst gezweifelt. Sie haben gehofft und die Hoffnung wieder verloren, kamen sich als Versager vor und wollten es ihm gegenüber doch irgendwie gutmachen.»

«Ja», sagte sie. «Immer habe ich ihn getestet. Immer habe ich seine Fähigkeiten angezweifelt. Immer versucht, ihm näherzukommen, und dabei stets nur eine Mauer zwischen uns errichtet. Und immer hat er gerade so viel getan, daß ich nicht nachließ. Ich glaube, kein Kind wurde je so gequält, indem man ständig von ihm verlangte, diesen oder jenen Test zu bestehen – immer, immer mußte er beweisen, daß er begabt sei. Er hatte keinen Frieden. Außer wenn seine Großmutter zu Besuch kam. Sie hatten ein gutes Verhältnis zueinander. Bei ihr entspannte er sich. Er sprach nicht viel mit ihr. Aber sie nahm ihn so, wie er war, und sie glaubte immer an ihn. Sie sagte mir immer, wenn ich ihn in Ruhe ließe, würde er schon werden. Aber das konnte ich nicht glauben. Ich hatte das Gefühl, daß ich ihm einen Ausgleich schaffen müsse für all das, was ich ihm zu geben versäumt hatte. Ich fühlte mich verantwortlich für die Art, wie er war. Ich fühlte mich schuldig.»

Plötzlich brach sie in Tränen aus. «Ich weiß nicht, wie ich ihm das antun konnte», rief sie. «Mein Verstand muß mich verlassen haben. Ich habe unter einem unwiderstehlichen Zwang gehandelt und vollkommen unvernünftig. Ich hatte sehr wohl den Beweis, den ich haben wollte, daß nämlich tief unter diesem seltsamen Verhalten Gaben bei Dibs vorhanden waren. Aber ich konnte es nicht ertragen, mir einzugestehen, daß ich an seinen Problemen schuld sein könnte. Ich konnte nicht zugeben, daß ich ihn ablehnte. Und jetzt kann ich es nur deshalb zugeben, weil ich ihn nicht mehr ablehne. Dibs ist mein Kind, und ich bin stolz auf ihn.» Sie sah mich fragend an.

«Es war äußerst schwierig für Sie, sich Ihre Gefühle für Dibs einzugestehen. Aber jetzt haben sich Ihre Gefühle geändert, Sie akzeptieren ihn, glauben an ihn und sind stolz auf ihn?» erläuterte ich.

Sie nickte heftig. «Ich muß Ihnen zeigen, was er noch tun kann. Er kann lesen, schreiben, buchstabieren und beobachten. Und seine Zeichnungen sind ganz einzigartig. Ich muß Ihnen ein paar zeigen.»

Sie streifte das Gummiband von einer Rolle Papieren ab, die sie mitgebracht hatte, rollte sie auf und reichte sie mir. «Schauen Sie», sagte sie. «Sehen Sie die Einzelheiten und die Perspektive.»

Ich betrachtete die Zeichnungen. Sie waren wirklich ungewöhnlich für ein sechsjähriges Kind. Die Gegenstände, die er gezeichnet hatte, waren bis in die kleinste Einzelheit genau wiedergegeben. Auf einem Bild hatte er einen Park gezeichnet, in dem eine gewundene Steintreppe sich einen Hügel hinaufschlängelte. Die Perspektive war höchst bemerkenswert. «Ja, sie sind ungewöhnlich», sagte ich.

Sie breitete sie vor sich aus und betrachtete sie. Dann sah sie mich mit beunruhigten Augen an. «Zu ungewöhnlich», sagte sie. «Das ist es, was mir bei seiner seltsamen Begabung Sorge macht. Ich habe mich mit dem Gedanken gequält, daß er schizophren sein könnte. Und wenn das der Fall wäre, was hätte seine überdurchschnittliche und unnatürliche Begabung dann für einen Wert? Aber jetzt bin ich frei von dieser Furcht. Er fängt an, sich normaler zu verhalten.»

Dibs' Mutter hatte Medizin studiert und wußte, daß ihre Diagnose richtig sein konnte. Das anomale Verhalten, das sie ihm aufgedrängt hatte, hatte ihn von seiner Familie und den Kindern und Erwachsenen, die er in der Schule kennengelernt hatte, abgesondert. Wenn ein Kind gezwungen wird, seine Fähigkeiten zu beweisen, ist das Ergebnis oft verheerend. Ein Kind braucht Liebe, Anerkennung und Verständnis. Es geht zugrunde, wenn ihm nur Ablehnung, Zweifel und nie endende Prüfungen begegnen.

«Vieles verwirrt mich immer noch», sagte sie. «Wenn Dibs überdurchschnittlich begabt ist, sollte diese Begabung nicht verschwendet werden. Auf seine Leistungen kann man stolz sein.»

«Diese Leistungen bedeuten Ihnen viel, obwohl seine Gesamtentwicklung Sie immer noch etwas verwirrt, nicht wahr?» sagte ich.

«Ja», erwiderte sie. «Seine Leistungen sind sehr wichtig. Für ihn sowohl wie für mich. Ich erinnere mich an die Zeit, als er zwei Jahre alt war. Damals hat er lesen gelernt. Sein Vater sagte, ich hätte den Verstand verloren, als ich ihm erzählte, Dibs könne lesen. Er sagte, kein Zweijähriger könne lesen lernen, aber ich wußte, daß er es konnte. Ich hatte es ihm beigebracht.»

«Wie hat er lesen gelernt?» fragte ich.

«Ich habe ihm zwei Buchstabensätze gekauft. Buchstaben, die ausgestanzt sind. Und ich zeigte ihm jeden Buchstaben, erklärte ihm, wie er hieß und wie er ausgesprochen wurde. Dann ordnete ich sie der Reihe nach an, und er sah sie sich an. Danach nahm ich sie weg und sagte ihm, er solle es mir nachmachen. Aber er lief aus dem Zimmer. Ich legte sie wieder der Reihe nach hin und stellte den Kasten mit dem zweiten Buchstabensatz daneben. Darauf ging ich fort, und er kam zurück und sah sie sich an. Dann nahm ich die Buchstaben des zweiten Kastens und legte sie unter die des ersten. Dabei zeigte ich ihm, wie sie richtig herum lagen, und wiederholte den Namen jedes Buchstabens. Dann nahm ich den zweiten Satz weg und sagte ihm, er solle ihn nun selbst zusammenstellen. Wieder lief er aus dem Zimmer, und ich ging weg, denn ich wußte, daß er zurückkommen und sich alles anschauen würde, wenn ich ihn allein ließ. Dann begann ich wieder von vorne. Als ich ihn zum drittenmal allein ließ, legte er die Buchstaben hin. Und sehr bald konnte er sie allein der Reihe nach anordnen.

Dann beschaffte ich Bilder von allen möglichen Dingen, sagte ihm, was auf jedem Bild zu sehen sei, schrieb das Wort in Druckbuchstaben auf und erklärte es ihm. Dann setzte ich die Wörter mit den ausgestanzten Buchstaben zusammen. Bald tat Dibs das auch, setzte ein Wort zusammen und legte das richtige Bild dazu.

Und das ist es doch, was man unter Lesen versteht. Dann kaufte ich ihm viele Bücher mit Bildern und Wörtern, danach solche mit kleinen Geschichten, die ich ihm immer wieder vorlas. Ich brachte ihm Schallplatten mit gesungenen Spielen, Geschichten und Gedichten. Ständig probierte ich neue Dinge aus. Er lernte, seinen Plattenspieler zu bedienen. Dann lernte er, die Titel der Schallplatten zu lesen. Ich sagte zum Beispiel: ‹Hol mir die Platte von dem kleinen Zug.› Er sah seine Schallplatten durch, kam mit der richtigen zurück und legte sie vor mich auf den Kaffeetisch. Und er irrte sich nie. Oder ich sagte: ‹Bring mir das Wort, das „Baum" bedeutet.› Er brachte es mir. Jedes Wort, um das ich ihn bat. Nach einer Weile war auch sein Vater der Meinung, daß er zu lesen schien. Er vertiefte sich in seine Bücher. Manchmal las ihm auch sein Vater etwas vor. Er brachte Dinge mit nach Hause und erklärte sie Dibs ganz genau. Dann ließ er die Sachen liegen, damit Dibs sie sich später eingehender betrachten konnte, wenn er kam und sie in sein Zimmer holte. Und dann fing ich an, ihm die Zahlen beizubringen, und er lernte ebenfalls schnell, mit ihnen umzugehen. Er murmelte viel vor sich hin, und ich merkte, daß er mit sich selbst sprach. Aber es bestand nie ein richtiger Kontakt zwischen uns. Darum habe ich mir solche Sorgen um ihn gemacht.»

Sie verstummte. Lange Zeit sah sie zum Fenster hinaus. Ich schwieg. Bei dem Bild, das sie von ihrem Leben mit Dibs gemalt hatte, durchlief einen ein Schauer. Es war in der Tat ein Wunder, daß sich das Kind seine innere Geschlossenheit und Empfänglichkeit bewahrt hatte. Bei diesem ständigen Druck hätte sich jedes Kind zur Verteidigung in sich zurückgezogen. Sie hatte sich selbst bewiesen, daß Dibs den Aufgaben, die sie ihm stellte, gewachsen war. Aber sie hatte gespürt, daß keine enge Beziehung zu ihrem Sohn bestand. Wenn man die Gaben eines Kindes derartig ausbeutet, ohne gleichzeitig dafür zu sorgen, daß sein Gefühlsleben ausgeglichen ist, so kann man das Kind dabei zerstören.

«Wir gaben seine Schwester in eine Internatsschule – die Schule meiner Tante –, damit ich mich ganz auf Dibs konzentrieren konnte», sagte sie leise. «Ich frage mich – auch jetzt noch –, warum mir all diese Leistungen so wichtig sind. Er war noch ein Baby, als ich ihn schon drängte, mir zu beweisen, was er konnte. Warum kann ich Dibs nicht einfach ein Kind sein lassen? *Mein* Kind! Und mich für ihn freuen. Wie ich mich erinnere, habe ich Ihnen erzählt, daß er mich ablehnte. Warum? Warum schrecke ich vor meinen eigenen Gefühlen zurück? Warum habe ich Angst, ein Gefühlsmensch zu sein? Warum habe ich mich an Dibs für die gespannten Beziehungen gerächt, die zwischen meinem Mann und mir entstanden? Denn das ist geschehen. Ich glaubte, ich würde einen so hochbegabten Mann in meiner Rolle als Mutter nicht interessieren oder halten. Und er hatte nie Kinder gewollt. Wir bekämpften jedes Anzeichen, daß der Fehler bei uns läge. Schuld, Niederlage, Enttäuschung, Versagen. Das waren unsere Gefühle, und wir konnten sie nicht dulden. Wir schoben die Schuld auf Dibs. Armer kleiner Dibs. Alles, was zwischen uns schiefging, war seine Schuld. Alles war seine Schuld. Ich möchte wissen, ob wir das je gutmachen können.»

«Viele heftige, quälende Gefühle sind in diese Beziehung verwickelt», sagte ich. «Einige haben Sie genannt. Sie haben über Ihre Gefühle in der Vergangenheit gesprochen. Was fühlen Sie jetzt?»

«Meine Gefühle haben sich geändert», antwortete sie langsam. «Meine Gefühle ändern sich. Ich bin stolz auf Dibs. Ich liebe ihn. Er muß mir nicht mehr jede Minute seine Fähigkeiten beweisen. Denn er hat sich selbst geändert. Zuerst mußte er sich ändern. Er mußte größer sein als ich. Und auch Haltung und Gefühle seines Vaters haben sich geändert. Wir hatten so hohe Mauern um uns errichtet – wir alle. Nicht nur Dibs. Auch ich. Und mein Mann. Und wenn diese Mauern fallen – und sie fallen schon –, werden wir alle viel glücklicher und uns viel näher sein.»

«Ja, Haltungen und Gefühle ändern sich», sagte ich. «Ich glaube, diese Erfahrung haben Sie gemacht.»

«Ja, Gott sei Dank, ja», erwiderte sie.

Weil sie nun akzeptiert wurde, wie sie war, und sich als Mutter nicht mehr bedroht fühlte, war sie wahrscheinlich fähig gewesen, sich ihre eigenen Gefühle wirklich bewußt zu machen und zu echter Einsicht und zu Verständnis zu kommen.

Es geschieht so oft, daß ein Kind nicht zur Therapie zugelassen wird, weil die Eltern nicht mitmachen wollen und sich weigern, Hilfe für sich selbst anzunehmen. Keiner weiß, wie viele Kinder aus diesem Grunde abgewiesen werden. Oft ist es tatsächlich besser, wenn die Eltern auch an den Therapiestunden teilnehmen und sich bemühen, ihren Anteil an den problematischen Beziehungen herauszufinden. Aber ebenso kommt es vor, daß die Eltern zwar ihre Zustimmung zur Therapie geben und dann doch so widerstrebend sind, daß nur wenig erreicht wird. Wenn sie zu einer solchen Erfahrung nicht bereit sind, können sie selten Gewinn daraus schöpfen. Die Abwehr eines bedrohten Menschen kann unüberwindlich sein. Es war ein Glück für Dibs, daß seine Eltern sich doch so weit in ihr Kind einfühlen konnten, daß auch sie sich änderten und mehr Verständnis und Achtung für seine Entwicklung aufbrachten. Nicht nur Dibs fand sich allmählich selbst, auch seine Eltern taten es.

Achtzehntes Kapitel

Als Miß Jane mich am Montag anrief, brannte ich darauf, zu hören, was sie über Dibs' Verhalten in der Schule zu berichten hatte. Gewiß würde sich eine Spur des Betragens, das ich im Spielzimmer beobachten konnte, auch in der Schule gezeigt haben. Sie spannte mich nicht lange auf die Folter.

«Ich kann Ihnen Gutes berichten. Dibs hat sich sehr verändert», sagte sie. «Es war eine allmähliche Veränderung, aber wir sind sehr zufrieden mit ihm. Er antwortet uns jetzt. Manchmal beginnt er sogar eine Unterhaltung von sich aus. Er ist glücklich und ruhig und zeigt Interesse an anderen Kindern. Er spricht sehr gut, nur wenn ihn etwas bedrückt, fällt er zurück in die Babysprache. Meistens spricht er von sich als ‹ich›. Hedda ist außer sich vor Freude. Wir sind alle sehr froh über diese Entwicklung. Ich dachte, das würden Sie gerne hören.»

«Das freut mich wirklich sehr», sagte ich. «Könnten wir uns nicht irgendwo treffen, damit ich noch mehr über ihn erfahren kann? Könnten wir nicht mit Hedda zusammen in den nächsten Tagen irgendwo Mittag essen?»

«Sehr gerne», antwortete Miß Jane. «Und ich weiß, daß Hedda auch gerne kommt. Wir haben sie mit in seine höhere Gruppe versetzt, weil wir dachten, es wäre besser für Dibs, wenn sie bei ihm bleiben könnte. Sie selbst wünschte sich nichts sehnlicher. Und sie hat ihm viel geholfen.»

Wir trafen uns am nächsten Tag zum Mittagessen und hatten eine sehr aufschlußreiche Unterhaltung über Dibs.

Langsam, zögernd hatte er sich aus seiner selbstgewählten Isolierung gelöst. Keiner von uns hatte bezweifelt, daß Dibs sich aller Dinge, die um ihn herum geschahen, bewußt war. Er hatte gelauscht und gelernt, während er in der Nähe einer Gruppe unter einem Tisch hockte oder mit dem Rücken zu der Gruppe in scheinbarer Absonderung saß. Allmählich hatte er sich der Gruppe offen genähert. Zuerst gab er kurze Antworten, wenn Fragen an ihn gerichtet wurden. Dann begann er zu tun, was die anderen Kinder taten. Wenn er am Morgen ins Zimmer kam, grüßte er zurück. Sorgfältig zog er den Mantel aus, nahm die Mütze ab und hängte sie an seinen eigenen Haken in der Garderobe. Er rückte nach und nach an die anderen Kinder heran, schob seinen Stuhl immer näher an die Gruppe bei den Geschichten, der Musik und den Unterhaltungen. Gelegentlich antwortete er auf eine Frage. Mit großer Geschicklichkeit leiteten die Lehrerinnen die Gruppe so, daß sich nicht plötzlich alle Aufmerksamkeit auf Dibs richtete, wenn er sich an etwas beteiligte oder sprach. Aber er hatte stets Gelegenheit, sich zu beteiligen.

«Er hat schon so lange keine Wutanfälle mehr gehabt, daß wir ganz vergessen haben, daß er je welche hatte», sagte Hedda. «Er lächelt die anderen Kinder und uns an. Als er anfing, ein Mitglied unserer Gruppe zu werden, kam er zuerst näher zu mir heran, nahm meine Hand und sprach ganz kurz mit mir. Ich war darauf bedacht, mich stets mit dem zufriedenzugeben, was er freiwillig sagen wollte, ich drängte ihn nie. Ich achtete darauf, daß ich alles, was er tat und sagte, auf freundliche Art zur Kenntnis nahm, damit er zu weiterem ermutigt wurde. Und dann waren die anderen Kinder natürlich so sehr mit ihren eigenen Dingen beschäftigt, daß sie alles, was Dibs tat, ohne viele Fragen hinnahmen. Nach und nach begann Dibs den Anweisungen zu folgen, und er konnte alles, was von ihm verlangt wurde, auf überlegene Art ausführen. Oft ging er zur Staffelei und malte. Das war das erste, was er tat. Er konzentrierte sich so auf seine Arbeit, als würde er ein Meisterwerk schaffen.»

Hedda breitete lachend ein paar seiner Bilder aus, die sie zusammengerollt mitgebracht hatte. «Er ist kein Künstler», sagte sie. «Aber wenigstens tut er etwas.»

Ich sah mir die Bilder an. Es waren sehr einfache Zeichnungen, typisch für einen Sechsjährigen. Das primitive Haus. Die Bäume. Die Blumen. Die Farben waren hell und leuchtend. Aber warum malte Dibs solche Bilder, wenn er es viel besser konnte? Diese Bilder hätte jedes Kind seines Alters malen können – sie waren aber merkwürdig für einen Jungen, dessen zu Hause angefertigte Zeichnungen und Malereien so weit über seinem Altersdurchschnitt lagen.

«Ich habe auch etwas von seinen anderen Arbeiten mitgebracht», sagte Hedda. «Hier sind ein paar Geschichten, die er geschrieben hat. Er kann das Alphabet und ein paar Wörter in Druckbuchstaben schreiben und buchstabieren.» Sie reichte mir die Seiten. Dibs hatte mühsam geschrieben:

Ich sehe eine Katze.
Ich sehe einen Hund.
Ich sehe dich.

«Wir haben Bilder im Zimmer hängen. Unter den dargestellten Gegenständen stehen die Wörter in Druckbuchstaben, die den Kindern als Hilfe beim Buchstabieren dienen. Und wenn ein Kind eine Geschichte schreiben will, helfen wir ihm. Einige unserer Kinder fangen an zu lesen. Ein paar lesen schon recht gut. Und Dibs beginnt jetzt, am Lesen teilzunehmen.»

Ich betrachtete die Wörter, die Dibs so ungeschickt geschrieben hatte. Gemischte Gefühle kämpften in mir. Diese einfachen kleinen Bilder. Diese einfachen kleinen Sätze. Warum setzte Dibs seine Fähigkeiten herab? War es ein Anzeichen dafür, daß er sich einer Gruppe seines eigenen Alters anpaßte?

«Und er kann auch lesen», sagte Hedda begeistert. «Er ist jetzt in einer Lesegruppe. Er sitzt bei den anderen Kindern und kämpft mit den Wörtern. Wenn er an der Reihe ist, liest er die Wörter langsam, ist sich seiner Sache nicht ganz sicher, aber im allgemeinen liest er richtig. Ich dachte eigentlich, daß er besser lesen könnte, aber er liest genauso gut wie jedes andere Kind in seiner Gruppe, und er gibt sich Mühe.»

Dieser Bericht erstaunte mich. Er konnte verschiedene Bedeutungen haben. Ganz gewiß war es wichtig für Dibs, daß seine Lehrerinnen begeistert von ihm waren. Wenn ich ihnen erzählte, daß er viel mehr leisten konnte, wären sie vielleicht entmutigt und mit seinen Erfolgen unzufrieden. Dibs hatte zu lange in zwei Welten gelebt, als daß wir deren sofortige und vollkommene Verschmelzung erwarten konnten.

Das entscheidende in Dibs' Entwicklung war jetzt, daß er lernte, sich in die Gemeinschaft einzufügen. Über seine Begabung gab es keine Frage – außer man wollte die Frage aufwerfen, ob hier eine Begabung vernachlässigt wurde. Aber war es in diesem Stadium nicht wichtiger für Dibs, sich selbst zu finden und sich der Gemeinschaft anzupassen, als zu zeigen, daß er besser lesen, schreiben oder zeichnen konnte als jedes andere Kind seiner Gruppe? Welchen Vorteil hat eine überragende intellektuelle Leistung für einen Menschen, wenn sie nicht zu seinem Besten und zum Besten anderer verwertet werden kann?

«Sie glauben also, Dibs macht Fortschritte innerhalb seiner Gruppe», sagte ich – und die Bemerkung kam mir lahm und unzulänglich vor.

«Er liebt Musik», sagte Miß Jane. «Er ist immer der Beste in seiner Gruppe. Er kennt alle Lieder. Er ist auch in der rhythmischen Instrumentalgruppe.»

«Sie sollten ihn tanzen sehen», sagte Hedda. «Er will ein Elefant sein oder ein Affe oder der Wind. Er will diese Rollen ganz allein spielen. Zuerst ist er tolpatschig, aber wenn er erst einmal in der Sache drinnen ist, bewegt er sich mit Anmut und Rhythmus. Wir drängen ihn zu nichts. Wir freuen uns über jeden kleinen Fortschritt, den er macht, und wir haben das Gefühl, daß es ihm gefällt, Mitglied einer Gruppe zu sein. Und ich glaube, daß seine Mutter ihre Haltung ihm gegenüber sehr stark geändert hat. Wenn sie ihn bringt oder abholt, merkt man, daß sie glücklicher und daß ihre Einstellung zu ihm wohlwollender und freundlicher ist. Er nimmt ihre Hand und geht selber mit ihr. Er ist ein sehr interessantes Kind!»

«Ja, er ist ein sehr interessantes Kind», bemerkte ich. «Er scheint mit aller Kraft zu versuchen, ein Individuum und ein Mitglied seiner Gruppe zu sein.»

«Die größte Veränderung war an seinem Geburtstag festzustellen. Wir feiern den Geburtstag jedes Kindes. Wir bilden einen Kreis, erzählen eine Geschichte und bringen dann einen Kuchen mit angezündeten Kerzen herein. Die Kinder singen ‹Happy Birthday›, und das Geburtstagskind steht neben mir und dem Kuchen und bläst die Kerzen aus. Dann wird der Kuchen aufgeschnitten und an alle Kinder verteilt.

Nun, an dem Tag, an dem wir ankündigten, daß heute Dibs' Geburtstag sei, wußten wir nicht, was er tun würde. Früher hatte er sich niemals beteiligt, obwohl wir seinen Geburtstag genauso gefeiert haben wie den jedes anderen Kindes. Als es Zeit war, den Kreis zu formen, stellte sich Dibs neben mich. Und als wir ‹Happy Birthday› sangen, sang er lauter als jedes andere Kind. Er sang: ‹Happy birthday, lieber Dibs, happy birthday für mich!› Als der Kuchen dann zerschnitten war, teilte er jedes einzelne Stück mit einem breiten Lächeln aus. Er sagte immer wieder: ‹Das ist mein Geburtstag. Es ist mein Geburtstag. Heute bin ich sechs Jahre alt.›»

Die Lehrerinnen waren zufrieden mit Dibs. Ich auch. Aber wir mußten noch weiter kommen. Dibs mußte lernen, sich selbst so zu akzeptieren, wie er war, und seine Gaben zu benutzen, nicht, sie zu verleugnen. Im Gemeinschaftsleben und gefühlsmäßig jedoch eröffneten sich für Dibs neue Horizonte. Sie waren wesentlich für seine Gesamtentwicklung. Ich war überzeugt, daß die Leistungen, die er in der Spieltherapie und zu Hause zeigte, sich allmählich überall äußern würden. Seine intellektuellen Fähigkeiten waren dazu benutzt worden, ihn zu prüfen. Dann waren sie zur Zuflucht vor einer Welt geworden, die er fürchtete, sie waren Verteidigung und Selbstschutz gewesen. Zugleich waren sie die Schranken, die ihn isolierten. Und wenn Dibs auf eine Art sprechen, lesen, schreiben und zeichnen würde, die der der anderen Kinder weit überlegen war, würde er von ihnen gemieden und wegen seiner Andersartigkeit isoliert werden.

Es gibt zu viele begabte Kinder, die sich einseitig entwickeln und traurig in ihrer einsamen Welt leben. Für ein Kind mit überdurchschnittlicher Intelligenz ist es schwierig, ein eigenes Ich zu finden und sich an die Gemeinschaft anzupassen. Dazu ist es notwendig, *alle* grundlegenden Bedürfnisse des Kindes zu berücksichtigen und dafür zu sorgen, daß die überragende Intelligenz sich auf angemessene, ausgeglichene Art bestätigen kann. Es gibt Klassen für begabte Kinder, aber Dibs war noch nicht reif genug, um dafür in Frage zu kommen – und eine solche Erfahrung wäre auch nicht besonders gut für ihn gewesen.

Dibs war ganz damit beschäftigt, sich selbst zu finden. Es war wichtig, daß man ihm erst dazu Zeit ließ und daß man Vertrauen in die innere Kraft dieses Kindes setzte. Die Atmosphäre, die ihn umgab, sollte entspannt, optimistisch und einfühlend sein.

«Neulich hatten wir eine kleine Aufführung in der Schule», sagte Hedda lächelnd. «Sie fand in der Aula vor den anderen Kindern der Unterstufe statt. Wir waren nicht sicher, ob Dibs dafür schon weit genug sei, und entschlossen uns, die Entscheidung völlig ihm zu überlassen. Wir ließen überhaupt jedes Kind selbst entscheiden, ob es an der Aufführung teilnehmen wollte oder nicht. Es handelte sich um eine Geschichte, die die Gruppe selbst erfunden hatte und selbst darstellte. Text und Musik entstanden beim Spiel. Und nichts wiederholte sich. Jeden Tag dachten wir uns etwas anderes aus. Wer will der Baum sein? Wer will der Wind sein? Wer will die Sonne sein? Sie wissen, wie solche Spiele entstehen. Und dann ließen wir die Gruppe entscheiden, wer welche Rolle an dem Tag haben sollte, an dem wir die Aufführung vor Zuhörern gaben.

Wir wußten nicht, was Dibs dabei fühlte und was er tun würde. Wir machen solche Spiele häufig, und früher hatte er überhaupt nicht daran teilgenommen. Aber diesmal setzte er sich mit in den Kreis und erklärte sich eines Tages bereit, etwas zu tanzen. Er dachte sich etwas aus, sehr zum Entzücken der anderen Kinder. Er wollte der Wind sein. Er lief blasend und schwankend hin und her, und die Kinder entschieden, daß er der Wind in der Aufführung sein sollte. Dibs stimmte zu. Er machte seine Sache sehr gut. Dann fiel es ihm während des Tanzes plötzlich ein zu singen. Er erfand die Melodie und die Worte. Sie lauteten ungefähr so: ‹Ich bin der

Wind. Ich blase. Ich steige. Ich steige. Ich steige auf die Berge und schiebe die Wolken. Ich beuge die Bäume und bewege das Gras. Keiner kann den Wind halten. Ich bin der Wind, ein freundlicher Wind, ein Wind, den man nicht sehen kann. Aber ich bin der Wind.› Er schien seine Zuhörer nicht zu bemerken. Die Kinder waren überrascht und begeistert – und wir mit ihnen. Wir glaubten, daß Dibs sich nun endlich selbst gefunden hätte und ein Mitglied der Gruppe geworden war.»

Dibs war bestimmt auf dem richtigen Weg, aber ich hätte nicht zu sagen gewagt, daß er schon zu sich gefunden hatte. Er hatte noch ein Stück zu gehen. Die Suche nach seinem Selbst war ein mühsames, langwieriges Unterfangen, das ihm seine Gefühle, Einstellungen und Beziehungen zu den Menschen seiner Umgebung ständig mehr bewußt machte. Zweifellos waren viele Gefühle, die Dibs aus seiner Vergangenheit mit sich trug, noch in ihm verschüttet. Ein paar davon hatte er ins Spiel projiziert und sie so besser kennen, verstehen und beherrschen gelernt. Ich hoffte, daß er während der Spieltherapie weitere Erfahrungen haben würde, die ihm halfen, seine Gefühle so zu erkennen, daß aller Haß und alle Furcht, die noch in ihm sein mochten, ans Tageslicht gebracht und überwunden werden konnten.

Neunzehntes Kapitel

Als Dibs zu seiner nächsten Stunde kam, fragte er, ob er die Zeit in meinem Büro verbringen könne. «Ich habe gesehen, daß Sie ein Tonbandgerät haben», sagte er. «Darf ich etwas darauf aufnehmen?»

Ich hatte nichts dagegen, also gingen wir in mein Büro. Ich legte ein Band auf, steckte den Stecker ein und zeigte Dibs, wie er mit dem Gerät umgehen müsse. Er griff voller Eifer nach dem Mikrophon und stellte das Gerät an.

«Hier spricht Dibs», sagte er. «Hör mir zu, Tonbandgerät. Du sollst meine Stimme aufnehmen und festhalten. Hier spricht Dibs. Ich bin Dibs. Das bin ich.» Er stellte ab, ließ das Band zurücklaufen und hörte sich die Aufnahme an. Dann lachte er mir zu. «Das war meine Stimme», sagte er. «Ich habe gesprochen, und es hat mich aufgenommen. Ich mache eine lange Aufnahme, und wir behalten sie für immer. Das ist nur für uns.»

Er stellte das Gerät wieder an und sprach in das Mikrophon. Er gab seinen vollen Namen, die Adresse und Telefonnummer an. Dann nannte er den vollen Namen jedes Familienmitgliedes, einschließlich seiner Großmutter. «Ich bin Dibs, und ich will sprechen», fügte er hinzu. «Ich bin in einem Büro bei Miß A, und hier ist ein Tonbandgerät, und ich spreche jetzt da hinein. Ich gehe zur Schule.» Er nannte die Schule und die Adresse. «In meiner Schule sind Lehrerinnen.» Der Name jeder Lehrerin wurde voll angeführt. «In meiner Klasse sind Kinder, und ich zähle dir die Namen aller Kinder auf.» Er nannte die Namen der Kinder. «Marshmallow ist unser Kaninchen. Es ist ein nettes Kaninchen, aber es ist im Käfig. Schlimm für den armen Marshmallow. Wenn ich in der Schule bin, lese und schreibe und zähle ich. Wie zähle ich denn? Eins, zwei, drei, vier.» Die Zahlen kamen langsam und zögernd heraus. «Was kommt nach vier? Ja, ich helfe dir, Dibs. Fünf kommt nach vier.

Es heißt eins, zwei, drei, vier, fünf. Wie brav von dir, daß du so gut zählen gelernt hast!» Dibs klatschte in die Hände.

«Ich höre jemand kommen», fuhr er fort. «Das ist zuviel Lärm. Sei ruhig, wenn du im Haus bist. Ach, es ist Papa. Warum schmeißt du die Tür so, Papa? Du bist dumm und gibst nicht acht. Ich will dich nicht bei mir haben, wenn du so bist. Es ist mir ganz gleich, was du willst. Ich schicke dich in dein Zimmer, und dann schließe ich dich ein, damit wir uns nicht einen so dummen Mann anhören müssen, der herumschreit!»

Dibs stellte das Gerät ab und ging zum Fenster. «Es ist ein schöner Tag draußen», sagte er. «Miß A, warum ist es immer ein schöner Tag, wenn ich hier bin?»

«Kommt es dir immer wie ein schöner Tag vor, wenn du hierherkommst?»

«Ja. Auch wenn es draußen kalt ist oder regnet, ist es hier drinnen immer ein schöner Tag. Ich spiele Ihnen das Band noch einmal vor.»

Er ließ das Band zurücklaufen und spielte es noch einmal von Anfang an, dabei hörte er mit ernstem Gesicht zu. Das Geschrei des Vaters ließ er ein paarmal ablaufen, dann spielte er es bis zu Ende. Er stellte ab. «Papa mag es nicht, wenn er auf sein Zimmer geschickt wird», sagte er. «Er hat es nicht gern, wenn man ihn dumm nennt.» Er ging wieder zum Fenster.

«Von diesem Fenster aus kann ich ein paar Bäume sehen. Ich kann acht Bäume zählen oder Teile davon. Es ist gut, wenn man Bäume in der Nähe hat. Sie sind so groß und freundlich.»

Er ging wieder zum Tonbandgerät und stellte es an. «Es war einmal ein Junge, der wohnte mit Mutter, Vater und Schwester in einem großen Haus. Eines Tages kam der Vater nach Hause und ging in sein Arbeitszimmer, und der Junge ging hinein, ohne anzuklopfen. ‹Du bist ein gemeiner Mann!› rief der Junge. ‹Ich hasse dich! Ich hasse dich! Hörst du mich? Ich hasse dich!› Und der Vater fing an zu weinen. ‹Bitte›, sagte er, ‹es tut mir leid. Alles, was ich getan habe, tut mir leid. Bitte, hasse mich nicht!› Aber der kleine Junge sagte zu ihm: ‹Ich will dich bestrafen, du dummer,

dummer Mann. Ich will dich nicht mehr um mich haben. Ich will dich loswerden.›» Er stellte das Gerät ab und kam zu mir.

«Das ist nur ausgedacht», sagte er. «Ich denke mir nur eine Geschichte aus über Papa. Ich habe einen Löscher für ihn in der Schule gemacht. Und ich habe ein rotes Band darum gebunden. Dann habe ich einen Aschenbecher aus Ton gemacht und ihn gebrannt und angemalt und ihn Papa gegeben.»

«Du hast Geschenke für Papa gemacht? Und diese Geschichte ist nur ausgedacht?» bemerkte ich.

«Ja. Aber wir wollen sie uns anhören.»

Er ließ die Geschichte noch einmal ablaufen. Dann fuhr er mit der Aufnahme fort. «Hier spricht Dibs. Ich hasse meinen Vater. Er ist gemein zu mir. Er mag mich nicht. Er will mich nicht um sich haben. Ich sage euch, wer er ist, und dann nehmt euch besser in acht vor ihm. Er ist ein gemeiner, ein sehr, sehr gemeiner Mann.» Er nannte wieder Namen und Adresse seines Vaters. «Er ist ein Wissenschaftler», fuhr er fort. «Er hat sehr viel zu tun. Er will, daß alles ruhig ist. Er mag den Jungen nicht. Der Junge mag ihn nicht.» Er stellte das Gerät ab und kam zu mir.

«Er ist nicht mehr gemein zu mir», sagte er. «Aber er war gemein zu mir. Vielleicht mag er mich jetzt sogar.» Er ging zurück zu seiner Aufnahme. «Ich hasse dich, Papa!» schrie er. «Ich hasse dich! Schließ mich ja nicht wieder ein, oder ich töte dich! Ich töte dich sowieso! Für alle die gemeinen Dinge, die du getan hast!»

Er ließ das Band zurücklaufen, nahm es ab und reichte es mir. «Legen Sie das weg», sagte er. «Legen Sie es in die Schachtel, und heben Sie es nur für uns auf.»

«Gut. Ich lege es fort und hebe es auf, nur für uns.»

«Ich will ins Spielzimmer gehen», sagte er. «Wir werden das für immer erledigen.»

Wir gingen ins Spielzimmer. Dibs sprang in die Sandkiste und fing an, ein tiefes Loch in den Sand zu graben. Dann ging er zum Puppenhaus und holte den Puppenvater. «Hast du etwas zu sagen?» fragte er die Puppe. «Tun dir die gemeinen, bösen Dinge leid, die du gesagt hast?» Er schüttelte die Puppe, warf sie in der Sandkiste herum und schlug sie mit der Schaufel. «Ich mache jetzt ein Gefängnis für dich mit einem großen Schloß an der Tür», sagte er. «Die gemeinen Dinge, die du getan hast, werden dir noch leid tun.»

Er holte die Bauklötze, begann das Loch mit den Bausteinen auszulegen und baute so das Gefängnis für den Puppenvater. Er arbeitete schnell und geschickt. «Bitte, tu das nicht», ließ er den Puppenvater ausrufen. «Es tut mir leid, daß ich dir weh getan habe. Ich will es noch einmal versuchen.»

«Ich will dich für alles bestrafen, was du getan hast», rief Dibs aus. Er legte den Puppenvater in den Sand und kam zu mir.

«Ich hatte immer Angst vor Papa», sagte er. «Er war immer sehr gemein zu mir.»

«Du hattest Angst vor ihm?»

«Er ist nicht mehr gemein zu mir. Aber ich bestrafe ihn trotzdem!»

«Auch wenn er jetzt nicht mehr gemein zu dir ist, willst du ihn bestrafen?»

«Ja», sagte Dibs. «Ich will ihn bestrafen.»

Er ging wieder in die Sandkiste und baute weiter an seinem Gefängnis. Dann setzte er den Puppenvater in das Gefängnis, legte ein kleines Brett darüber und bedeckte es mit Sand. «Wer sorgt nun für dich?» rief er. Dibs sah mich an. «Das ist der Vater», sagte er. «Er sagt, es tut ihm leid. Wer kauft Sachen für dich und sorgt für dich? Ich bin dein Vater! Bitte, tu mir nicht weh. Es tut mir alles leid, was ich dir getan habe. Es tut mir so leid. Bitte, Dibs, bitte verzeih mir! Es tut mir so leid.» Er schaufelte weiter Sand auf das Gefängnis, und der Puppenvater wurde begraben.

Dibs kam zu mir und legte meinen Arm um sich. «Er ist mein Vater», sagte er. «Er sorgt für mich. Aber ich bestrafe ihn für alles, was er getan hat und was mich so traurig und unglücklich gemacht hat.»

«Du bestrafst ihn für alles, was er getan hat und was dich so unglücklich gemacht hat?» wiederholte ich.

Dibs ging zum Puppenhaus und holte den Puppenjungen. «Der Junge hört, wie sein Vater um Hilfe ruft, und er läuft und hilft ihm heraus.» Dibs sprang mit dem Puppenjungen zurück in die Sandkiste. «Sehen Sie. Das ist Dibs», sagte er und hielt mir die Puppe hin. «Und er geht in diese große Wüste und sucht den Berg, unter dem sein Vater in dem Gefängnis begraben ist. Und der kleine Junge beginnt zu graben. Er gräbt immer weiter.» Dibs nahm die Schaufel und grub hinunter bis zu dem Gefängnis. Er hob das Brett hoch und spähte in das Loch. «Ja. Da ist er!» kündigte Dibs an. «Und alles tut ihm so leid, was er getan hat. Er sagt: ‹Ich habe dich lieb, Dibs. Bitte, hilf mir. Ich brauche dich.› So schließt der kleine Junge das Gefängnis auf und läßt seinen Vater hinaus.» Sorgfältig nahm Dibs den Puppenvater heraus. Er hielt beide Puppen in der Hand und betrachtete sie ruhig. Dann brachte er sie wieder ins Puppenhaus und setzte sie nebeneinander auf eine Bank.

Dibs wischte sich den Sand von den Händen, zog sich wieder ans Fenster zurück und blickte schweigend hinaus.

«Der Junge hat den Vater gerettet, und dem Vater hat alles leid getan, was er dem Jungen angetan und was ihm so weh getan hat», sagte ich. «Er hat gesagt, er hätte Dibs lieb und brauchte ihn.»

Dibs drehte sich zu mir um, ein kleines Lächeln um die Mundwinkel. «Ich habe heute mit Papa gesprochen», sagte er ruhig.

«Wirklich? Worüber denn?» fragte ich.

«Ja. Er war im Frühstückszimmer und trank gerade seinen Kaffee und las die Morgenzeitung. Ich bin zu ihm hingegangen und habe gesagt: ‹Guten Morgen, Papa. Ich wünsche dir heute einen schönen Tag.› Und er hat seine Zeitung hingelegt und gesagt: ‹Guten Morgen, Dibs. Ich wünsche dir auch einen schönen Tag.› Und es stimmte. Ich hatte einen wirklich schönen Tag heute.»

Er ging im Spielzimmer umher und lächelte glücklich. «Papa ist mit uns an den Strand gefahren am Sonntag. Wir sind weit hinaus nach Long Island gefahren, und ich habe das Meer gesehen. Papa und ich sind bis ans Wasser gegangen, und er hat mir alles über das Meer und die Ebbe und Flut und den Unterschied zwischen Meeren, Seen, Flüssen, Bächen und Teichen erzählt. Dann fing ich an, eine Sandburg zu bauen, und er fragte, ob er mir helfen kann, und ich hab' ihm meine Schaufel gegeben, und wir haben abwechselnd gearbeitet. Ich bin ins Wasser hineingewatet, aber es war kalt, und ich bin nicht lange drin geblieben. Wir haben im Auto gepicknickt. Es war sehr schön, und Mutter hat die ganze Zeit gelächelt.»

«Du hattest einen schönen Tag mit deinem Vater und deiner Mutter», bemerkte ich.

«Ja», sagte Dibs. «Es war schön. Ein sehr schöner Ausflug zum Strand und zurück. Und es gab keine bösen Worte. Kein einziges.»

«Und keine bösen Worte», wiederholte ich.

Er ging zur Sandkiste und setzte sich auf den Rand. «Hier habe ich das Gefängnis für ihn gemacht und ihn eingesperrt und ihn im Sand begraben. Ich habe mich gefragt, warum ich ihn aus seinem Gefängnis herauslassen und ihn freilassen soll. Und dann habe ich mir gesagt, daß ich ihn einfach in Ruhe lassen soll. Er soll nur frei sein.»

«Dann hast du dich entschlossen, ihn freizulassen?»

«Ja. Ich wollte nicht, daß er eingesperrt und begraben bleibt. Ich wollte ihm nur eine Lehre geben.»

«Ich verstehe. Du wolltest ihm nur eine Lehre geben», bemerkte ich.

Dibs lächelte. «Heute habe ich mit Papa gesprochen», sagte er mit einem glücklichen und erleichterten Lächeln.

Es war interessant, daß Dibs seine Rache- und Haßgefühle erst dann offener und deutlicher zum Ausdruck brachte, als er sich in der Beziehung zu seinem Vater sicherer fühlte. Es war schön, daß er nun bessere Erfahrungen mit seinem Vater machte, der nicht nur Belehrung über Meere, Flüsse und Ströme erteilte, sondern sich auch mit seinem Sohn beim Schaufeln abwechselte und ihm half, eine Sandburg zu bauen.

Zwanzigstes Kapitel

«Da bin ich wieder!» rief Dibs aus, als er am folgenden Donnerstag ins Wartezimmer kam. «Es sind nicht mehr sehr viel Male bis zu den Sommerferien.»

«Nein. Ungefähr noch dreimal, heute mitgerechnet», sagte ich. «Dann werden wir beide Ferien machen.»

«Wir fahren weit hinaus auf die Insel. Ich glaube, dieses Jahr machen mir meine Ferien Spaß. Und Großmutter kommt diesmal schon im Sommer zu uns, nicht erst, wenn sie Ferien macht. Das ist schön.»

Er ging im Spielzimmer umher. Dann ergriff er eine Puppe. «Ah, hier ist die Schwester», sagte er, als ob er die Puppe noch nie gesehen hätte. «Was für ein Balg! Ich muß sie loswerden. Ich geb' ihr einen schönen Reispudding zu essen, nur tue ich Gift hinein und vergifte sie, und sie wird weggehen und nie mehr wiederkommen.»

«Du willst die Schwester loswerden?» bemerkte ich.

«Manchmal schreit sie und kratzt und tut mir weh, und ich habe Angst vor ihr. Manchmal schlage und kratze ich sie. Aber sie ist nicht viel zu Hause. Aber sie kommt bald und bleibt den Sommer über bei uns. Sie ist jetzt fünf.»

«Manchmal schlagt und kratzt ihr euch beide, hmm?»

«Ja», sagte Dibs. «Aber sie ist nicht sehr viel zu Hause. Sie war letztes Wochenende da.»

«Und wie war es dann?» fragte ich.

Dibs zuckte die Achseln. «Mir war's egal. Manchmal habe ich mit ihr gespielt. Aber ich hab' sie nicht in mein Zimmer gelassen. Ich habe zu viele Schätze dort. Und sie will sie haben und macht sie kaputt. Dann streiten wir. Aber nicht mehr so oft. Im nächsten Jahr wohnt sie wieder zu Hause. Sie wird in dieselbe Schule gehen, in die ich gehe.»

«Und was meinst du dazu?» fragte ich.

«Mir ist es gleich», antwortete Dibs. «Ich glaube, ich bin froh, daß sie zu Hause bleibt. Sie ist bestimmt sehr einsam gewesen da in der Schule. Sie war in der Schule von meiner Großtante. Aber alle sagen, daß sie nach Hause kommen soll.»

«Und du freust dich, daß sie nach Hause kommt?»

«Ja, wirklich», sagte Dibs. «Sie stört mich nicht mehr so wie früher. Wenn ich mit meinen Bausteinen und der Eisenbahn und den Autos und dem Montagebaukasten spiele, kommt sie manchmal und spielt mit mir. Sie gibt mir einen Baustein oder einen Teil vom Montagebaukasten. Sie stößt nicht mehr alles um, was ich gebaut habe. Und manchmal spiele ich mit ihr. Sonntag habe ich ihr eine Geschichte vorgelesen. Es war ein neues Buch, das Papa mir mitgebracht hat. Es ist die Geschichte der Elektrizität. Für sie war es nicht sehr interessant, aber für mich schon. Ich habe ihr gesagt, sie soll aufpassen und alles lernen, was sie lernen kann. Ich fand die Geschichte sehr aufregend. Papa sagt, er war in einem Buchladen und hat dieses neue Buch für Kinder gesehen, und er hat gedacht, daß es mir gefällt. Es hat mir gefallen.»

Er ging zum Tisch und schlug auf einem Stück Ton herum. «Bald ist es Sommer», sagte er. «Dann fahre ich an den Strand, und es wird sehr lustig. Aber zuerst muß ich etwas erledigen.»

Er ging zur Staffelei und holte einen Tiegel mit Farbe und ein Glas. Er goß etwas Farbe in das Glas, fügte ein wenig Wasser hinzu und rührte das Ganze langsam und sorgfältig um. Dann goß er noch andere Farben zu der Mischung und rührte gut um. «Das ist Gift für die Schwester», sagte er. «Sie glaubt, es sind Getreideflocken, und ißt es, und dann ist Schluß mit ihr.»

«Das ist also Gift für die Schwester, und wenn sie es ißt, dann ist Schluß mit ihr?»

Dibs nickte. Dann sah er mich an. «Ich gebe es ihr noch nicht gleich», sagte er. «Ich will warten und es mir überlegen.»

Er ging zum Puppenhaus und holte die Puppenmutter heraus. «Was hast du dem Jungen getan?» fragte er diese Puppe. «Was hast du ihm getan? Du bist dumm, und ich hab' dir doch immer wieder das gleiche gesagt. Schämst du dich nicht?» Er trug die Puppenmutter zur Sandkiste. «Du baust mir jetzt einen Berg», forderte er. «Du bleibst hier und baust ihn, und mach es ja ordentlich. Der Junge paßt auf, daß du es auch richtig machst. Paß lieber auf, ich beobachte dich jede Minute. O Gott! O Gott! Warum ist er nur so? Womit habe ich das bloß verdient? Du baust jetzt diesen Berg, und sag mir ja nicht, daß du es nicht kannst. Ich zeig' dir, wie man es macht. Ich zeige es dir immer und immer wieder. Und du mußt es tun!»

Er ließ die Puppenmutter in den Sand fallen und ging zum Fenster. «Es ist zu schwer», sagte er. «Keiner kann einen Berg bauen. Aber ich zwinge sie dazu. Sie muß den Berg bauen, und sie muß es ordentlich machen. Es gibt eine richtige Art und eine falsche Art, wie man die Dinge macht. Und du wirst es auf die richtige Art machen!»

Er ging zum Tisch und griff nach der Säuglingsflasche. Lange Zeit saugte er daran, während er mich ernst ansah. «Ich bin nur ein Baby», sagte er. «Ich kann noch gar nichts. Jemand muß für mich sorgen, und ich bin das Baby. Baby muß keine Angst haben. Großmutter sorgt für Baby.» Er nahm die Flasche aus dem Mund und legte sie vor sich auf den Tisch.

«Mutter kann keinen Berg bauen», sagte er ruhig. «Und Babys können keine Berge bauen. Keiner kann Berge bauen.»

«Mutter kann es nicht? Und Babys können es nicht? Ist es zu schwer?»

«Ein großer Sturm kann kommen und alle wegblasen», sagte Dibs.

«Wirklich?»

«Ich will es aber nicht», fuhr er leise fort. «Ich will, daß keiner weggeblasen wird.»

«Aha.»

«Warum baust du den Berg nicht?» schrie Dibs wieder. «Warum tust du nicht, was man dir sagt? Wenn du schreist und weinst, sperre ich dich in dein Zimmer.» Er sah mich an. «Sie versucht es immer wieder. Sie hat Angst, weil sie nicht gern in ihr Zimmer eingesperrt wird. Sie ruft mich um Hilfe.» Er stand an der Sandkiste und sah hinunter auf die Puppenmutter.

«Sie versucht den Berg zu bauen, und sie hat Angst, weil sie nicht in ihr Zimmer eingesperrt werden möchte? Sie bittet dich, ihr zu helfen?» erläuterte ich.

«Ja», sagte Dibs ruhig. Er ging zu der Puppe, die er als Schwester bezeichnet hatte. Er hätschelte sie in den Armen. «Hast du Angst gehabt, arme kleine Schwester?» sagte er sanft. «Ich will für dich sorgen. Ich gebe dir das Fläschchen, und es tröstet dich.» Er hielt der Puppe die Flasche an die Lippen und schaukelte sie leicht in den Armen. «Arme kleine Schwester. Ich will für dich sorgen. Ich lass' dich zu meiner Party kommen. Keiner darf dir etwas tun.»

Er trug die Puppe zum Puppenbett, legte sie sanft hin und deckte sie sorgfältig zu, aber er nahm die Säuglingsflasche wieder mit zum Tisch und lutschte an dem Sauger.

«Du wirst der Schwester helfen», bemerkte ich.

«Ja», antwortete er, «ich sorge für sie.» Lange Zeit schwieg er.

«Heute sind zwei von unseren Fischen in der Schule gestorben», sagte er. «Wir wissen nicht, was mit ihnen passiert ist. Hedda sagt, sie waren heute früh tot.»

«Wirklich?» bemerkte ich.

«Ich habe heute in der Schule ein Buch für Mutter gemacht», sagte er. «Sie hat Blumen gerne, und darum habe ich Blumenbilder aus einem Samenkatalog ausgeschnitten. Ich habe sie auf buntes Papier geklebt und unter jedes Bild den Namen der Blume geschrieben. Dann habe ich alle Seiten mit grünem Garn zusammengenäht.»

«Das ist interessant. Was hast du dann damit gemacht?»

«Es ist noch in der Schule», sagte Dibs. «Ich mache auch etwas für Papa. Und ich muß noch etwas für Dorothy ausdenken. Wenn ich für jeden etwas habe, nehme ich es mit nach Hause.»

«Du willst also jedem ein Geschenk machen?»

«Ja, ich weiß nur noch nicht, was ich für meine Schwester machen soll. Für Papa mache ich einen Briefbeschwerer.»

«Du willst etwas für jedes Familienmitglied machen?»

«Ja. Ich will niemand vergessen», sagte er. «Ich gebe Großmutter ein kleines Stück von dem Ast von meinem Lieblingsbaum.»

«Großmutter wird sich sicher darüber freuen.»

«Sicher. Es ist einer von meinen Schätzen», sagte Dibs.

Er ging wieder zur Sandkiste. «Aber Mutter!» rief er. «Was machst du denn da unten ganz allein? Du brauchst ja keinen Berg zu bauen. Komm her. Ich helfe dir.» Sanft wiegte er die Puppenmutter in den Händen. Er kam zu mir. «Manchmal hat sie geweint», sagte er mit sehr leiser Stimme. «Sie hatte Tränen in den Augen, und sie liefen ihr das Gesicht hinunter, und sie weinte. Ich glaube, sie war vielleicht traurig.»

«Vielleicht war sie traurig», sagte ich.

«Ich setze sie wieder ins Haus zu der Familie», kündigte er an. «Ich setze sie alle um den Eßzimmertisch, wo sie zusammen sein können.»

Ich sah zu, wie er die Puppenfamilie sorgfältig um den Tisch im Puppenhaus setzte. Er kniete neben dem Puppenhaus nieder und sang ihnen leise etwas vor.

«Wir treten zum Beten vor Gott den Gerechten.» Die Worte endeten plötzlich. «Nein, das Lied kann ich nicht singen», sagte er. «Das ist nur für Großmutter. Die Leute hier gehen nicht in die Kirche.»

Er ging zur Staffelei und malte leuchtende Farbtupfen auf das Papier. «Das bedeutet Glück», sagte er. Sein Pinsel fegte die Farben über das Bild. «Die Farben sind alle glücklich, und sie sind alle zusammen nett und freundlich. Nach heute sind nur noch zwei Donnerstage», sagte er.

«Ja. Noch zwei und dann die Sommerferien. Vielleicht kannst du im Herbst noch einmal herkommen, wenn du willst.»

«Ich werde Sie vermissen», sagte er. «Es wird mir fehlen, daß ich nicht mehr herkommen kann. Werden Sie mich vermissen?»

«Ja, ich werde dich vermissen, Dibs.»

Er tätschelte meine Hand und lächelte. «Wir sind beide im Sommer fort.»

«Ja.»

«Es ist ein wunderschönes Spielzimmer», sagte er. «Es ist ein glückliches Zimmer.»

Es war manchmal ein glückliches Zimmer für Dibs gewesen, aber es hatte auch kummervolle Augenblicke für ihn gegeben, als er seine Gefühle ans Tageslicht holte und vergangene Erlebnisse, die ihn zutiefst verletzt hatten, noch einmal durchmachte.

Als Dibs jetzt vor mir stand, trug er den Kopf hoch. Er hatte ein Gefühl der Sicherheit gewonnen, das fest in ihm wurzelte, und er begann, sich für seine Gefühle verantwortlich zu fühlen. Er konnte hassen und er konnte lieben. Er konnte verdammen und er konnte verzeihen. Während er sich durch das Gestrüpp seiner verwickelten Gefühle hindurchtastete, baute er sich allmählich ein eigenes Ich auf.

Einundzwanzigstes Kapitel

Ich hatte mir ein Welt-Testspiel ausgeliehen, und es stand im Spielzimmer, als Dibs in der nächsten Woche kam. Das Spiel besteht aus vielen einzelnen Miniaturfiguren: Menschen, Tieren, Gebäuden, Bäumen, Hecken, Autos, Flugzeugen und ähnlichem. Es war vor allem für den Persönlichkeits-Test gedacht, aber zu diesem Zweck wollte ich es für Dibs nicht haben. Ich dachte, er hätte vielleicht Spaß an den kleinen Figuren, und wenn er sie verwenden wollte, so wäre sein Spiel möglicherweise interessant. Ich wollte ihm nicht vorschlagen, damit zu spielen – oder überhaupt seine Tätigkeiten beeinflussen, indem ich ihn auf besondere Gegenstände hinwies. Es war da, und er konnte es benutzen, wenn er wollte.

Er bemerkte den Koffer, in dem sich das Spiel befand, sofort und öffnete ihn schnell. «Wir haben etwas Neues hier», rief er. «Schauen Sie, die vielen kleinen Sachen.» Schnell sah er alles durch. «Da sind kleine Menschen und Häuser und Tiere. Was ist es?»

«Du kannst damit eine Welt bauen, wenn du willst», sagte ich. «Da ist ein Tuch, das man auf dem Boden ausbreiten kann. Die blauen Streifen bedeuten das Wasser.»

«Wirklich! Das ist sehr interessant!» rief er aus. «Das kann eine Spielzeugstadt werden. Ich kann so bauen, wie ich will.»

«Ja, das kannst du.»

Dibs breitete das Tuch aus und setzte sich dann daneben auf den Boden. Er sah die Figuren genau durch. Er wählte eine Kirche, ein Haus und einen Lastwagen aus. «Ich will meine Welt bauen», sagte er glücklich. «Diese kleinen Häuser und Menschen und Sachen gefallen mir. Ich erzähl' Ihnen die Geschichte von dem, was ich baue, und Sie schauen zu, wie alles größer wird.»

Er nahm die kleine weiße Kirche. «Das ist die Kirche, eine große weiße Kirche. Eine Kirche für Gott und die kleinen Menschen. Und das sind Sachen für die Stadt.» Er nahm Häuser, Lastwagen und

Autos. «Die Stadtsachen, die Häuser und Autos, haben viel Lärm um sich. Das ist der Lärm der Stadt.» Er begann, die Straßen anzulegen. «Die Häuser stehen eins neben dem anderen. Das ist eine ganze Stadt. Und das ist eine kleine, ruhige Seitenstraße. Und hier ist eine Straße, die zum Flughafen führt, und der Flughafen ist nahe am Wasser. Ich stelle Flugzeuge hier auf den Flughafen. Hier draußen aufs Wasser stelle ich die kleinen Schiffe. Sehen Sie mal! Da sind Straßenschilder. Das ist die Second Avenue, und es gibt eine Second Avenue hier in New York. Und das ist eine Verkehrsampel.» Dibs war ganz darin vertieft, seine Welt aufzubauen. «Das ist ein rotes Licht und hier ein grünes. Und hier ist ein Zaun und da eine Hecke. Und das Flugzeug fliegt überall herum.» Er ließ das Flugzeug mit großem Schwung herumsurren.

«Das Schiff hier ist auf dem Fluß. Es schwimmt den Fluß hinauf und hinunter. Jetzt sind drei Flugzeuge im Flughafen. Und hier ist ein Hotel. Wo soll ich jetzt das Hotel hinstellen? Ich will es hierher stellen und davor den Zeitungswagen. Dann stelle ich hier drüben noch ein paar Häuser hin. Jetzt ein paar Läden. Die Leute müssen Läden haben. Wo sind sie? Hier sind sie. Und hier ist ein Krankenhaus und eine Garage. Hier gibt es alles, was ich für meine Welt brauche.»

«Es sieht so aus», bemerkte ich.

«Das Krankenhaus ist ein großes Gebäude. Ich stell' es hierhin auf die First Avenue. Das steht auf dem Straßenschild. Ja. Das wird das Krankenhaus. Für kranke Leute. Und es riecht nach Krankheit und Medizin, und es ist traurig, dort zu sein. Hier ist jetzt ein hübsches Haus, es steht auf der Seite der Straße, die Sonne hat. Das ist eine ganz große, laute Stadt, und sie braucht einen Park. Hier mache ich den Park. Ich stelle diese Bäume und Büsche hin. Hier ist eine Schule. Nein.» Er legte die Schule zurück in die Schachtel. «Das ist noch ein anderes Haus. Die ganzen Häuser stehen nahe beieinander, und es wohnen Leute darin. Sie sind Nachbarn und freundlich. Jetzt mache ich einen Zaun um den Flughafen. Ich stelle ihn zur Sicherheit hin. Und jetzt die Hecken.» Er suchte die grünen Schaumgummihecken heraus. «Das sind alles Pflanzen, die wachsen. Hecken und Bäume. Viele Bäume. Alle in einer Reihe, die ganze Straße hinunter. Die Bäume haben alle Blätter. Eine Stadt im Sommer.»

Er setzte sich auf die Fersen und sah mich an. Er streckte die Arme aus und lächelte. «Die schöne Sommerzeit, in der es grüne Blätter gibt. Und draußen am Ende der Stadt ist ein Bauernhof. Ich stelle ein paar Kühe dort hinaus.» Er stellte die Kühe auf. «Sie gehen alle zum Stall. Sie stehen alle nebeneinander und warten, bis sie gemolken werden.» Er beugte sich über die Schachtel und suchte noch mehr Figuren heraus.

«Und jetzt die Menschen!» rief er aus. «Eine Stadt muß Menschen haben. Und hier ist der Briefträger.» Er hielt die Figur hoch. «Er hat einen Sack voll Briefe, und Sie sehen, er geht überall herum und in jedes Haus. Jeder bekommt einen Brief. Und Dibs – sogar Dibs bekommt einen eigenen Brief. Dann geht er ins Krankenhaus, damit die kranken und verletzten Leute auch Post bekommen. Und dann lächeln sie für sich. Der Lastwagen fährt zum Flughafen. Durch den Zaun können die Flugzeuge nicht hinausrollen, so verletzen sie niemand. Und das Flugzeug hier fliegt hinauf in den Himmel.» Er ließ ein Flugzeug über die Stadt fliegen. «Sehen Sie!» rief er. «Über der Stadt. Es fliegt über die Stadt. Das große Flugzeug schreibt ‹Pepsi-Cola› in den blauen Himmel. Dabei gibt es Löcher, durch die man das weiße Himmelreich sieht. Dann geht der Bauer hinaus und sieht . . .» Dibs brach sein Spiel ab und betrachtete still die Welt, die er baute. Er seufzte. Er nahm andere Figuren aus dem Koffer.

«Hier sind die Kinder und ihre Mutter», sagte er. «Sie wohnen zusammen auf einem Bauernhof in einem freundlichen Haus. Hier sind ein paar kleine Schafe und Hühner. Und hier geht Mutter die Landstraße hinunter, die Straße zur Stadt. Wohin geht sie wohl? Vielleicht geht sie zum Fleischerladen, weil sie Fleisch kaufen will. Nein. Sie geht immer weiter die Straße hinunter, bis sie neben dem Krankenhaus steht. Warum sie wohl beim Krankenhaus steht?»

«Das möchte ich auch wissen», sagte ich.

Dibs blieb lange Zeit sehr still sitzen und betrachtete die Mutter-Figur. «Also», sagte er schließlich, «da ist sie, und sie ist ganz nahe beim Krankenhaus. Viele Autos fahren die Straße hinunter, und auch die Feuerwehr. Alles muß Platz machen für die Feuerwehr.» Er schob die Autos und die Feuerwehr die Straßen hinauf und hinunter und machte die Geräusche dazu.

«Also jetzt. Wo sind die Kinder? Hier ist ein Kind. Es geht allein zum Fluß. Armes, kleines Kind, ganz allein. Und das Krokodil schwimmt im Fluß. Und hier ist eine große Schlange. Manchmal leben die Schlangen im Wasser. Der Junge geht immer näher zum Fluß. Näher an die Gefahr.»

Dibs hielt erneut in seiner Tätigkeit inne und betrachtete sich seine Welt. Plötzlich lächelte er. «Ich bin ein Städtebauer», sagte er. «Das ist die Köchin, die den Mülleimer ausleert. Und diese Frau geht in einen Laden. Aber die Frau hier geht in die Kirche und singt ein Lied, weil sie eine gute Frau ist.» Er stellte ein zweites Kind neben das eine, das schon am Flußufer stand. «Das Kind läuft dem Jungen nach», erklärte er. «Der Junge watet jetzt im Fluß und weiß nichts von dem Krokodil und der Schlange. Aber der andere Junge ist ein Freund und warnt ihn und sagt ihm, er soll in ein Boot klettern. Der Junge klettert in das Boot. Sehen Sie? Und das Boot ist sicher. Die beiden Jungen gehen zusammen in das Boot, und sie sind Freunde.» Er setzte die beiden Jungen in ein Boot.

«Hier ist jetzt ein Polizist, der den Verkehr stoppt und laufen läßt. Das ist gut für alle.» Er stellte noch mehr Straßenschilder in seiner Stadt auf. «Manche Straßen gehen hin und her, aber manche Straßen gehen nur in einer Richtung, und das ist eine Einbahnstraße.» Dibs nahm die Schule aus der Schachtel. «Da steht Schule Nummer eins. Wir müssen eine Schule haben. Die Kinder müssen eine Schule haben, in die sie gehen.» Er lachte. «Eine Schule, damit sie etwas lernen können. Das Kind hier – dieses kleine Mädchen – wird zu Hause bleiben. Sie bleibt zu Hause bei ihrer Mutter und ihrem Vater und ihrem Bruder. Sie wollen sie zu

Hause haben, damit sie nicht einsam ist.» Er nahm alle kleinen Menschenfiguren heraus und verteilte sie in seiner Welt. Er hatte eine Welt voller Menschen geschaffen.

«Hier ist zu Hause», sagte er und zeigte auf eins der Häuser. «Hinten im Hof steht ein großer Baum. Es ist ein ganz besonderer Baum. Und der Mann hier kommt die Straße herunter. Er kommt nach Hause. Es ist der Vater.»

Dibs stand auf und ging durch das Zimmer zu dem Brettspiel mit den Holzpflöcken. Er hämmerte energisch auf den Pflöcken herum. «Ich habe neue Spielsachen, mit denen ich spielen kann», sagte er. «Ich baue eine Stadt mit Häusern und Menschen und Tieren. Ich habe eine Stadt gebaut – eine große Stadt mit vielen Menschen, in der die Häuser ganz eng beieinanderstehen, wie in New York. Da draußen in dem Büro tippt aber jemand ganz schön.»

Er ging wieder zu seiner Stadt und setzte sich daneben auf den Boden. «Der Kipplastwagen kommt die Straße herunter, und die Verkehrsampel steht auf Rot, aber als der Polizist den Lastwagen sieht, dreht er die Ampel auf Grün und der Lastwagen fährt vergnügt durch. Ein Hund kommt daher, und der Polizist stellt die Ampel um, damit der Hund nicht warten muß, und der Hund geht vergnügt weiter. Halt. Gehen. Halt. Gehen. Halt. Gehen. Ich sage Ihnen, da ist Leben in dieser Stadt. Alles bewegt sich. Die Menschen kommen und gehen. Häuser und Kirchen und Autos und Menschen und Tiere und Läden. Und dann hier draußen Tiere auf einem kühlen, grünen Bauernhof.»

Plötzlich ergriff er das Feuerwehrauto und ließ es die Straßen hinunterheulen. «Die Feuerwehr ist gerufen worden, weil das Haus brennt und die Leute oben gefangen sind – die Erwachsenen. Sie schreien und kreischen und können nicht hinaus. Aber die Feuerwehr kommt und spritzt Wasser hinauf. Sie haben alle riesige Angst, aber sie sind sicher.»

Dibs lachte leise vor sich hin. «Das war ja dein Vater, Dibs. Und das war deine Mutter.»

Er ging zum Tisch, setzte sich hin und sah mich an. «Vater hat immer noch sehr, sehr viel zu tun», sagte er. «Neulich ist Doktor

Bill zu Mutter gekommen. Sie waren schon immer sehr gute Freunde. Er ist lange geblieben und hat mit Mami geredet. Doktor Bill hat meine Mami gern. Doktor Bill hat gesagt, daß es mir jetzt gutgeht.»

«So, wirklich?»

«Ja. Über den Berg, hat er gesagt. Ich weiß nicht recht, was das bedeutet. Wenn ich heute hier weggehe, muß ich zum Friseur gehen und mir die Haare schneiden lassen. Früher habe ich immer geschrien und Theater gemacht, aber das tue ich nicht mehr. Einmal habe ich den Friseur gebissen.»

«Wirklich?»

«Ja. Ich hatte Angst, aber jetzt habe ich keine Angst mehr.»

«Du hast also keine Angst mehr?» bemerkte ich.

«Ich glaube, vielleicht werde ich größer», sagte Dibs. «Aber ich muß meine Stadt fertig bauen. Ich will alle Bäume und Sträucher und Büsche aufstellen, damit ich die Stadt schön machen kann. Das ist eine Straße mit sehr viel Verkehr. Ich stelle alle Menschen in die Stadt. Hier ist ein Taxi, das zum Zug fährt. Leute kommen zu Besuch, und jeder freut sich, daß sie kommen. Hier ist jetzt der Briefträger. Er ist alle Straßen hinauf- und hinuntergelaufen und hat Post gebracht, wissen Sie. Briefe für alle Leute. Aber hier ist Papa, er will nach Hause, und er muß bei dem Verkehrszeichen anhalten, und es sagt Halt. Papa hält und kann nicht vorwärts, bis die Ampel grün wird, aber sie sagt immer Halt, und Papa kann nicht fahren. Da sind viele Bäume. Städte brauchen Bäume, sie geben so freundlichen Schatten. Sehen Sie sich meine Stadt an. Meine Welt! Ich habe meine Welt gebaut, und sie ist voll von freundlichen Menschen.»

Als es Zeit war zu gehen, blickte Dibs zurück auf die Welt, die er gebaut hatte – eine Welt voller freundlicher Menschen. Aber «Papa» saß fest, denn das Verkehrszeichen ließ ihn nicht nach Hause fahren. Und als er das Spielzimmer verließ, zeigte sich ein kleines Lächeln auf seinen Lippen, da er «Papa» so unbeweglich in seiner Welt der freundlichen Menschen zurückließ.

Dibs hatte eine gut organisierte Welt gebaut, voller Menschen und Leben. Sein Plan zeigte hohe Intelligenz, ein Verständnis für das Ganze und auch für die Einzelheiten. Es kam darin Zweck, Einordnung und schöpferische Gestaltung zum Ausdruck. Seine Welt war hoch entwickelt und sinnvoll. Es waren feindselige Gefühle gegen die Mutter- und Vater-Figuren gerichtet, aber es war auch Verantwortungsbewußtsein ausgedrückt worden. Dibs wuchs heran.

Zweiundzwanzigstes Kapitel

Als Dibs das letzte Mal vor den Sommerferien kam, fragte er, ob er einen Teil der Zeit in meinem Büro verbringen könne. Er setzte sich an meinen Schreibtisch und sah mich ernst an. «Das ist mein letzter Donnerstag», sagte er.

«Ja.»

«Ich fahre fort im Sommer. Wir gehen ans Meer. Auf dem Land werden viele Bäume sein – aber keine Bäume am Strand. Das Wasser ist so blau. Ich bin gern da draußen. Aber ich werde es vermissen, daß ich nicht mehr hierherkommen kann. Ich werde Sie vermissen.»

«Ich werde dich auch vermissen, Dibs. Ich habe mich sehr gefreut, dich kennenzulernen.»

«Ich will sehen, ob mein Name auf einer Karte in Ihrem Kasten ist.»

«Sieh nur nach.»

Er tat es. Sein Name war da. «Behalten Sie ihn für immer?» fragte er. «Werden Sie sich immer an mich erinnern?»

«Ja, Dibs. Ich werde mich immer an dich erinnern.»

«Haben Sie das Band, das ich aufgenommen habe?»

«Ja, ich habe das Band.»

«Ich will es noch einmal sehen.»

Ich holte das Band aus dem Schrank und gab ihm die Schachtel. Sein Name stand darauf.

«Du bist aufgenommen, Dibs», sagte er. «Du hast das Band hier sprechen lassen. Das Band hat meine Stimme aufgenommen und hält sie fest. Das ist meine Stimme auf dem Band.»

«Ja. Das ist die Aufnahme, die du gemacht hast.»

«Darf ich noch etwas auf das Band sprechen?» fragte er.

«Wenn du gern möchtest.»

«Ich möchte es. Das Tonbandgerät gefällt mir.»

Er legte das Band auf und hörte sich den Teil an, den er früher aufgenommen hatte. Dann schaltete er das Mikrophon ein.

«Das ist mein letzter Besuch im Spielzimmer», sagte er. «Hier spricht Dibs. Das ist meine Stimme. Ich war im Spielzimmer. Ich habe viele Dinge im Spielzimmer getan. Ich bin Dibs.» Es gab eine lange Pause. «Ich bin Dibs», wiederholte er langsam. «Vielleicht komme ich im Herbst noch einmal wieder. Vielleicht noch ein einziger Besuch nach dem Sommer. Ich fahre fort im Sommer, ans Meer. Ich höre den Wellen zu. Ich spiele im Sand.»

Es gab wieder eine lange Pause. Dann stellte er das Gerät ab. «Gehen wir ins Spielzimmer», sagte er. «Ich will noch einmal mit dem Welt-Spiel spielen.»

Wir gingen ins Spielzimmer. Dibs holte die einzelnen Teile heraus und baute wieder seine Stadt auf. Schnell gruppierte er Häuser und Bäume. Er stellte die anderen Figuren überall in der Stadt auf. Dann wählte er vier Gebäude aus und ordnete sie sorgfältig an. «Sehen Sie die beiden Häuser?» sagte er. «Das ist ein Haus. Und das ist ein Haus. Dieses hier ist ein Gefängnis und das ein Krankenhaus.» Er stellte die beiden Häuser nebeneinander. «Das ist Ihr Haus, und das ist mein Haus», sagte er und zeigte auf die beiden anderen Häuser. «Meins ist ganz weiß und grün. Und rundherum sind Bäume und Blumen und Vögel, die singen. Alle Türen und Fenster sind weit offen. Sie wohnen gleich neben mir. Sie haben auch ein sehr schönes Haus. Und auch um Ihr Haus sind Bäume und Blumen und Vögel. Es ist kein Zaun und keine Hecke zwischen Ihrem Haus und meinem Haus.»

Er suchte unter den Häusern, die er noch nicht verwendet hatte, bis er die kleine Kirche fand. Er nahm sie und stellte sie hinter sein Haus. «Hier ist die Kirche», sagte er. «Sie steht hinter meinem Haus.» Er rückte sie ein Stückchen weiter, so daß sie in der Mitte zwischen den beiden Häusern stand. «Sie steht zwischen und hinter unseren beiden Häusern», sagte er. «Die Kirche gehört uns zusammen. Das Glockenspiel gehört uns zusammen. Und wir können beide die Kirchenmusik hören. Hier ist jetzt das Gefängnis. Es ist vor meinem Haus. Und hier ist die Schule. Sehen Sie, die

Kirche und die Schule gehören uns zusammen, aber das Gefängnis ist nur meins. Sie haben nichts mit Gefängnissen zu tun. Sie mögen keine Gefängnisse. Sie können Gefängnisse nicht gebrauchen. Aber ich schon. Und da ist ein großer Kastanienbaum in meinem Hof. Es ist Sommer, und es gibt so viele Bäume – kühle, grüne Bäume mit Blättern an den Ästen, damit der Wind hindurchblasen kann.» Er breitete die Arme aus und schaukelte sie wie Äste im Wind.

Plötzlich stand er auf und ging durch das Zimmer. Er sah zum Fenster hinaus. «Da draußen parken Autos», sagte er. «Sonst kann ich jetzt niemand von diesem Fenster aus sehen.»

Er schien ein wenig erregt, aber er kehrte zu seiner Stadt zurück, ließ sich auf den Boden nieder und begann ein paar Figuren zu verschieben. «Hier ist die Gefängnisstraße», sagte er. «Es stehen keine Bäume am Gefängnis. Es ist hier unten, weg von den andern freundlichen Häusern und weg von der Kirche. Es ist einsam und kalt. Aber die Kirche ist nahe bei unsern Häusern», sagte er und berührte den Kirchturm. «Oben auf der Kirche ist ein Kreuz, das die Richtungen angibt. Aber dieses Haus hier ist das Gefängnis. Und Papa geht zum Gefängnis. Mein Papa. Sein Büro ist im ersten Stock von dem Gefängnis.» Dibs lachte. Er ließ ein paar Autos die Straßen hinauf- und hinunterbrummen. Er summte ein kleines Lied. Dann griff er nach den Figuren, die die Mutter, den Vater, den Jungen und das Mädchen darstellten, und hielt sie in der Hand. «Das sind die Leute», sagte er. «Das ist der Vater, die Mutter, die Schwester, der Junge. Jetzt steht der Vater an Ihrem Haus. Er weiß nicht, was er tun soll. Und das ist die Mutter. Und der Junge hier ist Dibs. Das kleine Mädchen ist bei seinem Vater. Sie geht ins Gefängnis. Die Schwester und die Mutter gehen ins Gefängnis – weil ich keine Schwester brauche.» Er warf das Puppenmädchen zurück in die Schachtel.

Er stand auf und ging im Zimmer umher, dabei seufzte er tief. «Am Sonntag bleibe ich meistens den ganzen Tag zu Hause», sagte er. «Der Sonntag ist ein Garnichts-Tag. Jake hat gesagt, der Sonntag ist ein heiliger Tag. Aber sehen Sie das Gefängnis?» Er hielt es mir hin.

«Ja. Ich sehe das Gefängnis.»

«Es ist ein Einbahngefängnis», sagte Dibs. «Es ist ein Einbahngefängnis an einer Einbahnstraße. Und man kommt nicht mehr heraus, wenn man einmal ins Gefängnis gesteckt wird. Die Schwester ist jetzt fort.»

«Ja, das merke ich. Die Schwester ist jetzt fort.»

«Es sind zuviel Menschen in der Stadt», verkündete Dibs. «Sie gehen hinaus – aufs Land. Und alle diese Häuser und Menschen beginnen zu wandern, an Dibs' Haus vorbei, an Ihrem Haus vorbei, hinaus aufs Land.»

Er stellte ein neues Haus auf. «Das ist Großmutters Haus», kündigte er an. «Es stehen keine Bäume bei ihrem Haus. Sie hat Bäume gern, darum muß sie zu meinem Haus kommen, damit sie sich an den Bäumen freuen kann.»

Er griff einen Mann aus den Figuren heraus. Er betrachtete ihn eingehend. «Das ist ein großer Junge», sagte er. «Ich glaube, es ist Dibs. Ich nehme das kleine Kind hier fort und stelle den erwachsenen Dibs hin.» Er tauschte die Figuren aus. Dann stellte er eine Frau auf die Straße. «Das ist Großmutter», sagte er. «Gute Großmutter. Freundliche Großmutter. Und der Briefträger bringt Dibs einen Brief. Dibs ist jetzt groß. Ich glaube, Dibs ist so groß wie Papa.» Er verglich die Figuren sorgfältig. «Ja, Dibs ist so groß wie Vater und größer als Mutter. Da sind Hecken und Pflanzen rundherum. Sie wachsen, damit die Stadt schöner wird. Jede kleine grüne Pflanze hilft der Stadt. Ich stelle einen Zaun um den Flughafen, zur Sicherheit. Die Feuerwehr kommt die Straße herunter und stößt an die Autos an, weil es eine Straße mit viel Verkehr ist. Aber es brennt nicht mehr. Alle sind sicher und glücklich.»

Er kam zu mir. «Nächste Woche fahre ich fort», sagte er. «Ich bin den ganzen Sommer fort. Großmutter ist im Sommer bei uns. Aber wenn ich im September zurückkomme, möchte ich noch einmal herkommen.»

«Ich glaube, das wird sich schon machen lassen», erklärte ich ihm. «Und ich hoffe, du hast einen schönen Sommer.»

Dibs lachte übers ganze Gesicht. «Heute habe ich mein Jahrbuch von der Schule bekommen», sagte er. «Mein Bild ist drinnen. Ich bin in der ersten Reihe zwischen Sammy und Freddy. Und es ist eine Geschichte drinnen, die ich geschrieben habe. Ich habe eine Geschichte über unser Haus und den großen, freundlichen Baum vor meinem Fenster geschrieben. Sie haben sie im Jahrbuch abgedruckt. Wissen Sie noch, was ich Ihnen über den großen, freundlichen Baum erzählt habe?»

«Ja, das weiß ich noch.»

«Es kommen Vögel zu dem Baum, und dann mache ich mein Fenster auf und spreche mit ihnen. Ich schicke sie um die Welt in verschiedene Orte. Ich sag' ihnen, sie sollen nach Kalifornien fliegen oder nach London oder Rom und Lieder singen und die Leute glücklich machen. Ich habe die Vögel gern. Wir sind Freunde. Aber jetzt muß ich etwas anderes machen. Ich muß meine Schwester aus der Schachtel holen und überlegen, was ich mit ihr tun soll. Sie muß zu Hause bleiben. Und wenn der Vater aus seinem Büro nach Hause kommt, schimpft er mit ihr. Und dann geht die Schwester fort und wohnt bei den Schweinen. Und die Mutter auch.» Er lachte. «Nicht wirklich», sagte er. «Sie wohnen zusammen in einem Haus. Die Mutter, der Vater, die Schwester und der Junge.» Er griff nach dem kleinen Jungen, den er als Dibs bezeichnet hatte, und nach dem erwachsenen Dibs. Er hielt sie beide in den Händen. «Hier ist der kleine Dibs und der große Dibs», sagte er. «Das bin ich, und das bin ich.»

«Ach so. Du bist der kleine Dibs und der erwachsene Dibs.»

«Und hier geht eine Frau die Straße hinunter. Sie geht zu meinem Haus. Wer ist es? Das ist ja Miß A. Sie wohnt hier bei Dibs. Und die Schwester wohnt hier bei ihrem Vater. Sie hat keine Mutter. Nur einen Vater, der ihr die Sachen kauft, die sie braucht. Aber er läßt sie allein, wenn er zur Arbeit geht. Die Mutter ist in den Fluß gefallen. Aber sie ist heil wieder herausgekommen – sie war nur ganz naß und hatte große Angst. Die Frau hier geht die Straße hinunter. Sie geht zur Kirche. Sie hat recht.» Er stellte die Figur neben die Kirche. «Und diese Männer gehen in den Krieg. Sie gehen kämpfen. Es wird immer Kriege und Kämpfe geben, glaube ich. Aber diese vier Leute sind éine Familie, und sie wollen einen Ausflug zusammen machen. Sie fahren ans Meer und sind glücklich. Die Großmutter kommt, und alle fünf sind glücklich zusammen.»

Dibs beugte sich über die Stadt und nahm das Gefängnis fort. «Das Gefängnis ist jetzt gleich neben dem Haus von Miß A, und sie sagt, sie mag keine Gefängnisse, und sie nimmt es weit mit fort und vergräbt es im Sand, und es gibt für niemand mehr ein Gefängnis.» Dibs vergrub das Gefängnis in der Sandkiste. «Und dann sind da diese beiden Häuser. Ihr Haus und mein Haus, und langsam gehen sie immer weiter voneinander fort.» Er stellte die beiden Häuser langsam auseinander. «Mein Haus und das Haus von Miß A gehen immer weiter auseinander – ungefähr eine Meile weit. Und die Schwester ist jetzt das kleine Mädchen von Miß A. Sie kommt oft zu Besuch in ihr Haus.» Er stellte die Schwester und Miß A zusammen neben das Haus.

«Es ist sehr früh am Morgen, und der große Dibs geht in die Schule. Er hat Freunde in der Schule. Aber dieser kleine Junge ist der kleine Dibs.» Er hielt diese Figur in der Hand und betrachtete sie aufmerksam. «Der kleine Junge hier ist sehr krank. Er kommt ins Krankenhaus und wird immer weniger. Er schrumpft immer mehr zusammen, bis er fort ist.» Er ging und vergrub die Figur im Sand. «Der kleine Junge ist jetzt fort», sagte er. «Aber der große Dibs ist groß und stark und tapfer. Er hat keine Angst mehr.» Er sah zu mir auf.

«Groß und stark und tapfer und keine Angst mehr», sagte ich.

Er seufzte. «Wir sagen heute Lebwohl. Ich komme erst nach langer Zeit wieder zurück. Sie gehen fort, und ich gehe fort. Wir haben Ferien. Und ich habe keine Angst mehr.»

Dibs war mit sich ins reine gekommen. Er hatte ein Ich gefunden, zu dem er sich stolz bekennen konnte. Jetzt begann er, sich ein Ich aufzubauen, das mehr in Einklang mit seinen Fähigkeiten war. Er war dabei, ein ganzer Mensch zu werden.

Die Haß- und Rachegefühle, die er gegenüber Vater, Mutter und Schwester ausgedrückt hatte, flammten immer noch kurz auf, aber sie waren nicht mehr von Feindseligkeit oder Furcht geprägt. Er hatte den kleinen, unreifen, verängstigten Dibs gegen einen anderen ausgetauscht, der innere Sicherheit und Mut besaß. Er hatte gelernt, seine Gefühle zu erkennen, zu verstehen und zu beherrschen. Er war selbständig geworden. Durch dieses neuerworbene Vertrauen zu sich selbst und diese Sicherheit konnte er jetzt auch die Menschen, die zu seiner Welt gehörten, akzeptieren und achten. Er hatte keine Angst mehr, er selbst zu sein.

Dreiundzwanzigstes Kapitel

Ich kam erst am ersten Oktober aus dem Urlaub zurück. Es lagen schon Mitteilungen für mich vor. Eine davon war von Dibs' Mutter. Ich rief sie an, denn ich war gespannt zu hören, welche Erfahrungen seine Familie den Sommer über gemacht hatte.

«Dibs möchte noch einmal zu Ihnen kommen», sagte sie. «Er äußerte diesen Wunsch im September, aber ich erklärte ihm, daß Sie nicht vor Oktober zurückkämen. Am Ersten dieses Monats sagte er: ‹Mutter, jetzt ist der erste Oktober. Du hast gesagt, Miß A ist dann zurück. Ruf sie an und sag ihr, ich möchte noch einmal kommen und dann nicht mehr.› Also habe ich angerufen.» Sie lachte leise.

«Wir hatten einen herrlichen Sommer», fuhr sie fort. «Ich kann Ihnen gar nicht sagen, wie glücklich und dankbar wir sind. Dibs ist nicht mehr dasselbe Kind. Er ist glücklich, gelöst. Seine Beziehung zu uns allen ist sehr gut. Er spricht fast die ganze Zeit. Eigentlich braucht er nicht mehr zu Ihnen zu kommen, und wenn Sie zuviel zu tun haben, sagen Sie es nur, und ich werde es ihm erklären.»

Selbstverständlich hatte ich nicht zuviel zu tun, um Dibs noch einmal zu sehen. Ich setzte den Termin für den nächsten Donnerstag fest.

Dibs kam mit leichtem Schritt, strahlendem Lächeln und leuchtenden Augen an. Er blieb stehen und sprach mit den Sekretärinnen im Vorzimmer, fragte sie, was sie täten und ob ihnen ihre Arbeit Spaß mache. «Sind Sie glücklich?» fragte er. «Sie sollten glücklich sein!»

Seit seinem letzten Besuch hatte er sich deutlich verändert. Er war gelöst, nach außen gekehrt, glücklich. Seine Bewegungen waren anmutig und ungezwungen. Als ich zum Wartezimmer ging, um ihn abzuholen, lief er auf mich zu und streckte mir die Hand hin.

«Ich wollte Sie noch einmal sehen», sagte er. «Und hier bin ich. Gehen wir zuerst in Ihr Büro.»

Das taten wir. Er stand mitten im Zimmer und sah sich um. Auf seinem Gesicht lag ein breites Lächeln. Er lief herum und berührte den Schreibtisch, den Aktenschrank, die Stühle und die Bücherregale. Er seufzte. «Was für ein wunderschöner, glücklicher Ort», sagte er.

«Du warst gerne hier, nicht wahr?» bemerkte ich.

«Ja, sehr, sehr gerne. Es sind so viele wunderschöne Dinge hier.»

«Was für wunderschöne Dinge?» fragte ich.

«Bücher!» sagte Dibs. «Bücher und Bücher und Bücher.» Er ließ seine Finger leicht über die Bücherrücken laufen. «Ich mag Bücher», sagte er. «Komisch, daß kleine schwarze Zeichen auf Papier so gut sein können. Papier und kleine, winzige schwarze Zeichen, und man hat eine Geschichte.»

«Ja, es ist wirklich erstaunlich.»

Er blickte aus dem Fenster. «Es ist ein schöner Tag. Und das ist so ein hübsches Fenster zum Hinausschauen.»

Er setzte sich an den Schreibtisch, griff nach der Kartei und untersuchte die Karten, dann lächelte er. «Sie haben es so gelassen, daß nur Sie und Dibs drinnen sind», rief er aus. «Es ist niemand sonst in der Schachtel außer Ihnen und mir. Nur wir beide.»

«Hast du nicht gesagt, daß du es so haben wolltest?»

«Ja. Genauso. Haben Sie die Karten von allen anderen hinausgeworfen?» fragte er.

«Nein. Ich habe sie in eine andere Schachtel gelegt. In die Kartei dort drüben.»

«Aber die hier haben Sie nur für uns behalten?»

«Wie du es haben wolltest», erwiderte ich.

Dibs lehnte sich zurück und sah mich lange Zeit mit einem feierlichen Ausdruck an. «So war es immer», sagte er langsam. «So wie du es haben wolltest», wiederholte er. Dann lächelte er. «Wie ich es haben wollte», rief er aus.

Er griff nach einer leeren Karte. Dann nahm er einen Bleistift und schrieb sorgfältig und bedächtig etwas in Druckbuchstaben darauf. Er reichte sie mir. «Lesen Sie», sagte er. «Lesen Sie es mir vor.»

«Leb wohl, liebes Zimmer mit den vielen schönen Büchern. Leb wohl, lieber Schreibtisch. Leb wohl, Fenster, durch das der Himmel schaut. Lebt wohl, Karten. Leb wohl, liebe Dame aus dem wunderschönen Spielzimmer», las ich.

Er griff nach der Karte. «Ich will noch etwas dazuschreiben.» Er schrieb drei Zeilen auf die Rückseite der Karte: «So wie du es haben wolltest. So wie ich es haben wollte. So wie wir es haben wollten.»

Nachdem ich es gelesen hatte, nahm er die Karte und steckte sie in die Kartei zu unseren beiden anderen Karten.

«Gehen wir ins Spielzimmer», sagte er. «Gehen wir! Gehen wir! Gehen wir doch!»

Er rannte ins Spielzimmer hinein, breitete die Arme aus, wirbelte herum und lachte. «Was für ein Spaß! Was für ein Spaß! Was für ein Spaß!» rief er. «Was für ein herrliches Spielzimmer das ist!»

Er lief zum Wasser, drehte es voll auf, trat zurück und lachte glücklich. «Wasser. Wasser. Wasser, komm heraus und fließ über. Spritz überall hin. Tu, was dir Spaß macht!» Dann drehte er das Wasser ab, lächelte mich an und ging zur Staffelei.

«Hallo, Farben», sagte er. «Seid ihr alle durcheinander? Ja. Alle durcheinander.» Er ergriff den Tiegel mit der gelben Farbe und drehte sich zu mir um. «Wissen Sie was?» fragte er.

«Was?»

«Ich würde sie gern auf den Boden gießen.»

«Wirklich? Einfach auf den Boden gießen?»

«Ja», sagte Dibs. «Und ich tue es dazu auch noch», fügte er hinzu.

«Du hast nicht nur Lust, es zu tun, sondern du wirst es auch tun?»

Dibs schraubte den Deckel ab. Er kippte das Gefäß um, und die Farbe lief langsam auf den Boden. «Das gibt eine hübsche Pfütze aus Farbe.»

«Das gefällt dir, nicht wahr?»

«Ich gieße sie gerne aus», sagte er. «Ich werde sie gerne los.»

Als der Tiegel leer war, stellte er ihn in den Ausguß.

«Warum soll man Farbe denn nur zum Malen nehmen? In einem Spielzimmer?» fragte er mich. «Ich konnte diese gelbe Farbe nicht leiden, und ich bin richtig froh, daß ich sie ausgegossen habe und losgeworden bin. Jetzt nehme ich einen Lappen und wische sie auf.» Er holte einen Putzlappen und wischte die gelbe Farbpfütze so gut auf, wie er konnte.

Dann kam er zu mir. «Ich verstehe das alles nicht», sagte er.

«Was kannst du nicht verstehen?»

«Alles das. Und Sie. Sie sind nicht meine Mutter. Sie sind keine Lehrerin. Sie gehören nicht zu Mutters Bridgeklub. Was sind Sie dann?»

«Du kannst nicht ganz verstehen, was für eine Art Mensch ich bin, hmm?»

«Nein», sagte Dibs. Er zuckte mit den Schultern. «Aber es macht eigentlich nichts», sagte er und sah mir unverwandt in die Augen. «Sie sind die Dame aus dem wunderschönen Spielzimmer.» Plötzlich kniete er sich hin, fuhr mit den Fingern mein Bein hinunter und betrachtete sich sehr eingehend meine Netzstrümpfe. «Sie sind die Dame mit hundert winzigen Löchern in den Strümpfen», sagte er und lachte laut.

Er sprang auf, lief zum Tisch und ergriff die Säuglingsflasche. «Babyflasche, liebe, tröstende Babyflasche. Wenn ich dich brauche, tröstest du mich.» Ein paar Minuten saugte er an der Flasche. «Ich war wieder ein Baby und hatte die Babyflasche lieb. Aber der sechsjährige Dibs braucht dich jetzt nicht mehr. Leb wohl, Babyflasche, leb wohl.»

Er sah sich im Zimmer um, und sein Blick heftete sich auf den eisernen Heizkörper. «Leb wohl, Babyflasche, leb wohl. Ich brauche dich nicht mehr.» Er schleuderte die Flasche an die Heizung, und sie zerbrach in viele Stücke. Das Wasser in der Flasche floß auf den Boden. Dibs ging hin und sah sich die Scherben an. «Ich habe damit Schluß gemacht», sagte er.

«Du brauchst die Babyflasche nicht mehr, und jetzt hast du sie weggeworfen?» bemerkte ich.

«Ja. Das stimmt», sagte Dibs.

Er ging zur Sandkiste und grub ziemlich heftig im Sand. «Sachen vergraben. Sachen vergraben. Sachen vergraben. Und sie dann wieder ausgraben, wenn man Lust hat», lachte er. «Dieser Sand ist etwas Gutes. Man kann ihn für viele Sachen brauchen. Und man kann Glas aus Sand machen. Ich habe ein Buch darüber gelesen.»

Er ging zum Puppenhaus, nahm die Puppenfamilie und setzte sie ins Wohnzimmer. «Kleine alte Spielleute. Ich sag' euch jetzt Lebwohl. Und ich setze euch hier ins Wohnzimmer, und ihr wartet, bis ein anderes kleines Kind kommt und mit euch spielt.» Er drehte sich um und sah mich an. «Wenn ich gegangen bin, kommt ein anderes Kind hierher, nicht wahr?»

«Ein anderes Kind kommt ins Spielzimmer.»

«Sie sehen hier auch andere Kinder außer mir, nicht wahr?» fragte er.

«Ja. Ich sehe auch andere Kinder.»

«Das macht die Kinder froh», sagte er.

Er ging zum Fenster und öffnete es, lehnte sich hinaus und schnupperte die Luft. «Von diesem Fenster aus habe ich die Welt gesehen», sagte er. «Ich hab' die Lastwagen gesehen und die Bäume und Leute und Flugzeuge und die Kirche, die eins, zwei, drei, vier schlägt, wenn es Zeit ist, nach Hause zu gehen.»

Er kam zu mir und sagte fast flüsternd: «Auch wenn ich nicht gehen wollte, es war doch mein Zuhause.»

Er nahm meine Hände in die seinen und sah mich lange Zeit an. «Ich möchte die Kirche ansehen», sagte er. «Können wir nicht rübergehen und sie uns ansehen?»

«Ich glaube, das können wir», sagte ich. Es war ein höchst ungewöhnlicher Wunsch, aber es schien wichtig, ihm diesen bei seinem letzten Besuch zu erfüllen.

Wir verließen die Beratungsstelle und gingen außen um die Kirche herum. Dibs sah an ihr empor und war von ihrer Größe beeindruckt.

«Und jetzt gehen wir hinein. Sehen wir uns das Innere an», sagte er.

Wir gingen die Eingangsstufen hinauf, ich öffnete die Türen, und wir traten ein. Dibs war winzig neben den aufstrebenden Bogengängen. Er schritt langsam das Mittelschiff hinunter, lief ein paar Schritte, hielt inne und hob den Blick. Seine Augen leuchteten, ein Ausdruck von Ehrfurcht und Staunen lag auf seinem Gesicht. Er war von der Großartigkeit der Kirche ergriffen.

«Ich komme mir so ganz, ganz klein vor», sagte er. «Ich glaube, ich bin zusammengeschrumpft.» Er drehte sich langsam um und betrachtete bewundernd, was ihn umgab. «Großmutter sagt, eine Kirche ist Gottes Haus. Ich habe ja Gott nie gesehen, aber er muß riesig, riesig groß sein, daß er ein so großes Haus braucht. Und Jake hat gesagt, daß eine Kirche ein heiliger Ort ist.»

Plötzlich lief er den Gang hinunter auf den Altar zu. Er warf den Kopf zurück und streckte beide Arme den bunten Glasfenstern über der Kanzel entgegen. Er wandte sich um und sah mich an. Für den Augenblick war er sprachlos.

Gerade in diesem Augenblick begann die Orgel zu spielen. Dibs lief auf mich zu und ergriff meine Hand.

«Gehen wir! Gehen wir! Ich habe Angst!» rief er.

«Hat die Musik dir Angst eingejagt?» fragte ich, als wir uns der Tür näherten.

Dibs blieb stehen und sah zurück. «Gehen wir doch noch nicht», sagte er. Wir blieben stehen.

«Ich habe Angst vor der Größe, und ich habe Angst vor dem Geräusch», sagte Dibs. «Aber es ist so schön, daß es mich mit Helligkeit und Schönheit füllt.»

«Du hast Angst davor, und gleichzeitig gefällt es dir auch?» sagte ich. «Es ist eine schöne Kirche.»

Dibs ließ meine Hand los und ging wieder das Mittelschiff hinunter. «Woher kommt das Geräusch?»

«Ein Mann spielt auf der Orgel, und das Geräusch ist die Musik, die aus den Pfeifen der Orgel kommt.»

«Ich habe noch nie solche Musik gehört. Mir ist ganz kalt. Sie macht mir Gänsehaut.» Er hielt meine Hand fest umklammert. «Ich habe noch nie etwas so Schönes gesehen», flüsterte er. Die Sonne schien durch das bemalte Glas, und die Lichtstrahlen reichten bis zu uns hin.

«Gehen wir hinaus», sagte Dibs. An der Tür blieb er wieder stehen. «Warten Sie», flüsterte er. Er winkte zaghaft zum Altar hin und sagte ganz leise: «Leb wohl, Gott, leb wohl!»

Wir verließen die Kirche und gingen zurück. Dibs sagte auf dem Rückweg kein Wort. Als wir im Spielzimmer waren, setzte er sich auf den Stuhl neben den Tisch. Er lächelte mich an. «Das war wirklich sehr schön», sagte er. «Heute war ich in Gottes Haus. Zum allerersten und zum einzigen Mal war ich in Gottes Haus.»

Er saß lange Zeit still da, mit gesenktem Blick. «Warum glauben manche Leute an Gott und manche nicht?» fragte er plötzlich.

«Ich weiß nicht recht, was ich darauf antworten soll, Dibs», sagte ich.

«Aber es ist wahr, daß manche Leute an ihn glauben und manche nicht?»

«Ja, ich denke schon.»

«Großmutter glaubt an ihn. Aber Papa und Mutter nicht. Und Jake hat an ihn geglaubt. Er hat mir davon erzählt.»

«Ich denke, jeder Mensch kommt selbst zu einer Überzeugung, wenn er älter ist. Jeder entscheidet selbst, was er glaubt.»

«Ich frage mich, wie Gott ist», sagte Dibs. «Großmutter hat mir einmal erzählt, daß Gott unser Vater im Himmel ist. Vater ist ein anderes Wort für Papa. Ich wollte nicht, daß Gott wie Papa ist, weil ich manchmal glaube, Papa hat mich nicht lieb. Und wenn ich an Gott glaubte, so wie Großmutter, dann wollte ich, daß Gott mich lieb hat. Aber Großmutter sagt, daß Papa mich doch lieb hat. Aber wenn er mich lieb hat, warum weiß ich es dann nicht? Großmutter hat mich lieb, und ich habe sie lieb, und ich weiß es, weil ich es spüren kann.» Er preßte die Hände an die Brust und blickte mich mit einem bekümmerten Stirnrunzeln an. «Es ist schwer, solche Dinge zu verstehen», sagte er. Dann entstand ein langes Schweigen.

«Wissen Sie, was ich jetzt versuche?» fragte er.

«Nein. Was denn?»

«Ich versuche, zu lernen, wie man Baseball spielt. Papa versucht es mir beizubringen. Wir gehen zusammen in den Park. Aber Papa ist auch kein guter Ballspieler. Es ist schwer, die Bälle mit einem Schläger zu treffen. Und es ist schwer, sie dahin zu werfen, wo man sie hinhaben will. Aber ich will es lernen, weil alle Jungen in der Schule Baseball spielen und ich mit ihnen spielen möchte. Also muß ich es können, und ich geb' mir viel Mühe. Und ich werde es lernen. Aber es gefällt mir nicht sehr gut. Ich kann besser Räuber und Gendarm spielen, und es macht mir Spaß, durch den Hof von der alten Mrs. Henry zu laufen. Sie schimpft jetzt auch über mich.»

Der Summer ertönte. Dibs' Mutter war da, um ihn abzuholen.

«Leb wohl, Dibs», sagte ich. «Ich habe mich so sehr gefreut, dich kennenzulernen.»

«Ja. Ich auch», erwiderte Dibs. «Leben Sie wohl.»

Wir gingen zum Wartezimmer. Er hüpfte auf seine Mutter zu und ergriff ihre Hand. «Hallo, Mutter», rief er. «Ich komme nicht mehr wieder. Es war heute wirklich das letzte Mal.»

Und sie gingen zusammen weg – ein kleiner Junge, der Gelegenheit gehabt hatte, sich durch sein Spiel auszudrücken, und der sich zu einem glücklichen, tüchtigen Kind entwickelt hatte, und eine Mutter, die gelernt hatte, ihr sehr begabtes Kind besser zu verstehen und mehr zu achten.

Vierundzwanzigstes Kapitel

Eines Tages, zweieinhalb Jahre später, als ich im Wohnzimmer meiner Parterrewohnung saß und las, drang eine laute, fröhliche Stimme – eine sehr vertraute Kinderstimme – durch das offene Fenster herein.

«Hör mal, Peter May, komm doch runter und sieh dir meinen Garten an. In meinem Garten sind siebenundzwanzig verschiedene Sträucher und Pflanzen. Komm und schau sie dir an!»

«Siebenundzwanzig was, he?»

«Verschiedene Sträucher und Pflanzen in meinem Garten.»

«Ah.»

«Komm und schau sie dir an.»

«Sieh mal, was ich hier habe.»

«Was denn? Ach, Murmeln!»

«Ja. Möchtest du tauschen?»

«Ja. Was willst du tauschen?»

«Was hast du denn? Was hast du denn, Dibs?»

Ja, es war Dibs und ein Freund.

«Also, hör zu!» rief Dibs aufgeregt. «Du gibst mir die blaue Murmel da mit dem Schlangenauge, und ich geb' dir einen von den ersten Würmern, die in diesem Frühling herausgekrochen sind.»

«Wirklich? Wo sind sie?»

«Hier!» Dibs wühlte in seiner Hosentasche und brachte ein kleines Glasgefäß zum Vorschein, schraubte den durchlöcherten Deckel ab und nahm vorsichtig einen Wurm heraus. Er legte ihn lächelnd in Peters schmutzige Hand.

Peter war beeindruckt.

«Denk dran», sagte Dibs besorgt, «das ist wirklich einer der ersten Würmer in diesem Frühjahr.»

Dibs war anscheinend in den großen von Gärten umgebenen Wohnblock in meiner Nähe gezogen. Ein paar Tage später traf ich ihn auf der Straße. Wir sahen uns an. Dibs gab mir strahlend die Hand.

«Hallo, Sie», sagte er.

«Hallo, Dibs.»

«Ich weiß, wer Sie sind», sagte er.

«Wirklich?»

«Ja. Sie sind die Dame aus dem wunderschönen Spielzimmer. Sie sind Miß A.»

Wir setzten uns auf die Eingangsstufen eines Hauses an der Straße, um uns zu unterhalten.

«Ja», sagte ich. «Und du bist Dibs.»

«Ich bin jetzt groß, aber ich weiß noch, wie es war, als ich noch sehr, sehr klein war und zum erstenmal zu Ihnen kam. Ich erinnere mich noch an die Spielsachen, das Puppenhaus, den Sand und die Männer, Frauen und Kinder in der Welt, die ich gebaut habe. Ich denke noch an die Glocken, an die Zeit, nach Hause zu gehen, und an den Lastwagen. Ich denke an das Wasser und die Farben und das Geschirr. Ich erinnere mich noch an unser Büro und unsere Bücher und unser Tonbandgerät. Ich erinnere mich an all die Leute. Und ich erinnere mich daran, wie Sie mit mir gespielt haben.»

«Was haben wir gespielt, Dibs?»

Dibs neigte sich zu mir hinüber. Seine Augen leuchteten. «Alles, was ich getan habe, haben Sie auch getan», flüsterte er. «Alles, was ich gesagt habe, haben Sie auch gesagt.»

«So war es also.»

«Ja. ‹Das ist dein Zimmer, Dibs›, haben Sie zu mir gesagt. ‹Das ist alles für dich. Jetzt tu, was dir Spaß macht, Dibs. Tu, was dir Spaß macht. Niemand wird dir etwas tun. Tu, was dir Spaß macht!›» Dibs seufzte. «Und ich habe getan, was mir Spaß gemacht hat. Es war die allerschönste Zeit in meinem Leben. Ich habe meine Welt gebaut bei Ihnen im Spielzimmer. Wissen Sie noch?»

«Ja, Dibs, das weiß ich noch.»

«Und am nächsten Donnerstag sind es zwei Jahre, sechs Monate und vier Tage, daß ich zum letztenmal bei Ihnen im Spielzimmer war. Ich weiß es ganz genau. Ich habe das Blatt von diesem letzten Tag aus meinem Kalender herausgerissen und mit meinem Rotstift einen großen Kreis darum gezogen. Ich habe es eingerahmt, und es hängt an der Wand in meinem Zimmer. Gerade neulich habe ich es angeschaut und nachgesehen, wie lange es her war. Genau zwei Jahre, sechs Monate und vier Tage sind es am nächsten Donnerstag.»

«Der Tag war also sehr wichtig für dich», bemerkte ich. «Und du hast einen Kreis darum gemacht und ihn eingerahmt. Warum hast du das getan, Dibs?»

«Ich weiß nicht», antwortete Dibs. «Ich hätte es nie vergessen. Ich habe oft daran gedacht.» Es gab eine lange Pause. Dibs sah mich unverwandt an. Er seufzte tief. «Zuerst kam mir das Spielzimmer so riesengroß vor. Und die Spielsachen waren nicht freundlich. Und ich hatte solche Angst.»

«Du hattest Angst dort drinnen, Dibs?»

«Ja.»

«Warum hattest du Angst?»

«Ich weiß nicht. Ich hatte zuerst Angst, weil ich nicht wußte, was Sie tun würden und was ich tun würde. Aber Sie sagten nur: ‹Das ist alles für dich, Dibs. Tu, was dir Spaß macht. Keiner wird dir hier drinnen etwas tun.›»

«Das habe ich gesagt?»

«Ja», antwortete Dibs entschieden. «Und nach und nach glaubte ich Ihnen. Und es war so. Sie sagten, ich soll meine Feinde bekämpfen, bis sie aufschreien und sagen, es täte ihnen so leid, daß sie mir weh getan haben.»

«Und hast du das getan?»

«Ja. Ich habe meine Feinde entdeckt und sie bekämpft. Aber dann habe ich gemerkt, daß ich keine Angst mehr hatte. Ich habe gemerkt, daß ich nicht unglücklich bin, wenn man mich lieb hat. Jetzt bin ich groß und stark und habe keine Angst. Und ich denke noch an die Kirche an diesem letzten Tag, an dem ich noch einmal bei Ihnen war. Ich weiß noch, daß ich entdeckt habe, wie groß

Gott ist. Die Tür war so schrecklich hoch. Und die Decke hat fast den Himmel berührt. Und als die Musik plötzlich zu spielen anfing, wurde mir ganz kalt. Ich wollte hinaus, und ich wollte auch bleiben. Neulich bin ich dort vorbeigekommen. Ich bin alle Stufen hinaufgegangen, bis zur Tür. Die Tür war verschlossen. Ich habe angeklopft und durchs Schlüsselloch gerufen: ‹Ist heute jemand da?› Aber es kam keiner, und so bin ich weggegangen.»

Ich konnte mir vorstellen, wie Dibs die Stufen zur Kirche hinaufgegangen war und schüchtern an die schwere, geschnitzte Tür geklopft hatte.

Plötzlich sprang er auf. «Kommen Sie, und sehen Sie sich meinen Garten an», rief er. «Es ist ein sehr, sehr großer Garten, und es sind viele Pflanzen und Sträucher drin. Raten Sie mal, wie viele?»

«Oh», sagte ich. «Siebenundzwanzig verschiedene Arten.»

«Ja!» schrie Dibs. «Aber woher wissen Sie das? Ich habe sie mehr als zwei Wochen lang gezählt, bevor ich es herausgefunden habe. Waren Sie schon mal in meinem Garten?»

«Nein, ich war nie dort», erwiderte ich.

«Woher wissen Sie es dann? *Woher* bloß? Sagen Sie es mir.»

«Du glaubst nicht, daß ich es wissen könnte, ohne im Garten gewesen zu sein und sie gezählt zu haben?»

«Aber», sagte Dibs aufgebracht, «es ist doch mehr als nur das Zählen. Man muß jede Pflanze genau anschauen, damit man die Unterschiede sieht. Dann muß man herausfinden, was für eine Pflanze es ist. Dann zählt man sie. Man schreibt den Namen und Platz jeder Pflanze auf. Es ist keine einfache Sache, und es braucht viel Zeit. Man kann es nicht erraten. Und wenn Sie nie in meinem Garten waren und nie all das getan haben, wie können Sie dann wissen, daß es siebenundzwanzig verschiedene Arten sind?»

«Also, Dibs, ich will es dir erzählen», sagte ich. «Neulich saß ich in meiner Wohnung beim offenen Fenster und hörte, wie du zu Peter sagtest: ‹Es sind siebenundzwanzig verschiedene Pflanzen und Sträucher in meinem Garten.› Es war der Tag, an dem du ihm den ersten Wurm in diesem Frühling gegeben hast.»

«Ach so!» rief Dibs. «Weil Sie in der Nähe wohnen. Miß A, jetzt sind wir ja Nachbarn!»

«Ja, wir sind Nachbarn.»

«Das ist gut», sagte Dibs. «Also, dann sehen Sie sich jetzt meinen Garten an.» Wir gingen in Dibs' Garten, und er zeigte mir die siebenundzwanzig verschiedenen Arten.

Ein paar Tage später traf ich seine Eltern auf der Straße. Wir begrüßten uns, und sie dankten mir nochmals für die geleistete Hilfe. Sie sagten, daß Dibs weiterhin erstaunliche Fortschritte mache, daß er ein ausgeglichenes, glückliches Kind sei und daß er ein gutes Verhältnis zu anderen Kindern habe. Er ginge jetzt in eine Schule für begabte Kinder und komme sehr gut mit.

In diesem Augenblick sauste Dibs auf einem Fahrrad um die Ecke und schrie dabei wie ein Indianer.

«Dibs», rief seine Mutter. «Dibs, komm her. Sieh mal, wer hier ist. Kannst du dich noch an diese Dame erinnern?»

Dibs kam grinsend herbei. «Hallo», schrie er.

«Hallo, Dibs», sagte ich.

«Deine Mutter hat dich etwas gefragt, Dibs», sagte Papa.

«Ja, Papa, ich habe es gehört», sagte Dibs. «Sie hat mich gefragt, ob ich diese Dame kenne. Natürlich kenne ich sie. Sie ist meine allererste Freundin.»

Papa schien ein wenig verlegen. «Wenn du deine Mutter gehört hast, warum hast du ihr dann nicht geantwortet?»

«Tut mir leid, Papa», sagte Dibs. In seinen Augen war ein Zwinkern.

«Es hat mich sehr gefreut, Sie wiederzusehen», sagte «Papa» zu mir. «Leider muß ich jetzt gehen.» Er ging auf seinen Wagen zu.

Dibs rief ihm nach: «Du und Mom, ihr habt wohl einen kleinen Mann im Ohr? Ich hab' doch Miß A schon vor fünf Tagen getroffen!»

Papa wurde rot, verschwand in seinem Wagen und fuhr ab.

«Mom» war auch ein wenig aus der Fassung geraten. «So etwas will ich nicht hören, Dibs», sagte sie. «Und warum nennst du sie nicht bei ihrem richtigen Namen? Warum immer Miß A?»

Dibs sprang wieder auf sein Fahrrad.

«Miß A, Miß A. Ein besonderer Name für eine besondere Freundin», rief er und sauste lärmend die Straße hinunter.

Ja, Dibs hatte sich geändert. Er hatte gelernt, er selbst zu sein, an sich selbst zu glauben und sich selbst zu befreien. Jetzt war er entspannt und glücklich. Er konnte ein Kind sein.

Anmerkung der Autorin

Diesem Buch liegen die Tonbänder und Protokolle der Spieltherapie-Stunden zugrunde. Die Aufnahmen wurden redigiert, d. h. identifizierende Mitteilungen wurden getarnt und falsche Anfänge sowie einige Wiederholungen gestrichen, um einen flüssigeren Bericht zu erhalten. Der Dialog zwischen Dibs und seiner Therapeutin ist im wesentlichen wörtlich wiedergegeben, wenn es sich um Stunden in der Kinderberatungsstelle handelt. Die Gespräche mit seiner Mutter sind ebenfalls von den Aufnahmen abgeleitet, die bei ihren Besuchen gemacht wurden. Sie sind jedoch nicht vollständig wiedergegeben, da sie teilweise zu persönlich waren und sich nicht speziell auf Dibs bezogen. Es wurden aber keine Worte verwendet, die Dibs oder seine Mutter nicht ursprünglich gebraucht hatten.

Dibs' Eltern hatten sich schriftlich mit der Bandaufnahme aller Therapiestunden einverstanden erklärt. Darüber hinaus gaben sie die Einwilligung, daß das aufgenommene Material nach entsprechender Tarnung zur Forschung, zum Unterricht und zur Veröffentlichung benutzt werden dürfe.